언론에 비친

인천 산업사 연구

−1946년부터 1980년까지−

인천학연구총서 40

언론에 비친
인천 산업사 연구

–1946년부터 1980년까지–

남승균·김태훈·강철구·송기보

보고사
BOGOSA

언론기사를 통하여 인천의 산업을 검토하고 제목으로 '산업사'를 언급하는 것은 부담스러운 일이다. 특히 경제학을 전공한 사람의 입장에서 '산업사'라는 제목이 주는 부담의 크기는 이루 말할 수가 없다. 그러나 인천의 '산업'과 '경제'라는 키워드를 중심으로 검색한 신문 기사를 살펴보던 중 가설과 일치하는 기사들을 보면서 연구의 보람을 찾을 수 있었다.

기사는 현실을 반영하는 거울이다. 또한 역사는 알려진 과거의 사실이다. 이를 종합하면 과거의 기사는 역사를 보여주는 거울이라고 우선적으로 정의할 수 있을 것이다. E. H. 카는 『역사란 무엇인가』의 서두에서 "역사란 역사가와 사실의 부단한 상호작용의 과정, 즉 '현재와 과거의 끊임없는 대화'이다."라고 정의하였다. 이러한 의미를 역사와 기사의 관계에 적용해 볼 때 과거의 수많은 사실들 가운데 '역사적 사실'을 파악해 내는 일은 매우 중요한 일이라 할 수 있다. 특히 E. H. 카는 이러한 연구를 담당하는 '역사가'라는 존재의 중요성을 강조하였다.

이러한 의미를 되새기면서 '언론에 비친 인천 산업사 연구'를 집필하였고, 부족하지만 기사와 역사의 관계를 '경제역사가'라는 입장에서 요약하고 정리해 보고자 했다.

본서에서는 신문의 기사를 시기별로 요약정리하고 기사내용을 범주별로 분류하여 정리하였다. 분류는 회사명, 중요회사명, 정책, 경제범죄, 노동, 인프라, 염전, 기타 등으로 하였으며, 이를 토대로 인천 산업의 흐름을 살펴보았다. 그리고 그 흐름을 정리하는 과정에 대해 '산업사'라는 제목을 부여하였다.

신문 기사의 빈도순 검색 결과는 실제 인천의 지금까지 연구된 상황과 매우 흡사하였다. 1946~1960년까지는 74개의 기사가 검색되었다. 그중에 회사명이 34회 45.9%, 중요회사명이 14회 18.9%, 정책이 13회 17.6%를 차지하는 것으로 나타났다. 이는 해방과 한국전쟁 직후 국가주도의 정책과 그 정책에 따른 주요기업의 원조자금, 그리고 국가가 시장에 투여하는 자금으로 육성되던 기업들의 기사 빈도가 높게 나타났다.

1961~1970년까지는 267개의 기사가 검색되었다. 이 중 정책이 97회 36.3%를 차지하고, 인프라가 50회 18.7%를 차지하였다. 이는 국가주도 성장체제의 수출주도산업구조 개편이 언론을 통하여 신문 기사로 그대로 투영되어 나타났다는 것을 증명하고 있다.

1971~1980년까지는 360개의 기사가 검색되었으며, 회사명이 123회 34.2%를 차지하고 정책이 99회 27.5%를 차지하였으며 민간투자가 50회 13.9%로 나타났다. 이는 인천의 산업경제가 국가주도의 경제체제이며, 특히 회사명이 많이 나타나는 것은 산업공단 조성 후 중·소규모의 기업들이 많이 들어섰다는 것을 의미한다. 그리고 민간투자가 높은 빈도를 차지한 것은 민간주도 시장이 상당히 성장했음을 보여주는 기사들이다.

지역의 산업구조를 연구하는 것은 그 지역의 경제구조를 이해하는 가장 좋은 방법 중 하나이다. 이러한 산업구조의 연구방식은 다양하지만 산업구조의 역사적 흐름을 조사하고 이를 통해 발달사를 연구하는 것이 가장 대표적일 것이다. 이런 방식은 기본적으로 변천과정을 살펴보는 동시에 정책과 자본의 흐름을 살펴볼 수 있기에 자본주의의 발달양식을 확인하고 심층을 바라볼 수 있는 방법이기도 하다.

도시가 발달함에 따라 2차 산업에서 3차 산업으로 구조가 변하는 것이 일반적인 특성이다. 그러나 이와는 달리 인천은 우리나라에서도 손꼽히는 산업도시이지만 다른 대규모 광역도시와 비교하면 현재에도 2차 산업 위주의 공업을 중심으로 한 형태를 보이고 있다. 이러한 인천의 산업구조는 다른 도시에 비해 그 역사가 오래되었다. 중앙정부로부터의 정책적 압력과 더불어 지역 내 자체적으로 산업의 흐름을 움직이던 기존의 집단이 현재에도 이를 움직이고 있음을 추측할 수 있다.

지금까지 인천 산업사 연구는 그 수가 적을 뿐만 아니라, 상공회의소나 인천 지역신문 등 인천 내부에서 작성된 문헌연구를 통해서만 이루어졌다. 이에 반해 본 연구는 이러한 기존 연구와는 달리 전국중앙신문을 사용한 문헌연구라는 점에서 의의가 있다. 이는 지역 내 이익집단과 산업흐름의 목소리를 최대한 제외한 상태에서 객관적인 사실만을 가지고 작성된 연구라고 할 수 있다. 따라서 기존연구와는 상호보완성을 가질 것으로 기대된다.

또한 본 연구는 신문 기사를 단순 나열한 것에 그치지 않고 이를 기간별로 조사하여 분석함으로써 인천의 산업 흐름을 보다 명확히 설명하고 있다. 이 책에서 조사·분석된 자료들은 이후 인천지역의 산업구조를 연구하는 연구자들에게 중요한 연구자료로 활용될 수 있을 것이며 인천 산업의 역사를 연구하여 이를 정리함으로서 인천학연구에 기여할 것으로 생각된다.

끝으로 이 책이 나오기 까지 도움을 주신 보고사 관계자와 인천대학교 인천학연구원의 관계자들에게 깊은 감사의 마음을 전한다.

집필자 일동

I. 서론

서론

1. 연구 배경 및 목적

해방 이후 한국은 6.25전쟁으로 인해 산업이 황폐화되었으나, 이를 재건하기 위한 부단한 노력을 하였다. 그 결과 전 세계에서 유래를 찾아볼 수 없을 정도의 눈부신 경제발전을 이룩하였다. 2017년 기준 국제통화기금(IMF)의 세계경제순위를 살펴보면 한국은 GDP기준으로 세계 11위로 아시아 국가 중에서 중국, 일본, 인도에 이어 4위를 차지하고 있다. 상대적으로 큰 면적과 많은 인구를 보유한 위의 세 나라에 비해 작은 면적과 인구를 가졌음에도 불구하고, 이것을 극복하고 이룩해 낸 성과는 매우 대단한 것이다. 이러한 눈부신 성장의 원인은 국가주도 개발과 수출주도형 성장전략을 통한 방식이 큰 영향을 미친 것으로 평가되고 있다.

그러나 이러한 성장방식은 긍정적인 측면도 있지만 부정적인 측면도 존재한다. '선택'과 '집중'이라는 국가주도 성장방식은 경제적 측면을 비롯한 여러 부분이 수도권에 집중되는 결과를 만들어 냈으며,

수출주도형 성장방식은 내수 경제의 취약성을 드러내었다. 그 결과 내수 기반의 부실로 이어졌으며, 이로 인해 국가경제 구조 자체가 세계경제 경기 흐름에 따라 큰 영향을 받을 수밖에 없는 구조를 가져왔다. 이러한 문제의 원인은 바로 '지역'에 초점을 맞추지 않고 '국가'에 초점을 맞춘 결과이다. 지역에 대한 근본적인 시각의 결여가 이러한 현상을 더욱 심화시켰다. 결국 현 시점에서는 '국가'보다는 '지역'이라는 관점으로 환원하여 바라볼 필요성이 있다. 바꿔 말하면 이제는 한 지역의 역사, 경제, 문화 등 종합적인 측면으로 바라보고 접근해야만 비로소 지역의 특성을 파악할 수 있는 다양한 시도들이 유효해진다. 현재 정체되어 있는 인천지역의 산업을 해결하기 위해서는 과거 인천의 산업 흐름을 파악하고, 발전과정의 문제점을 찾아서 이를 조금이나마 보완하는 것에서 그 방안을 찾을 수 있을 것이다.

지금까지 인천 산업에 대한 연구는 대개 거시적인 측면에서 바라보는 것들이 일부 존재하고 있을 뿐이다. 게다가 보다 구체적인 내용을 가지고 접근한 미시적인 측면의 연구는 인천의 공업단지를 다중스케일 관점으로 분석한 박인옥(2017)의 연구 정도가 전부인 실정이다. 그 이유로는 부실한 자료 관리로 인해 유실된 자료가 많아서, 관련 자료의 확보가 용이치 않았기 때문이다. 본 연구가 신문이라는 매체를 통해 인천 산업의 흐름을 파악하고자 한 이유가 바로 여기에 있다. 다양한 사료에 대한 접근이 불가능한 상태에서 가장 쉽게 접할 수 있고, 그나마 자료 보관이 잘되어 있는 것이 신문 기사이기 때문이다. 신문 기사 내용을 통해 인천 산업의 흐름을 파악하고 분석하여, 그간 간과했던 사실들을 추출하여 다른 방법으로 접근할 수 있는 여지를 만들어 내려고 한 것이 이 연구의 목적이다. 또한 이를 통해 추후 인천 산업 연구에 도움이 될 만한 단서를 제공하려는 것도 이 연구의 목적이 될 수 있다.

이 책의 구성은 다음과 같다.

1장은 지역경제와 지역산업정책의 개념을 살펴보면서 '지역'이라는 관점을 가지는 것에 대한 중요성을 살펴본다. 이제는 전국토의 획일적인 개발이 아닌 지역의 특수성을 살린 개발이 지역에 대한 지속가능한 발전을 담보해 낼 수 있는 하나의 동력으로 작용할 수 있기 때문이다.

2장은 인천 산업의 흐름을 신문이라는 매체를 통해 살펴보고자 한다. 해방 이후부터 1980년까지 인천 산업과 관련한 기사들을 통해 인천의 산업이 어떻게 구축되고 변화된 과정을 통계분석보다는 구체적인 기사를 통해 접근하고자 한다.

기사 검색을 통하여 인천 산업의 역사를 보다 상세하게 다룰 수 있고, 기사내용의 분류를 통하여 인천 산업에 대한 특성과 역사적 흐름을 파악하고자 한다. 이는 향후 인천의 발전방안을 마련하는 실마리를 제공하게 될 것이다.

3장은 결론으로 구성하였다.

연구방법에 있어 자료는 인터넷 기사 검색을 통하여 확인하였으며, '인천'과 '산업'이라는 키워드로 자료를 추출하여 이를 통하여 인천 산업의 흐름을 파악하고자 하였다. 기사 검색을 통하여 내용을 범주별로 나누었는데 내용적 범주는 회사명, 중요회사명, 정책, 경제범죄, 노동, 인프라, 염전, 기타 등으로 분류하여 자료를 찾아서 범주별 빈도분석을 통하여 약술하는 방식으로 자료를 분류하였다.

공간적·시간적 범위는 '인천'이라는 지역을 중심으로 해방 이후인 1946년부터 1980년대까지 인천 산업의 흐름을 파악하고자 하였다. 1946~1960년, 1961~1970년, 1971~1980년 세 시기로 구분하였으며, 동아일보, 경향신문, 매일경제를 중심으로 기사 검색을 하였다.

2. 지역 중심의 경제학 그리고 산업정책

1) 지역을 중심에 둔 경제학

이 절에서는 인천 산업의 역사와 흐름에 대한 역사적 사실을 보다 구체적으로 들여다보기 전에 '지역경제학'이라는 개념과 이론적인 틀을 소개하고자 한다. 즉 경제학적 관점에서 지역경제학이 발생한 배경 및 중요성, 의의를 통해 인천 산업의 역사와 흐름을 보다 의미 있게 바라볼 수 있게 하는 것을 목적으로 한다.

1948년 정부수립 후 잠시 시행되었다가 중단된 지방자치제는 1995년부터 본격적으로 시행되었는데, 이는 국가중심에서 지역중심으로의 변화를 알리는 신호탄이었다. 본격적인 지방자치제가 시행되면서 경제 또한 국가중심에서 지역으로 관심이 점차 확대되고 있다. 마찬가지로 역사, 정치, 사회, 문화 등 경제를 이루는 모든 구성요소 또한 국가중심에서 탈피하여 지역으로 초점을 맞추기 시작하였다. 그래서 '지역'이란 단어가 학계는 물론 정책적인 측면에서도 그 중요성이 점차 주목 받고 있는 상황이다.

미국, 일본, 유럽 등의 선진 국가에서는 오래전부터 지역에 대한 연구가 쏟아져 나오고 있지만, 본격적인 지방자치제가 시행된 지 20년을 조금 넘는 한국에서는 아직까지 지역에 대한 연구가 상대적으로 미흡한 실정이다. 비록 여러 매체를 통해 지역에 대한 거대 담론이 많이 거론되기는 하지만 경제학적 측면에서 보면 다른 사회과학 영역보다 지역을 중심으로 한 연구는 매우 드문 편이다. 이러한 원인 중하나는 '지역경제학'의 개념이 명확하게 드러나지 않기 때문이다. 즉'지역경제'의 이미지가 확실치 않다는 점이다.

그리고 지금까지 경제학 대부분이 '공간'을 기준으로 한 일국 중심의 거시경제를 기반으로 분석하고 있는 것에 비해 상대적으로 미시적인데다 추상적이고 고차원적인 경제이론인 지역경제가 낯설다는 것도 하나의 원인으로 들 수 있다. 즉 '지역경제학'이 매우 낯설고 어려운 응용 경제학의 하나라고 생각하는 것 때문에 지역을 기반으로 한경제 연구가 적다는 의미이다. 또한 미국, 일본, 독일, 프랑스처럼 국토 면적이 큰 나라도 아닌 한국이 경제를 국가영역으로 보면 되지 굳이 지역으로 구분하여 분석할 필요성이 있는가에 대한 의구심을 가지는 시각이 있다는 점도 하나의 원인이 될 수 있다. 이러한 편견은 지역에 있는 지방특색산업 등을 사소한 일까지 참견하고 연구하는 향토사학적 학문이라고 오해하는 경우도 있다. 이러한 시각이 경제학 내에서는 지역경제학을 등한시하게 된 원인으로 작용하였다.

'지역'이라는 단어는 국가 간 지역통합 단위를 가리키는 경우도 있으나 국가 내부의 단위, 아니면 시·도·군에서부터 취락이나 작은 동네까지 미세한 단위까지 아우를 정도로 큰 폭으로 사용되고 있다. 그러나 '지역'이라는 개념이 모호한 것만은 아니다. '지역'이란 동네나 마을 수준부터 지구 규모 수준까지 몇 가지 계층을 겹쳐 쌓은 중층적인 구조 개념이다. 우리가 날마다 생활하고 있는 동네나 마을이라고 하는 미세한 지역이 지역경제의 가장 기초적인 단위이며 이것이 지구 도처에 겹겹이 쌓이는 것에 의해서 국가 경제나 세계경제가 성립하는 것이다.

미야모토 켄이치(宮本憲一)는 '지역'에 대한 개념을 7가지 관점으로 개념화하여 설명하고 있다. 7가지 관점은 자연적·경제적·문화적 복합체로서의 지역, 지역의 종합성, 지역의 독자성, 자치 단위, 지역 간 교류와 연대, 중층적 지역시스템 마지막으로 슬로건인 '지구차원에서 생각하고 지역차원으로 행동하라(Think Globally, Act Locally)'이다.[1]

먼저 자연적·경제적·문화적 복합체로서의 지역은 인간이 협동을 통해 자연과의 상호작용을 통해 사회적·주체적으로 살아가는 동시에 자연의 일원으로서 인간답게 살아가는 공간으로 문화를 계승하고 창조해가는 공간으로, 자연·경제·문화라는 세 가지 요소의 복합체로서의 지역을 말한다. 즉, 인간과 자연의 상호작용을 통해 뿌리내린 전통, 문화 발생 공간이 바로 지역이라는 것이다.

두 번째는 지역의 종합성으로, 지역을 논할 때는 종합성이란 관점을 반드시 포함하여야 한다는 것이다. 앞서 언급했듯이 지역이라는 것은 자연·경제·문화의 중층적이고 복합적인 상호작용을 통해 나타

---

1 미야모토 켄이치(宮本憲一), 심재희 역, 2004, pp.82-86.

나는 것이다. 그런데 경제적인 관점만 가지고 지역개발을 하게 되면 지속가능한 지역발전은 사라지고 결국 지역 발전의 저해 또는 파괴, 쇠퇴를 초래할 수 있다는 것이다. 즉 공간으로서의 지역이라는 생태계를 유지하기 위해서는 자연·경제·문화라는 요소의 결합과 조화도 필요하고, 도시와 농촌이 공존하고 밀접한 관계를 가지고 종합적인 지역을 만들어야 한다.

세 번째는 지역은 독자성을 가지고 있어야 한다. 다시 지역은 그 지역만이 가질 수 있는 개성이 있어야 한다는 것이다. 앞서 말한 세요소가 저마다 개성적인 결합을 통해 지역마다 특징이 발현되는데, 이를 통해 지역의 정체성이 만들어진다. 이러한 지역의 독자성은 종합성을 전제로 하고 있기 때문에 획일적인 도시 개발은 결국 젠트리피케이션(gentrification)을 발생시키고, 지역이 가지고 있던 독특한 생활방식도 점차 사라지게 된다.

네 번째는 주민들이 생활하고 활동하는 시간을 향유할 수 있는 공간으로서의 지역은 주민을 주인공으로 하는 자율적·주체적 존재이자 자치의 단위라는 것이다. 이를 위한 기본전제는 지역분권과 주민참여를 기초로 한 지방자치 확립이다.

다섯 번째로 지역은 개방적인 특성으로 인해 지역 간 교류와 연대가 반드시 필요하다는 것이다. 교류와 연대를 통해 지역은 다른 지역의 개성을 접하면서 새로운 발전의 자극을 얻게 된다. 그러나 이러한 새로운 자극이 항상 상호보완적인 관계만 있는 것이 아니고 다른 한 지역이 다른 지역을 잠식하는 지역 간 불균형을 확대시킬 수도 있으며, 종속적인 관계로 나타나기도 한다.

여섯 번째로 중층적 지역 시스템적 관점으로 지역을 지역경영에 기반을 둔 중층적 공간시스템으로 접근하여 세계를 파악하는 것이 지역적 관점이다.

마지막으로 '지구 차원에서 생각하고 지역 차원으로 행동하라'라는 슬로건은 지역이 국토 및 세계와 유기적인 연관을 이루고 있으며, 오늘날에는 직접 세계와 연결되어 있다는 것이다. 과거와 달리 오늘날에는 국민경제, 국제경제, 세계경제의 지역 간 상호의존관계가 점차 긴밀해지고 있다. 국가 간의 교류나 협정은 어려운 데 반해 지역 간 교류나 협정이 빈번하게 일어나는 것은 바로 이러한 이유 때문이다.

이러한 지역경제의 중요성은 초기에는 지역발전 개념을 통해 지역 격차 완화를 위한 경제발전이 주요한 이슈가 된다. 그래서 지역발전을 위한 기업유치와 클러스터 조성, 인적 기반 확보를 위한 지역 내의 인력양성, 지역중심의 연구를 위한 지역거점대학 육성, 정부기관의 유치를 통한 산·관·학 협력 시스템 논의까지 구체화되면서 여러 방법론과 효과를 가져왔다.(최영출·서순복, 2001) 나아가 이러한 지역발전의 개념에다가 '지속가능성(sustainability)'이라는 것을 더한 개념인 '지속가능한 발전(sustainable development)'을 지역에 접목하여, 지속가능한 지역발전(sustainable regional development)이라는 새로운 개념을 통해 지역 내 경제적 선순환 구조를 구축하기 위해 활발하게 논의되고 있다. 결국 한 국가의 지속가능한 발전을 도모하기 위해서는 국가라는 구조 안에서 '지역'이라는 미시적 결합 없이 지속가능한 발전을 이룰 수 없기 때문에 이러한 개념은 매우 중요할 수밖에 없다.

지역경제학 그 자체가 경제학의 한 분야로서 자립한 것은 제2차 세계대전 이후이다. 가까운 일본의 경우에는 고도 경제성장의 모순이 표면에 나타난 1970년대에 들어와서야 지역경제학에 대한 중요성을 인식하기 시작하였다. 자본주의가 국민경제를 기초로 발전하고 국제화가 세계경제를 형성하기에 이른 오늘날, 지역경제학이 성립하는 근거는 도대체 어디에 있는 것인지, 현대경제를 지역이라는 한정된 범위로 공간 분석해야 하는 이유를 규명하는 것이 지역경제학의 기본 논점이다.[2]

이러한 사실을 차치하더라도 지역경제학은 사회과학이나 경제학으로만 해석하는 것이 아니라 현실사회나 경제를 분석하여 그에 나타난 법칙성을 발견하고 보다 좋은 미래사회의 전망을 나타내는 것이 목적이다. 완성된 경제이론 일부의 틀을 잘라내어 지역 분석에 적용시키는 방법은 좋지 못하다. 항상 변화하는 사회경제의 최신 국면을 연구하여 국가 내 지역경제를 분석하고, 그 안에 잠복되어 있는 새로운 운동 법칙을 찾아내어 사회의 전체 구조를 보다 풍부하게 이해하는 분석적 방법이 요구되고 있다.

현대에는 가장 미세한 지역이나 계층도 자본 활동의 세계화 (Globalization)를 통해 일국 경제를 넘어 세계경제 수준의 지역 계층과 깊게 결합하고 있다. 기존 경제학의 골조로 말하면 기업은 농업 경제론, 공업 경제론, 금융론, 상업 경제론, 중소기업론, 재정학 등 종적관계 분야의 연구 대상이 서로 결합하면서 혼재하고 있다. 따라

---

2 미야모토 켄이치, 심재희 역, 2004, p.87.

서 지역경제를 연구한다고 하는 것은 사소하거나 세세한 문제까지 참견하는 것처럼 갇힌 문제를 추구하는 것이 아니라, 오히려 지역을 창으로 하면서 세계경제 전체를 파악하는 것으로 이루어지는 것이다. 특히 오늘날 한국도 경제적 측면에서 세계화가 진행되면 진행될수록 생활단위 수준에서부터 지역의 중요성이 확대되고 있다.

우리 생활 주변에는 외국에서 수입한 상품이 많이 존재하지만 그 중에서도 우리나라 기업이 해외에서 생산한 역수입품의 증대가 눈에 띈다. 또한 기업의 해외 진출은 한편으로 지역 내 본사 기능의 집중을 일으키면서 국내 공장의 폐쇄·축소에 의한 공업 공동화 문제를 발생시키고 있다. 기업 활동의 세계화 속에서 생산 거점이나 판매 거점은 빠른 속도로 변화하여 노동의 유동성을 가속화하고 있다. 게다가 국제적 압력을 배경으로 한 경제구조 조정 정책 수행으로 대형 상점의 규제완화에 의해 개인상점이 급감하거나 농산물 무역의 개방화에 의해 농가수도 크게 감소하고 있다. 지방 특색산업의 상황은 날마다 시시각각 변화하는 환시세와 크게 연관되어 있다.

자본의 축적 규모가 확대되어 이것이 세계화되는 것에 따라 생활단위로서의 지역과 자본의 활동 단위로서의 지역이 크게 어긋나 서로 대립하게 된다. 그러면 주민이 하나의 지역에 계속 살며 생활을 풍부하게 향유하는 등 사람답게 사는 것이 매우 어려운 시대가 되는 것이다. 이미 일부 지역의 주민 생활을 희생한 '국민경제'의 번영이나 '국가정책' 우선론은 성립되지 않는다고 말할 수 있다. 어느 지역의 주민이든 인간으로서 살아가기 위해서 지역경제 본연의 자세나 사회 본연의 자세를 스스로 결정해 가는 시대가 오고 있다. 지역경제학이 현실

분석적 성격이 강한 학문인 이상 이러한 지역 주민에 의한 지역 만들기의 방향성에 대한 과학적 근거와 정책적·운동론적 지침도 제안할 수 있으며, 이를 통해 지역정책을 보다 풍요롭게 하는 것이 가능하다.

지역은 지역경제(구조), 지역문제, 지역(산업)정책 등 세 부문으로 구성할 수 있는데, 이 세 부문을 종합하여 함의를 이끌어 내는 것이 바로 지역경제학이다. 따라서 이 책에서는 통계자료 이외에서 지역문제와 지역정책에 대한 자료를 파악하기 위해 신문 기사를 활용하였다. 신문 기사는 당시 인천지역의 산업정책, 정치상황을 파악할 수 있다는 점에서 큰 의미를 가진다. 예를 들어 통계청에서 파악하고 있는 인천의 GRDP는 1985년부터 있고, 민간소비, 설비투자와 같은 여타 다른 부문의 경제 통계들은 1995년부터 구축되어 있는 상황이다. 이러한 통계자료의 한계로 인해 1946년대부터 1980년대까지의 통계자료는 제대로 구축되어 있지 않다. 그러므로 자료 접근의 제약이 따르기 때문에 과거 인천에 대한 신문 기사를 활용할 수밖에 없는 것도 또 다른 이유 중 하나다.

2) 지역산업으로서의 경제학

앞서 언급했듯이 지역경제학은 지역경제, 지역문제, 지역정책을 종합적으로 분석하는 것을 목적으로 한다. 이 절에서는 이제까지 진행한 한국의 지역산업 정책 방향을 살펴보고 그 속에 나타난 문제점을 알아보고자 한다. 이는 신문 기사로 바라본 1946~1980년에 인천지역의 산업정책이 어떠한 배경에 의해 진행되었는지를 통해 보다 쉽게 접근 가능할 것이다.

한국의 지역산업정책은 1995년 지방자치제 이후인 1990년대 후반을 기점으로 크게 변화하였다. 이전 한국의 지역산업정책은 발전주의적 국가론에 입각한 국가주도의 경제발전 정책을 통해 괄목할 만한 성장을 하였다는 평가가 주를 이루고 있다. 즉 공간으로서의 지역은 국가에 의한 탑-다운(top-down) 방식의 수동적인 관계로 설정되었는데, 마찬가지로 지역산업정책도 탑-다운 방식의 산업정책이 나타나게 된다. 인천도 국가 안의 포함된 수동적인 존재로서 공간적 역할을 하게 되는데, 이러한 배경 속에서 1960~1970년대 인천의 부평산업단지와 인천기계산업단지가 조성되었다.[3] 즉 지역산업정책이 국가산업정책의 일환으로 추진되었다는 의미이다.[4] '지역'보다는 '국가'중심으로, '분배'보다는 '성장'에 초점을 맞춘 경제발전 전략을 채택하고 진행하였다. 이러한 상황에서 지역산업정책은 '지역'을 국가 일부로 인식하고 '형평성'보다는 '효율성'에 초점을 맞춘 전략들을 펼쳐나가기 시작했다.

---

3 한국의 경제성장은 앞서 언급한 발전주의적 국가론에 입각한 분석한 논의들이 많은데, 이와 정반대의 시각을 가지고 분석한 논의도 존재한다. 다중스케일적 관점이 이에 해당하며, 당시 한국의 산업단지 조성에 대해 다중스케일 관점을 가지고 국가발전주의를 비판하고 있다. 다중스케일이란 한국의 산업단지 조성이 오로지 국가스케일의 행위자만 있는 것이 아니라 장소 의존성을 가진 그 지역의 다양한 사회세력과 행위자들이 이에 대한 이익을 얻기 위해 경합갈등타협동맹 등 다양한 조합을 통해 중앙정부와 같은 국가스케일과 교섭을 통해 해당 지역의 공업단지 유치를 위한 다양한 세력들이 능동적으로 움직였다는 증거 제시를 통해 한국의 경제발전이 전적으로 발전주의적 국가론에 입각한 발전이 아니었음을 주장한다.

4 박재곤, 2015, p.55.

대도시 중심의 지역산업정책을 뜻하는 '선택과 집중'이라는 개념을 통해 나타난 성과의 결과물들이 주변지역으로 자연스럽게 유입되어 발전할 것이라는 이른바 '낙수효과(trickle down effect)'를 기대한 전략이 이에 해당한다. 그러나 이러한 전략은 수도권 그리고 대도시 중심에 큰 영향을 미쳤지만, 지역 간 발전격차 문제는 지속적으로 확대되는 결과를 초래하였다. 이러한 원인 중 하나는 '지역'의 범위를 행정구역 기준으로 설정함으로 인해 지역 간 불균형 문제를 극복하지 못했기 때문이다. 여기에 더해 상대적으로 재정이 부족한 비수도권 지역의 경우 예산 부족으로 인해 중앙정부의 지원 사업에 의존할 수밖에 없는 상황으로 전개되었다. 그 결과 산업정책에 대한 사업계획도 중앙정부의 평가기준에 맞게 설정할 수밖에 없는 '경로의존성(Path Dependency)'이 결국 지역적 특성을 고려한 사업 계획을 어렵게 만들어 버렸다.

또한 2008년 글로벌 금융위기 이후 지속적인 저성장 국면이 나타나면서 이를 타개하기 위한 규제완화 및 감세로 인해 투자 확대를 통한 고용창출과 성장을 도모하는 기존의 정형화된 패턴의 방법론은 설득력이 잃어가게 되었다. 다양한 지역적 특성들이 존재하는 지역산업정책에 있어서도 기존의 국가성장을 도모하기 위한 획일적인 정책들은 점차 그 실효성을 잃어가고 있다.

이런 점으로 인해 기존의 지역산업정책에서 벗어나 지역의 특성을 고려한 정책이 요구되기 시작하였다. 지역별 성장요인은 각 지역의 상황에 따라 다르기 때문에 지역 특수적인 정책수단이 요구될 수밖에 없고, 장소기반적인 지역정책이 필요하다. EU가 제기한 '장소 중심적인 지역정책(place-based regional policy)'을 계승하여 지식경제 구축에서 모든 지역의 역할을 강조하는, 이른바 '스마트 전문화(smart specialization) 개념'을 EU"Knowledge for Growth" 전문가 집단에서 제시하였다(정준호·장재홍, 2015). 스마트 전문화는 전문화된 지역 클러스터에서 우선 개발되어야 할 분야를 선정하기 위한 정책과정으로, 기업가적 발견과정을 통해 우선 개발되어야할 분야를 발굴하는 것을 의미한다(Foray et. al., 2009). 즉 저성장지역의 성장잠재력을 끌어올리는 것을 의미하는데, 지역의 새로운 성장잠재력의 발굴은 기존 산업과 다른 새로운 성장 동력 산업을 발굴하는 것에 국한된 것이 아니라, 기존의 비교우위 요소를 더욱 강화하는 것으로 이루어 질 수 있다(김영수·변창욱, 2015). 요약하면 지역적 특색을 살리면서 비교우위와 성장잠재력 있는 기술 분야를 선정하고 각 지역의 특수성을 살린 '선택과 집중' 전략을 통해 경제력을 강화하여 재원 대비 투자 성과를 높이는 것을 의미한다.

이전 클러스터 정책과 비교해 볼 때, 스마트 전문화와 클러스터 정책의 공통점은 생산성과 혁신을 통해 경쟁력 강화와 지역경제 성장의 원동력을 준다는 점이다. 그리고 차이점은 클러스터는 특정 산업에 초점을 맞춘 반면, 스마트 전문화는 각 지역의 특정 기술 분야와 같이 혁신 집약적 부분에 초점을 둔다는 점이다. 한편 스마트 전문화가 지역특성에 기반을 둔다는 것은 다양성을 강조한다는 점이다(박재곤, 2015). 즉 지역의 경제적 요소, 사회적·문화적인 지역 환경 요소를 반영한다는 점에서 지역을 하나의 '공간'으로서의 범위로 본다는 것이다.

  기존의 지역혁신시스템에서는 대학, 산업, 정부 간의 3중 구조를 구축하여 전략을 수립하는 반면 스마트 전문화는 삼중 구조에 시민사회, NGO, 시민단체 등 제3섹터를 포함한 4중 구조를 제시한다. 이는 공공기관, 전문가, 컨설팅 회사 등의 지역 외부 기관이 주도하여 전략을 수립하는 것이 아니라, 지역 내 지식과 역량을 동원하여 지역 내의 합의와 협력을 이끌어 내는 것이다. 이런 점에서 우선순위 분야를 선정하고 설정하는 과정에서 나타나는 정보의 불완전성에 의한 선택의 오류를 줄여줄 수 있다.

  이것은 중앙정부 주도의 하향식 정책 설계에서 벗어나 상향식 정책 설계를 통해 지역 거버넌스를 구축하는 것이다. 그래서 수평적 의사결정 구조를 통해 지역적 특성을 고려하여 지속가능한 지역산업정책을 만들어 내는 것을 의미한다. 이는 이전 지역산업정책과 확연한 차이점을 나타낸다. 현재 강점이 있거나 혁신을 통해 성장할 수 있는 지역 특유의 산업 분야를 발전시킬 수 있도록 지속적으로 지역의 잠재력을 발견하고, 산업적 전환을 이루어 나가기 위해 거버넌스까지도 고려한 기업가적 절차인 것이다.

  그러나 스마트 전문화의 국내 논의들은 지역적 특성을 고려한 '기술'에 초점을 맞춰 논의되고 있다. 엄밀히 정의하면 첨단 분야인 '혁신적인 기술'개발에 초점을 맞추고 있다. 또한 지역산업정책에 스마트 전문화를 적용할 때 한국의 문화적 배경으로 인해 토론 문화에 대한 저변 부족과 형식적인 절차를 통해 도출해버리는 의견수렴 과정이 지적되고 있다. 그러나 이해관계자들의 참여와 협력을 어떠한 방법을 통해 이끌어 낼 것인지에 대한 명확한 방법은 제시되지 않고 있다.

따라서 상향식 지역산업정책을 펼치기 위한 이해관계자 간의 참여와 협력 네트워크 구축을 위한 여러 방법론을 고찰해 볼 필요가 있다. 지역적 특수성을 고려하는 스마트 전문화와 지역의 환경, 문화를 통한 '창조성' 발현이라는 창조도시의 관점은 '혁신'이라는 점에서 공통분모를 가지고 있다. 지역 이해관계자들의 합의와 협력을 통한 상향식 산업정책을 위한 지역거버넌스 구축이 필요하다는 점, 그리고 스마트 전문화와 창조도시 만들기가 개별적으로 추진함으로써 발생하는 중복투자의 피해를 줄이기 위해서 중층적으로 진행되어야 한다. 또한, 이러한 정책들이 일자리 창출과 지역경제 활성화를 위한 근시안적인 사고로 실행되는 것이 아닌 장기인 관점을 가지고 실행할 때 비로소 지속가능한 지역발전을 구축하기 위한 지역산업정책으로서의 목표 달성이 가능할 것이다.

지금까지 지역산업정책 측면에서 '지역'의 중요성을 살펴보았다. 이 책에서는 해방 이후인 1946년부터 1980년대까지 인천지역의 산업정책을 언급한 기사를 통해 인천 산업의 흐름을 살펴보고자 한다. 동아일보, 경향신문, 매일경제 세 개의 언론사에서 '인천', '산업'이라는 키워드로 검색하여 당시 인천의 산업과 관련된 기사 내용을 요약하고 분석하였다.

〈그림 1-1〉 지역혁신시스템의 구조[5]

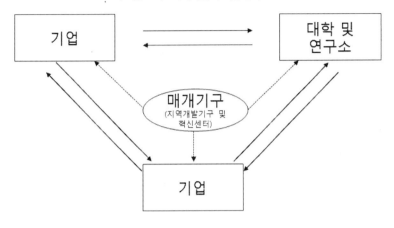

〈그림 1-2〉 스마트 전문화의 구조

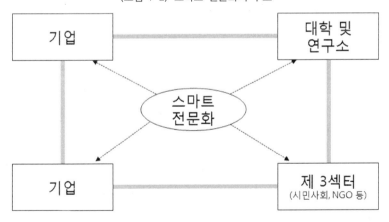

---

5 국가균형발전을 위한 지역혁신시스템의 구축, 2003.

3) 신문 기사를 활용한 미시적 접근

1990년대 중반 이전까지는 지역통계가 제대로 구축되지 않은 상황으로 인해 이 책에서 설정한 1946~1980년 인천 지역의 정밀한 경제통계자료를 이용한 분석은 어려운 것이 현실이다. 이러한 자료 접근성의 제한으로 인해 당시의 상황을 살펴보기 위해서는 신문 기사를 활용하는 것이 가장 합리적인 방법이라고 생각한다. 비록 신문매체는 각 언론사마다 입장이 있게 때문에 객관적이라고 볼 수는 없다. 하지만 최대한 사실 기반의 기사를 추출하여 당시 인천지역의 정치, 경제, 사회, 문화를 간접적으로 살펴볼 기회를 제공한다. 이를 통해 당시 인천 지역의 영향력을 발휘하는 정치인, 기업가 등의 인물을 살펴볼 수 있고, 또한 정치경제학적 방법을 통해 인천지역의 경제 정책이 어떠한 과정을 통해 진행되었는지를 추측할 수 있는 단초를 찾을 수 있는 계기가 될 수 있다. 국가를 넘어서 이러한 지역이라는 미시적인 사실들을 잘 조합하고 재구성했을 때, 다중스케일 관점에서 지역을 풀어내는 데 도움을 제공할 여지가 생기게 된다. 이는 국가단위의 분석을 넘어서 지역단위의 분석이 가능해지고, 결과적으로 지역경제학 연구에 기여할 것이라고 생각한다.

지금까지 한국의 사회과학 연구들은 주로 국가단위의 분석에 치중한 나머지 지역, 도시 스케일에 형성되는 정치-경제적 힘 관계를 제대로 파악할 수 없었다. 그리고 지역 또는 도시 분석을 할 때 국가스케일의 관점에서 분석하여 제대로 된 원인규명을 할 수 없게 되었다. 비록 추측이나 심증적인 부분에서 현상에 대한 원인을 추정하고 확신

하더라도, 객관적인 자료 부족으로 인해 사회과학적 접근이 이루어 지지 못했다. 그러면서 지금까지도 제대로 된 지역 분석이 없는 상황 에서 이를 수행하는 것은 매우 어려운 것이 현실이다. 그러나 제시된 여러 기사를 통해 이러한 문제를 해결할 수 있는 방법론적 접근이 바 로 '다중스케일'이라는 개념이다. 비록 본 연구에서는 다중 스케일을 중심으로 한 연구는 아니지만, 이 개념에 대해서 언급하고자 한다. 다중스케일이란 국가의 산업단지 개발 사업이 글로벌, 국가, 지역, 도시 등 여러 지리적 스케일에서 활동 혹은 작동하는 다양한 사회적 세력과 행위자들 사이의 복합적인 상호작용과 우발적인 접합에 의해 영향을 받는 '다중스케일(multi-scale)'과정에 주목하며, 정치, 사회, 경제, 문화적 과정을 같이 이해하는 것을 의미한다. 또한 다양한 공 간적 스케일의 역학관계에 의해 위계적으로 종속되기보다는 중층적 상호작용으로 서로에서 영향을 주고받으면서 사회과정을 구성한다 는 것이다(박배균·최영진, 2014). 기존의 경제학적 관점이 지역을 주 어진 것으로만 인식하는 것에 반해, 다중스케일은 지역이 국가에게 수동적인 입장만을 취하는 게 아니라는 것을 의미한다. 앞서 언급했 듯이 '지역'은 경제, 문화, 정치 등 다양한 영역이 연결된 것이기 때문 이다.

비록 이 책에서 다중스케일적 분석틀을 적용하지는 않지만, 신문 기사를 통해서 지역 또는 도시 공간 나아가 더 큰 범위에서 나타난 문제의 원인을 분석할 때 이러한 분석의 틀은 유의미하다. 그러므로 추후 지역경제 연구에서 다중스케일적 접근방식을 활용한다면 지역 을 분석하는데 매우 유용한 틀을 제공하고 보다 풍요로운 논의가 전

개될 것이다. 또한 정치경제학적 지역경제 연구를 발전시키는 데에
도 매우 유용한 자료로서 의미를 가질 수 있을 것이다.

1940~1980년대의 역사적인 기록들은 과거 인천에 적용된 산업정
책에 대한 역사적 사실과 문제점을 접합함으로써 앞으로 인천에 새로
운 산업정책을 적용할 때 일종의 지침서 역할을 하게 될 것이다. 다시
말해서 과거의 역사를 통해 향후 산업정책을 입안할 때 근시안적인
관점을 버리고 장기적인 관점에서 정책을 실행하는데 도움이 된다.
이러한 연구를 통해 지역경제 활동을 통해 발생한 이익 배분 문제에
접근할 때도 기업이나 막대한 자본을 가진 집단 중심의 배분을 견제
하고, 지역에서 활동하고 생활하는 시민 중심의 이익 분배를 가능하
게 할 것이다. 또한 지역 시민 중심의 이익 분배는 지역 경제의 선순
환 구조를 만들어 내는데 도움을 줄 것이다.

II. 신문 기사에 나타난
1946년부터 1980년까지의 인천 산업사

신문 기사에 나타난
1946년부터 1980년까지의 인천 산업사

1. 1946~1960년 인천 산업의 역사

1) 1946~1960년 시기의 인천과 국가경제

○ 1946~1960년 시기의 인천 산업의 개요

일제강점기 인천은 인천부로 존재하였으며 해방 직후 1945년 10월 10일부터 10월 27일까지 17일간 제물포시로 명명되었다가 다시 인천부로 이름이 바뀌었다. 1949년 인천부는 경기도 인천시로 바뀌어 1950~60년대에도 인천시라는 행정구역으로 존재하였다.

이와 같이 해방 이후 인천시는 일제시대에서도 큰 규모의 공업지역이었던 명성에 걸맞게 다수의 공장이 존재하였다. 주요 공장으로는 인천조선유지, 인천조선화학비료공장, 인천동양방직 등이 존재하였다. 이에 따라 정부에서도 공업발전의 중요지대로 보고 이를 위한 투자와 의견청취 등을 실시하여 국가발전의 초석으로 삼았다.

그러나 1950년 6월 한국전쟁 이후 전쟁의 참화로 인해 인천 또한 상당수의 산업시설이 파괴되었으며 1950~60년 인천의 산업 역사는 이를 다시 일으켜 세우려는 노력이 주를 이루고 있다. 이에 따라 당시 인천산업의 주요 투자처는 국가 전체의 투자처와 마찬가지로 해외 원조자금이 주를 이루고 있으며 인천에서는 인천기계제작소 등에 집중 투자하여 경제 재건을 위한 목표를 이루기 위해 노력하였다.

○ 자본가 계급과 인천

한국사회는 일반적으로 근대화시기~일제식민지 시기에 자본주의로 이행해 갔다고 볼 수 있다. 그러나 근대화 시기에는 아주 짧은 시기만 자본주의 형태만을 보이고 있었으며 본격적인 자본주의는 일제식민지 시기, 즉 1930년대에 이루어졌다고 볼 수 있다. 자본주의로 사회가 이행함에 따라 자본가 계급이 생겨났으며 이들은 자본주의 사회의 주축을 이루는 이른바 부르주아의 형태를 보이게 된다.

그러나 이러한 자본가들은 식민지라는 특성상 대다수가 일본인들이었으며 소수의 한국인 자본가들은 소규모 기업을 창업하거나 일본인 기업에 동업자 형태로 참여하는 수준에 그쳤다. 물론 일부 산업자본가가 존재하기는 하였으나 이는 매우 극소수에 머물렀다.

해방 이후 일본인 자본가들이 사라지고 한국인 자본가들로 대체된다. 이들은 일제시대 일본인 자본가들이 소유한 기업체를 해방정부에서 불하받아 이를 기반으로 자본을 축적하였으며 또한 미군정에 의해 미국의 물자를 받아 이를 사유화하고 유통 및 생산함으로서 자본을 축적하는 형태를 보였다. 이러한 형태는 한국전쟁 이후 기반설비가 상당수 사라진 후 다른 형태로 나타나게 되는데 미국의 구호물자

등을 사유화하여 이를 기반으로 자본을 축적하는 산업자본가가 탄생하게 된다.

○ 인천의 도시산업구조의 특성

인천은 항구도시라는 특성과 수도인 서울과 수도권의 바다로 통하는 관문이라는 특성이 결합되어 다수의 미국 물자가 들어오는 관문이었으며 이를 기반으로 자본가들이 크게 증가하게 된다. 그러나 이들은 인천에서 자본을 축적하였으나 가까운 서울로 근거지를 옮겼으며 따라서 인천은 부산처럼 지역에서 자생적인 도시생산구조를 갖추지 못하고 서울과 수도권에 종속되는 형태를 보이게 된다.

결국 인천은 지리적인 특성상 수도권의 관문으로서 자본을 축적할 수 있는 구조를 가지고 있었으나 대도시이자 수도인 서울과 너무 가까워 거대자본가들을 유치하지 못하고 중소자본가들이 서로 경쟁하는 도시산업구조를 갖추게 되었다. 자본주의가 발달하는 일반적인 도시산업구조형태는 영국 맨체스터의 경우처럼 초기에는 다수의 중소자본가들이 경쟁하다가 중·후반부로 가면서 대기업들이 과점형태로 시장을 조정하는 형태를 보이는데 인천의 경우에는 대형기업이 생산공장만 남겨두고 본사를 이전하는 등의 행태를 보인다. 결국 도시산업의 헤게모니를 소수의 대형집단이 아닌 다수의 소규모 이해집단이 서로의 의견을 조절해가며 장악하는 형태를 보이게 되며 이는 다중스케일적인 전형적인 형태라 할 수 있다.

이러한 도시산업구조는 해방 직후인 1940~1960년에는 그 기초가 마련되었으며 이후 고도성장을 거쳐 인천이라는 도시의 특성으로 정립되게 된다. 이 장에서는 1946년부터 1960년까지의 인천 산업을 신문 기사, 그 중에서도 다중스케일적인 주관적 관점이 들어가 있지 않은, '지역'의 이해관계에서 비교적 자유로운 중앙지를 기준으로 살펴보도록 한다.

2) 신문 기사에 나타난
1946~1960년 시기의 인천 산업

■ 1946년
○ 12월
제목 : 勞資協調(노자협조)로 産業(산업)을 復興(부흥)
분류 : 노동
기타 : -
내용 :
인천에서는 노자협조로 산업을 부흥하려는 목적으로 노동주간을 전개하여 12월 2일부터 12월 13일 까지 중요공장노동자들에게 생산의 욕을 높이는 지도순회가 전개되었다.

- 1946년 12월 3일 동아일보

◼ 1947년

○ 5월

제목 : 火藥工業(화약공업)에 凱歌(개가)

분류 : 회사명

기타 : 인천조선유지

내용 :

남한 유일의 인천조선유지사장 문두호 씨와 기사 하준일 씨는 공장부
속 화약공장에서 연구를 계속하여 온 결과 화약제조에 성공하였다.
화약협회장이 참석한 성능실험결과 일본제품보다 뛰어난 것이 판명
되었다.

– 1947년 5월 17일 경향신문

◼ 1948년

○ 2월

제목 : 海員勞組選擧(해원노조선거)

분류 : 노동

기타 : –

내용 :

노동조합운동의 민주주의적인 발전을 위해 해원노조선거가 3월 5일
부터 전국 각지에서 실시될 예정이다. 인천은 3월 5일~7일까지 시행
되며 28일까지 입후보신청을 받기로 하였다.

– 1948년 2월 24일 동아일보

○ 5월

제목 : 緊急(긴급)한 電力對策(전력대책) (一(일))

분류 : 인프라

기타 : 전력단선

내용 :

1948년 5월 14일 오전 12시부터 북조선에서 보내오는 송전이 절단되었으나 인천과 부산 등지에 있는 미국 발전함 및 남한의 발전소 송전 용량을 합쳐 8만 킬로와트의 전기가 생산될 예정이다.

- 1948년 5월 15일 경향신문

○ 10월

제목 : 韓國(한국)의 緊急(긴급)한 肥料政策(비요정책) (上(상))

분류 : 회사명

기타 : 인천조선화학비료공장

내용 :

남한의 비료공장인 인천조선화학비료공장은 연간 인산비료 3만 톤을 생산할 수 있는 능력을 갖추고 있으나 생산자재의 부족으로 생산정지 상태에 있다. 이 외에도 골분비료, 기타유류공장 등이 정책의 부재로 유휴상태이다.

- 1948년 10월 31일 경향신문

○ 11월

제목 : 드디어 萬聚東(만취동) 法網(법망)에 걸리다

분류 : 회사명

기타 : 화상동순동만취동

내용 :

통관업을 주로 하는 인천의 화상동순동만취동이 11월 2일 경찰청에 구속취조 되었다. 죄목은 선용중유 및 유류관련 제품 5백 드럼을 밀수출한 혐의이다. 특히 유류가 북한으로 넘어갈 가능성이 존재하고 있다.

         － 1948년 11월 19일 경향신문

■ 1949년

○ 4월

제목 : 商工部案(상공부안) 機械工業(기계공업)을 振興(진흥)

분류 : 회사명

기타 : 진연공장

내용 :

상공부에서는 추가예산을 편성하여 인천의 진연공장에 기계설치 공장시설 보조비로 1대당 3억 원을 편성하였다.

         － 1949년 4월 21일 동아일보

○ 5월

제목 : 稅關(세관)의 監視(감시)를 完全回避(완전회피)

분류 : 경제범죄

기타 : 밀수

내용 :

지난해 인천세관에 압수된 밀수품은 약 6억 7천만 원에 달하며 식용
유, 교직물 등 2억 8천만 원의 물건이 밀수입되었고 순금, 홍삼, 아편
등 3억 9천만 원이 밀수출되었다. 인천세관에서는 이러한 밀수품의
전체의 1%에 불과하다고 발표하였다.

- 1949년 5월 10일 경향신문

○ 12월

제목 : 國政監査班同行記(국정감사 반동행기)

분류 : 정책

기타 : -

내용 :

국회재경위원회 전문위원 및 국정감사위원회 예산금융기관반에서는
12월 9일 인천을 방문하여 인천상공회의소를 방문하여 상공계 대표
30여 명과 회동하였다. 이는 지방 실태조사의 일환으로 산업자금 금
융에 관한 건 및 금융기관정비에 관한 건을 의제로 민간 측의 의견을
청취하였다.

- 1949년 12월 12일 경향신문

제목 : 腐敗(부패)! 萎縮(위축)! 國內産業(국내산업)에 危機(위기)
　　　不正貿易界(부정무역계)에 秋霜(추상)의 메스
분류 : 경제범죄
기타 : 밀수
내용 :
12월 12일 서울, 인천의 중국 무역상을 조사한 결과 약 20여 명의 불
법행위를 저지른 상인들을 적발하였으며 수억 원에 이르는 물품을 압
수하였다. 또한, 13일, 14일 동안 중국인 무역상 창고 약 200여 개를
수사한 바에 따르면 수입금지 품목 등 다양한 제품들을 압수하였다.
　　　　　　　　　　　　　　　－ 1949년 12월 16일 동아일보

◼ 1950년
○ 4월
제목 : 十五原則(십오원칙)에 依據(의거)한
　　　産業緊急策成案(산업긴급책성안)
분류 : 정책/회사명
기타 : -/삼화제철, 인천종연공장
내용 :
상공부에서는 경제안정 15원칙에 따라 각 산업부분 중점개발을 시도
하였으며 그 중 철강공업에서는 삼화제철 및 인천종연공장을 확충하
여 원자재자금 및 기술을 중점적으로 공여할 예정이다.
　　　　　　　　　　　　　　　－ 1950년 4월 22일 동아일보

■ 1951년

○ 7월

제목 : -

분류 : 회사명

기타 : 대한제분인천공장

내용 :

7월 24일 국무회의에서는 한국경제 재건 부흥계획이 통과되었으며 대한제분인천공장을 건설하기로 합의하였다.

- 행정자지부 국가기록원 관리번호 CET0030756

○ 9월

제목 : -

분류 : 정책

기타 : 공작창 설치

내용 :

인천과 영등포에 공작창이 설치되었다.

- 행정자지부 국가기록원 관리번호 BA0084186, CET0093509

■ 1953년

○ 1월

제목 : 破壞產業復興(파괴산업부흥)에 曙光(서광)

　　　仁川東洋紡織復舊完成(인천동양방직복구완성)

분류 : 회사명

기타 : 인천동양방직

내용 :

6.25전쟁 이전 매년 3만 5천 필의 면포와 4만 곤의 면사를 생산하였던 인천동양방직은 전쟁으로 70% 이상이 파괴되었으나 이사장 서정익씨와 직원들의 노력으로 3차에 달하는 작업을 통해 복구되었다. 현재 종업원 2,412명이 매월 3만 2천 필의 면포와 944곤의 면사를 생산하고 있다.

　　　　　　　　　　　　　　- 1953년 1월 9일 동아일보

○ 4월

제목 : 日人(일인)들 아직 仁川(인천)서 活步(활보)!

분류 : 회사명

기타 : 광뢰산업주식회사

내용 :

일본 선박기술자 48명은 1952년 6월~1953년 3월 중순까지 광뢰산업주식회사의 파견기술자로 입국하였으며 이들은 인천부두에서 기술자로 일하고 있다.

　　　　　　　　　　　　　　- 1953년 4월 16일 경향신문

○ 7월

제목 : 仁川地區勞聯發足(인천지구로연발족)

분류 : 노동

기타 : -

내용 :

7월 6일 인천 부두노조회관에서는 각 산업직장별 노조 대표 50명이 모여 대한노총인천지구 노동조합연합회를 조직하고 의장 방관기, 부의장 백홍선을 선출하였다.

- 1953년 7월 13일 경향신문

○ 8월

제목 : 二億弗(이억불)의 使用計劃完成(사용계획완성)

분류 : 정책/회사명

기타 : 자금지원/인천기계제작소

내용 :

한미합동경제위원회에 따르면 2억 5천 8백만 달러의 원조자금을 각 분야별로 투입하여 산업을 진흥시킬 예정이다. 그중 전쟁에 의해 파괴된 인천기계제작소를 비롯한 공장을 재건 복구하여 남한에 있는 파철을 이용할 수 있도록 추진할 계획이다.

- 1953년 8월 18일 경향신문

○ 12월

제목 : 癸巳經濟(계사경제) (下(하)) 無視當(무시당)한

自由經濟原則(자유경제원칙)

분류 : 중요 회사명

기타 : 인천판유리공장

내용 :

산업재건계획을 통해 합의된 바로는 자금 2백만 달러를 투입하여 인천에 판유리 공장을 설치하여 12만 상자의 생산계획을 설립하였다.

– 1953년 12월 31일 동아일보

■ 1954년

○ 4월

제목 : 前殖銀(전식은) 幹部(간부)에도 波及(파급)

분류 : 회사명

기타 : 인천조선리연고무 주식회사

내용 :

산업은행 간부진을 대상으로 하는 은행 의혹사건에서 뇌물을 주고 돈을 대부받은 혐의로 인천조선리연고무 주식회사 대표 김재우 씨를 긴급 구속하였으며 당시 식산은행 이사직에 있던 현 산업은행 이사인 홍기철 씨를 수사하였다.

– 1954년 4월 16일 동아일보

제목 : 拘留期間更新(구류기간갱신)

　　　理硏(이연)고무社金社長(사금사장)

분류 : 회사명

기타 : 인천조선리연고무 주식회사

내용 :

구 식산은행 대부사건을 수사 중인 대검찰청에서는 인천조선리연고
무 주식회사 대표 김재우 씨를 구속하였으며 구류기간을 만기일인 19
일에 맞추어 갱신하였다.

　　　　　　　　　　　　　　　　　　- 1954년 4월 21일 동아일보

○ 12월

제목 : 主要基幹産業(주요기간산업) 遲遲(지지)한

　　　建設狀況(건설상황)

분류 : 정책/중요 회사명

기타 : 자금지원/인천판유리공장

내용 :

1954년 10월 인천에 판유리공장을 설치하는 사업이 시작되었다. 외
국원조 및 FOA 자금을 들여와서 하는 이 사업은 주요기간산업체의
건설을 위한 사업이며 한미 간 합의에 의해 장소를 선정하고 설치가
시작되었다.

　　　　　　　　　　　　　　　　　　- 1954년 12월 2일 동아일보

■ 1955년

○ 1월

제목 : 水利資金(수리자금) 곧 放出(방출)

金韓銀總裁談(금한은총재담)

분류 : 정책/회사명

기타 : 자금지원/인천화약공장

내용 :

1월 9일 한국은행 인천지점 낙성식에 참석한 산업은행 구용서 총재는 조만간 국회에서 27억 환의 산업자금지원이 책정될 것이며 인천화약공장 등의 시설과 운영에 대해서도 지원이 있을 예정이라 하였다.

－ 1955년 1월 14일 동아일보

○ 5월

제목 : 八億六千餘萬圜放出(팔억륙천여만 원 방출)

肥料工場等基幹産業爲(비료공장 등 기간산업 위)해

분류 : 정책/중요회사명

기타 : 자금지원/인천판유리공장

내용 :

재무부에서 26일에 발표한 자료에 따르면 인천의 판유리공장 준공을 위해 산업은행을 통해 2억 3천 6백만 환의 긴급대책 자금을 대출자금 적립계정에서 인출하여 사용하기로 의결하였다고 한다.

－ 1955년 5월 27일 경향신문

○ 7월

제목 : 剩餘農産物(잉여농산물)의 導入問題(도입문제) (下(하))

분류 : 회사명

기타 : 소맥분공장

내용 :

영등포와 인천에 현대식소맥분공장이 있으나 현재 우리나라의 소맥분은 대부분 농촌에서 소형 제분원료로 사용되어 도시용인 소맥분원료로 상품화되어 있지 않다. 따라서 잉여농산물 대신 농산물을 확보하여 이를 가공할 필요가 존재한다.

- 1955년 7월 6일 경향신문

○ 9월

제목 : 세멘트 四千袋橫領(사천대 횡령)

　　　　保管代表二名拘束(보관대표 이 명 구속)

분류 : 회사명

기타 : 한미창고

내용 :

인천세관에서 보관 중인 화신산업 시멘트 4,095포대가 만석동 소재 한미창고에서 분실된 사건에 대해 경기도경찰국에서는 13일 한미창고 대표 서현학 씨와 동업자 이태화씨를 구속하여 수사하였으며 시멘트를 중앙동 중앙상회와 유한상회에 1포당 6백 환씩 도합 250여 만 환에 매각한 것이 밝혀졌다.

- 1955년 9월 4일 경향신문

○ 12월

제목 : 海運(해운)의 當面課題(당면과제) 座談會(좌담회) (1)

분류 : 회사명

기타 : 남일운수

내용 :

지난 16일 대한해운공사와 경향신문주최로 해운산업에 대한 전문가
및 좌담회가 열렸으며 인천에서는 대표로 남일운수사장 천독근 씨가
참석하였다. 천독근 씨는 현행 운임기준이 적정하지 않다 설명하였
으며 운임의 지출비목을 실제금액 비율과 현 제도상 비율에 차이가
있다고 설명하여 의견을 뒷받침하였다.

– 1955년 12월 17일 경향신문

■ 1956년

○ 2월

제목 : 仁川板(인천판)유리 工場起工式(공장기공식)

분류 : 중요회사명

기타 : 인천판유리공장

내용 :

우리나라 3대 기간산업 중 하나인 판유리공장 기공식이 인천 만석동
소재 석탄공사 저탄장이었던 약 1만 평에 달하는 공장건설기지 한복
판에서 성대히 거행되었다. 동 공장은 54년도 운크라 자금 214만
9,074달러, 한화 16억 환의 투자로 건설되며 건설 기간은 12월까지,
준공 후에는 1,200만 평의 판유리를 공급할 예정이다.

– 1956년 2월 15일 동아일보

제목 : 51億餘萬圜(억여만 환) 策定(책정) 基幹産業(기간산업)
　　　 復興資金(부흥자금)

분류 : 정책

기타 : 자금지원

내용 :

상공부에서는 기간산업부흥자금을 51억 7천 2백 45만 환으로 책정하
여 산업은행을 통해 각 산업을 지원할 예정이다. 이 중 1억 1천 8백만
환은 인천화약복구공사비로 사용될 예정이다.

　　　　　　　　　　　　　　　　　　 - 1956년 2월 25일 경향신문

○ 3월

제목 : 안 풀리는 背後(배후)의 黑幕(흑막)

분류 : 경제범죄/회사명

기타 : 밀수/상호운수, 대성창고

내용 :

1955년 10월 18일경 일제 도자기 544상자가 일본에서 수출되어 인천
에서 상호운수 회사가 하역하여 인천보세창고인 대성창고에 입고되
었다.

　　　　　　　　　　　　　　　　　　 - 1956년 3월 19일 경향신문

○ 4월

제목 : 겨우 140萬圜(만 환)에 賣却(매각)

분류 : 정책

기타 : 토지불하

내용 :

경기도 당국은 과거 일본인 스스키 히사오의 소유였던 인천 부평군 소재 작약도의 유원지 19,050평을 서울 영등포구 소재 동림산업 진흥회사 함창의 씨에게 불과 140만 환에 불하하였으며 이에 대해 비난을 받고 있다.

− 1956년 4월 30일 경향신문

○ 11월

제목 : 基幹産業(기간산업) 現地報告(현지보고) (7)

　　　　仁川板(인천판)유리篇(편)

분류 : 중요회사명

기타 : 인천판유리공장

내용 :

인천판유리공장의 완공이 지연되고 있다. 운크라 자금 1,839,240달러와 한화 3억 2천만 환이 투입되어 착수한 공사는 철강자재의 수입이 늦어지는 것이 지연의 원인이라 발표하였다.

− 1956년 11월 7일 동아일보

제목 : 基幹産業(기간산업) 現地報告(현지보고) (7)

　　　　仁川板(인천판)유리篇(편)

분류 : 중요회사명

기타 : 인천판유리공장

내용 :

인천중심지로부터 약 30리 떨어진 인천교외해안선을 끼고 45만 평의 부지에 분산 건립되고 있는 한국화약은 현재 건립된 공장만으로도 상당량의 화약을 생산 가능하나 원자재를 모두 수입해야 하기 때문에 생산단가가 높은 것이 문제이다.

　　　　　　　　　　　　　　　　　- 1956년 11월 7일 동아일보

■ 1957년

○ 1월

제목 : 引受(인수)에 假契約(가계약) 仁川(인천)유리

　　　　實需要者(실수요자)

분류 : 중요회사명

기타 : 인천판유리공장

내용 :

인천판유리공장의 실수요자에 대한 인수가계약이 14일 오전 10시 상공부에서 기간산업공장 인수운영체 설립추진위 위원장인 상공부장관과 인수측 대표인 대한유리공업기성회 최태섭 씨 간에 체결되었다.

　　　　　　　　　　　　　　　　　- 1957년 1월 15일 동아일보

○ 2월

제목 : 六億四百萬圜(육억 사백만 환) 大韓重工業(대한중공업)에
　　　融資(융자)

분류 : 중요회사명

기타 : 대한중공업

내용 :

재무부에서는 상공부 추천에 의해 대한중공업 인천공장의 운영자금
6억 467만 원을 제8회 산업부흥국채기금에 계상된 융자계획으로서
1/4분기 중에 융자할 것을 산업은행에 지시하였다.

－ 1957년 2월 3일 동아일보

○ 7월

제목 : 地方財政(지방재정) 金融経濟(금융경제)의 實態(실태) 完(완)
　　　京畿道篇(경기도편) ④

분류 : 회사명

기타 : 동양방직

내용 :

동양방직은 인천에 자리를 잡고 있으며 국내 6대 방직공장에 속해있다.
작년까지만 해도 농민을 소비자로 하는 면사 및 광목생산이 주력상품
이었으나 현재는 염색 및 다양한 제품을 개발하여 판매하고 있다.

－ 1957년 7월 14일 동아일보

○ 9월

제목 : 大田皮革等承認(대전피혁 등 승인)

　　　有關事業融資案(유관사업 융자안)

분류 : 정책

기타 : 자금지원

내용 :

9월 27일 조선호텔에서 열린 ICA유관사업운영자금융자신청심사위
원회에서는 전체 3억 5,500만 환의 융자안을 승인하였으며 그중 인
천실업에 5,000만 환의 융자 건을 승인하였다.

　　　　　　　　　　　　　　　　　- 1957년 9월 29일 동아일보

○ 10월

제목 : 어제 竣工式板(준공식판) 「유리」 仁川工場(인천공장)

　　　李大統領參席裡盛大(이대통령참석이성대)

분류 : 중요회사명

기타 : 인천판유리공장

내용 :

1957년 9월 30일 오후 2시에 인천 만석동에 소재한 인천판유리공장
준공식이 열렸다. 이 행사에는 대통령 및 정부인원 다수가 참가하였
으며 원조금을 지원해준 미국 운크라 단장 및 미경제부조정관이 참석
하였다. 이 공장이 가동하게 되면 연간 20만 상자의 판유리 생산이
예상되며 이는 국내수요를 충족함과 동시에 연간 약 90만 달러의 외
화를 절약할 수 있을 것으로 예상된다.

　　　　　　　　　　　　　　　　　- 1957년 10월 1일 경향신문

제목 : 總延滯額(총 연체액) 69億圜(억 환)

분류 : 정책/회사명

기타 : 자금연체/인천제제

내용 :

산업은행은 10월 7일 오전 산업자금의 대출액 중 8일 현재 연체상황
에 대해 국정감사 자료를 제출하였다. 전체 연체액은 69억 4,455만
3,427원으로서 이 중 인천제제(仁川制製)가 1천만 원의 연체액을 기
록하였다.

- 1957년 10월 8일 경향신문

제목 : 重工業(중공업) 運休繼續(운휴 계속) 産業建設(산업건설)에
　　　 警鍾(경종)

분류 : 중요회사명

기타 : 대한중공업

내용 :

1956년 9월 30일 인천에 준공된 강괴생산을 위한 대한중공업 공장은
정부 보유금 520만 달러와 20억 환의 시설자금을 투자하였으나 1957
년 9월 15일부터 조업을 중단한 상태이다. 이 공장은 현재 14,245톤
의 대형 강괴를 재고로 보유하고 있는 실정이다.

- 1957년 10월 23일 경향신문

○ 12월

제목 : 運休中重工業仁川平爐(운휴중 중공업 인천평로)

분류 : 중요회사명

기타 : 대한중공업

내용 :

그간 조업을 중단한 대한중공업의 인천평로는 12월 15일부터 다시 조업을 시작할 예정이다. 상공부는 운전자금으로 산업금융채권기금에서 1억 9,700만 환을 조처하였다.

- 1957년 12월 1일 경향신문

■ 1958년

○ 4월

제목 : 三和製鐵等(삼화제철 등)은 操業不能(조업불능)

분류 : 중요회사명

기타 : 대한중공업

내용 :

현재 생산이 원활히 진행되지 않는 대한중공업의 경영타개책을 위해 상공부 장관은 시설자금으로 9억 7천만 환을 융자할 예정이며 서울에 소지한 본사를 인천으로 이전할 계획이다.

- 1958년 4월 12일 경향신문

제목 : 天主教救濟品五萬袋(천주교구 제품 오만 대)를 燒失(소실)

분류 : 회사명

기타 : 인하산업공사

내용 :

4월 25일 인천시 인현동 소재창고에서 발생한 화재는 천주교 구호양
곡 약 5만 포대를 태웠다. 피해액은 건물 380평과 2,700만 환이며
총액은 1억 8,000만 환이다. 이 창고는 소유주 서정일 씨가 인하산업
공사에 임대한 창고로 밝혀졌다.

- 1958년 4월 26일 경향신문

○ 5월

제목 : 비누 軍納(군납) 業者二名拘束(업자 이 명 구속)

분류 : 회사명

기타 : 인천비누

내용 :

서울지검은 군대에 납품되는 비누를 속여 저질제품으로 납품한 납품
업자 강정규 씨와 인천비누 회사대표 이성호 씨를 업무상 배임혐의로
20일 오후 2시에 긴급 구속하였다.

- 1958년 5월 22일 경향신문

○ 6월

제목 : ICA民需施設(민수시설) 監査報告內容(감사보고내용) (中(중))

　　　　無計劃(무계획)한 資金配定許多(자금배정 허다)

분류 : 정책/회사명

기타 : 자금지원/인천조선공업

내용 :

ICA민수시설 감사보고내용에 따르면 시설투자에 필요한 자금을 제
때 적정금액으로 배정하지 못하여 일부시설 준공이 미루어지거나 제
대로 생산이 진행되지 않고 있는 실정이다. 현재 인천조선공업에서
는 시설 투자금으로 8만 달러를 요청한 상태이다.

　　　　　　　　　　　　　　　　　　　　- 1958년 6월 17일 경향신문

○ 8월

제목 : 火力建設(화력건설)로 電力難緩和(전력난 완화)

분류 : 기타

기타 : 전력수입

내용 :

1948년 북한이 일방적으로 전기를 끊은 후 인천부두에는 미군소속
엘렉트라 발전함과 부산에는 쟈코나 발전함이 입항하여 임시로 전력
을 공급하였다.

　　　　　　　　　　　　　　　　　　　　- 1958년 8월 9일 경향신문

■ 1959년

○ 1월

제목 : 經濟自立(경제자립) 摸索(모색)하는

　　　　新春經濟座談會(신춘경제좌담회) (6)

분류 : 중요회사명

기타 : 대한중공업

내용 :

재정법을 개정하여 총 29억 환을 들여 그중 일부를 인천에 있는 대한
중공업공사의 공장을 완전히 준공시키는데 힘쓸 필요가 있다.

　　　　　　　　　　　　　　　　　　 - 1959년 1월 14일 동아일보

■ 1960년

○ 3월

제목 : 造船工業(조선공업)의 現況(현황)

분류 : 회사명

기타 : 인천조선공장

내용 :

조선공사의 원조자금을 통해 주요시설을 도입한 민영조선공장은 총
5개이며 그중 인천의 조선공장은 15만 5천 달러를 원조받았으나 원
조 받은 조선공장의 건설실적은 없는 상태이다.

　　　　　　　　　　　　　　　　　　 - 1960년 3월 13일 동아일보

○ 4월

제목 : 政府(정부) 糧穀(양곡) 八千(팔천) 가마를 橫領(횡령)

분류 : 회사명

기타 : 동방산업주식회사, 대륙정미소

내용 :

경기도경찰국 수사과에서는 4월 6일 오후 정부보유양곡 약 8천 가마를 횡령 착복한 동방산업주식회사 차장 박태부 씨와 대륙정미소 차장 윤기득 씨를 비롯한 상인들을 횡령 및 장물취득 혐의로 구속하였다. 경찰은 인천시청이 정부양곡을 보관하는 업자들에 대하여 매월 2회 검사를 실시하는데 2년간 이러한 부정이 어떻게 방치되었는지에 대해 조사가 이루어질 예정이다.

　　　　　　　　　　　　　　　- 1960년 4월 7일 동아일보

○ 5월

제목 : 國民經濟(국민경제) 좀먹은 ICA 中小企業(중소기업)
　　　　農林部門(농림부문)

분류 : 회사명

기타 : 인천중앙산업

내용 :

원조자금사용에 대해서 지원은 합의하에 이루어지고 있으나 그 책임은 전적으로 한국 측이 지고 있는 상태이다. 따라서 낭비가 이루어지는지 살펴보고 실수요자에게 자금이 지원될 수 있도록 하는 의견이 힘을 얻고 있다. 인천중앙산업 등은 ICA자금의 배정신청을 하여 공장설비의 증설을 꾀하고 있다.

- 1960년 5월 27일 동아일보

제목 : 國民經濟(국민경제) 좀먹는 ICA 中小企業(중소기업) (2)
　　　農林部門(농림부문)
분류 : 회사명
기타 : 인천곡물저장탑
내용 :

인천곡물저장탑은 11만 달러와 8,827만 환을 들여 1957년 12월에 완
성되었으나 모체기업인 제분공장이 30% 정도 가동함에 따라 그 이상
을 움직이지 못하고 있다. 제분공장은 원료를 미국 잉여농산물에 의
지하고 있으며 대외수출이 활발해지고 분식장려라도 하지 않는 한 희
망이 보이지 않고 있다.

- 1960년 5월 28일 동아일보

제목 : 國民經濟(국민경제) 좀먹는 ICA 中小企業(중소기업) (2)
　　　農林部門(농림부문)
분류 : 회사명
기타 : 한국농약공장
내용 :

인천에 소재한 한국농약공장은 1954년 FOA자금을 통해 준공되었다.
당초 BHC를 연간 5백 톤 생산 가능 시설로 설립되었으며 그에 따라
순조롭게 생산되었으나 국제적으로 새로운 제조법이 만들어짐에 따

라 원가가 매우 낮아졌으며 현재 낡은 시설로 수익이 나지 않고 있는 상태이다. 미국은 추가시설의 취소를 고려하고 있다.

- 1960년 5월 28일 동아일보

제목 : 國民經濟(국민경제) 좀먹는 ICA 中小企業(중소기업) (3)
　　　 水産造船部門(수산조선부문)
분류 : 회사명
기타 : 인천조선공업/한국석화양식
내용 :
현재 인천조선공업은 수주가 없어 연중 태반을 휴업 중이다. 또한, 한국석화양식의 수산물건조시설은 과도정부에 의해 자금배정이 취소되었다.

- 1960년 5월 29일 동아일보

제목 : 國民經濟(국민경제) 좀먹는 ICA 中小企業(중소기업) (4)
　　　 機械工業部門(기계공업부문)
분류 : 회사명
기타 : 부평자동차부속품공장
내용 :
국산자동차 공장으로 부평에 있는 자동차부속품공장은 22만 5천 달러와 8,878만 환을 융자하여 1959년 12월에 준공하였으나 공장의 제품이 팔리지 않는 결과를 보이고 있다. 시설을 잘못 들여온 것이 가장 큰 원인이며 철강재의 조달에 문제가 있고 기술 및 자금 부족이 그

원인이다.

- 1960년 5월 31일 동아일보

○ 6월

제목 : 國民經濟(국민경제) 좀먹는 ICA 中小企業(중소기업) (5)
　　　 化學工業部門(화학공업부문)

분류 : 회사명

기타 : 한국화약, 한국농약

내용 :

한국화약은 양잿물 공장건설자금이 배정되어 사업이 진행되었으며
정치적 압력으로 자금을 배정받은 초산공장은 최근에 그 건립이 취소
되었다. 이와 함께 한국농약에도 분할배정 된 자금 또한 재검토된 상
태이다.

- 1960년 6월 1일 동아일보

제목 : 國民經濟(국민경제) 좀먹는 ICA 中小企業(중소기업) (5)
　　　 化學工業部門(화학공업부문)

분류 : 회사명

기타 : 인천제일화약

내용 :

미국 스미스 힌치맨 그릴스 기술회사의 보고에 따르면 인천제일화약
의 도료공장이 무성의하며 기술이 부족하고 시장성이 없다고 지적하
였으며 이에 따라 최근에 공장설립이 취소되었다. 동사는 잉크생산

에만 전념하기로 하였다.

— 1960년 6월 1일 동아일보

제목 : 審計院集計(심계원집계)한 政府各機關(정부각기관)의
　　　『非違(비위)』
분류 : 경제범죄/회사명
기타 : 세금포탈/동양방직
내용 :

3.15부정선거를 전후하여 자유당 정부가 국민의 혈세를 얼마나 낭비
하였는지 심계원에서 조사한 결과 중 인천을 살펴보면 동인천세무서
의 대성목재에 대한 법인, 영업, 분류소득 및 교육세 미징수 결정이
총 5,100만 환이 있으며 동양방직에 대한 물품세 징수결정부족액이
1,300만 환이 존재하는 등 각종 비리가 만연해 있었다.

— 1960년 6월 9일 동아일보

○ 7월
제목 : 獨占企業(독점기업)의 行悖再演(행패 재연)?
분류 : 중요회사명
기타 : 인천판유리공장
내용 :

한국의 판유리공업은 인천판유리에 의해 독점구조가 형성되어 있어
새로 설립예정이 있는 극동판유리회사 설립에 대해 인천판유리는 시설
과잉을 자초할 필요가 없다는 논리로 공장건설에 방해를 놓고 있다.

— 1960년 7월 21일 경향신문

제목 : 海外逃避嫌疑(해외 도피혐의) 있는 것만도
        一億八千餘萬(일억 팔천여 만) 딸라
분류 : 경제범죄/중요회사명/회사명
기타 : 외환유출/대한중공업/인천기계창
내용 :
자유당 정권하에서 정부보유외환이 외화 절약이라는 미명하에 많은
낭비가 존재하였다. 현재까지 밝혀진 결과 총 1억 8,700만 달러의 외
환을 손해 보았으며 이중 대한중공업은 270만 달러, 인천기계창은
69만 달러의 외환을 유출하였다.
- 1960년 7월 29일 동아일보

○ 9월
제목 : 無慮千二百億(무려 천 이백 억)
분류 : 경제범죄/회사명
기타 : 부정대출/인천조선
내용 :
심계원에서 산업은행의 자유당시절 업무를 심계한 결과 원금 총 12억
7천만 환이 부정대출 된 사실을 밝혀내었다. 그중 부정대출건은 도합
38건이며 인천조선이 이에 대한 혐의를 받고 있다.
- 1960년 9월 15일 동아일보

○ 10월

제목 : 政府(정부), 對美經濟覺書(대미 경제 각서)를 傳達(전달)

분류 : 정책/인프라

기타 : 투자/상수도시설

내용 :

장면 내각은 미국정부의 증원을 요청하는 내용의 대미 경제 각서를 10월 12일 미국정부에 전달하였으며 36개 기간산업개발안 중 제7안에 인천을 비롯한 주요도시의 상수도시설을 확충할 것을 명시하고 있다.

– 1960년 10월 14일 경향신문

○ 11월

제목 : 『鹽田(염전)』 行政(행정)의 盲點(맹점)

분류 : 염전

기타 : –

내용 :

해방 이래 한국의 염전을 보면 남한의 연수요량은 약 30만 톤이며 인천을 중심으로 한 국영 천일염전이 약 2,000정에서 연 12만 톤에 불과한 실정이다.

– 1960년 11월 14일 동아일보

○ 12월

제목 : 西獨援助(서독원조)도 濫用(남용)될 것인가?

분류 : 정책/주요회사명

기타 : 해외원조/대한중공업

내용 :

12월 6일 경제원조를 교섭하기 위한 사절단이 서독으로 떠난다. 이렇게 미국 외 다른 국가로부터 원조를 받는 것은 매우 중요하나 인천의 대한중공업을 건설하였을 때 서독의 회사에 맡겼다가 47만 달러면 될 것을 470만 달러를 들여서 건설한 만큼 보다 철저한 관리가 필요할 것이다.

- 1960년 12월 6일 동아일보

3) 신문 기사에 나타난
1946~1960년 시기의 인천 산업 분석

〈그림 2-1〉 1946~1960년 시기 중앙지 기준 인천 산업으로 찾은
기사 내용 분류별 빈도분석 결과

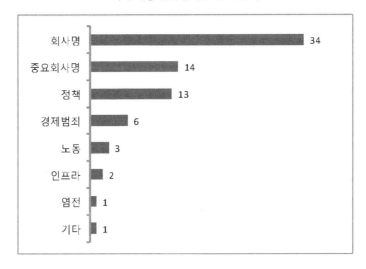

○ 기사 내용 분류별 빈도분석

전체 74개 키워드 중 가장 많은 비중을 차지하는 것은 회사명으로 34회, 45.9%를 차지하고 있다. 그러나 회사명은 앞서 설명한 바와 같이 단순히 인천지역에 이러한 기업이 존재하였다는 것을 의미함으로 빈도분석에서 자세한 설명은 생략하도록 한다. 14회 18.9%를 차지하는 중요회사명은 회사명 중에서도 많은 비중을 차지하고 있는 특정기업을 의미하며 당시 인천에서 큰 비중을 차지하고 있던 인천판유리 공장으로 설정하였으며 이는 이후 자세히 설명하도록 한다. 그 다음으로는 정책이 13회, 17.6%를 차지하고, 경제범죄가 6회로 8.1%를 차지하는 것으로 나타났다.

이 시기는 해방 이후, 한국 전쟁을 거쳐 폐허에서 새로운 것을 일구어 내는 산업구조로서 중앙정부의 일방적인 정책에 따라 산업구조가 이루어졌으며 인천 또한 마찬가지로 내부에 특별한 산업형태가 이루어지기 보다는 삶의 기반을 마련하는 형태로 다른 지역의 산업구조와 비슷한 형태를 보이고 있다.

○ 중요회사 - 인천판유리공장

1950년대 인천에서 주목할 만한 회사는 바로 인천판유리공장이다. 과거 판초자(板硝子)라고 불렀던 판유리는 원료배합 → 용해 → 청징 → 성형 → 서냉 → 가공과 같은 순차적인 공정을 거치며 약 1,600℃ 정도의 고온 용융공정을 거쳐 생산되는 기술력이 필요한 공업제품이며 상당수가 건축물 용도로 사용되고 있다. 일제시대에 시멘트공업 등이 발달하여 전쟁 후 건축물의 수요가 크게 증가하면서 건축자재가

가장 우선적으로 필요하게 되었는데 철근과 시멘트 등의 제품은 수
입, 혹은 내수가 가능하였으나 판유리는 내수가 불가능하였음으로
이를 내수화하고 수출까지 하려는 목적으로 판유리공장이 집중 육성
되었다. 이 판유리공장은 운크라 원조자금 183만 9,240달러와 건설
환화금 2억 2백만 원에 의해 건설이 시작되었으며 1956년 2월 14일
기공식을 시작으로 1967년 9월 30일 준공되었다. 이후 자유당 정권
의 각종 비리 의혹 등 정치적 목적으로 공장의 이권에 개입하려는 상
황이 이어졌으나 공장의 생산공정은 계속 가동되었다. 인천 동구 만
석동에 위치한 이 공장은 1997년 6월 군산으로 이전할 때까지 한국의
유리산업을 이끌었다.

〈그림 2-2〉 인천판유리공장 준공식(1957년)

자료 : 행정안전부 국가기록원 자료 CET0030788

○ 정책 – 국가주도의 자금지원

이 시기의 경제정책은 대부분 국가가 시장에 투여하는 자금지원으로 경제가 이루어졌다. 특히 이러한 형태는 1953년 휴전 이후 두드러지게 나타나는데 인천기계제작소, 인천판유리공장, 인천화약공장 등이 이러한 지원을 받아 공장을 수리하거나 사람을 고용할 수 있는 등의 기반이 마련되었다. 상당수의 자금은 해외원조 자금과 세금으로 이루어진 국가 수입으로 충당되었으며 이는 자본의 집중을 통해 산업을 확장시키고 자본주의적 구조 형성의 기반이 되었다.

그러나 1961년 군사반란 직후 자금지원에 대한 확인작업에 들어가게 되는데 이러한 국가주도의 자금지원에 대해 만연한 비리를 신문기사를 통해 확인 할 수 있으며 부패한 독재정권 하에서의 국가주도 성장은 그 한계가 뚜렷함을 알 수 있다.

〈그림 2-3〉 ICA차관 인천공업지대 시찰(1958)

자료 : 행정안전부 국가기록원 자료 CET0060013

○ 경제범죄 - 밀수

1945년부터 1960년까지는 국가 전체적으로 매우 혼란스러운 상황이었다. 해방과 분단, 이념투쟁, 전쟁 등의 혼란과 불안정이 이어졌으며 당시 자유당 정부는 부패와 독재, 민중탄압의 정책을 펼치고 있었다. 국민 전체의 소득은 낮고 부패에 의해 빈부격차는 심하며 치안은 정권유지에만 급급하여 정치범에게만 몰입하고 있었으니 자연히 경제범죄가 많이 나타날 수 밖에 없었다. 인천은 항구도시의 특성상 물류가 집중되었다. 따라서 경제범죄 중에는 밀수가 차지하는 비중이 높았다. 1949년 5월 10일 경향신문 기사에 따르면 압수된 밀수품이 약 6억 7천만 원에 달하는 엄청난 금액이었으나 이마저도 전체의 1%라고 할 정도로 지하경제가 크게 발달하고 있었으며 그 중심지는 인천을 비롯한 대형 항구도시였다.

2. 1961~1970년 인천 산업의 역사

1) 1961~1970년 시기의 인천과 국가경제

○ 1961~1970년 시기 인천의 개요

1960년대 인천시의 인구는 1961년 39만 7천 명을 시작으로 60년대 말에는 57만 7천 명까지 증가하였다. 매년 평균 38.6%의 인구증가율을 보여 동시기 국가 인구증가율 평균 4.7%보다 매우 높은 수치이다. 이는 역사적 사실에서도 확인되는데 정부에서는 인천을 비롯한 도시 집중화 현상을 막기 위한 조치로 도시연구, 택지조사, 지방행정구역

개편, 인구분산을 위한 국토계획 등이 있었다.

〈그림 2-4〉 60년대 인천광역시 인구 및 증가율

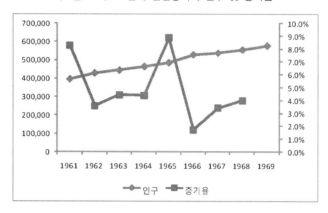

자료 : 국토지리원 내부자료

〈그림 2-5〉 서울인천지역건설종합계획 조망도(1965)

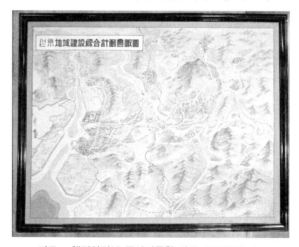

자료 : 행정안전부 국가기록원 자료 CET0070427

도로포장률은 61년 33.3%의 비율이었으나 60년대 말에는 47.6%로 증가하였다. 도로포장률은 시기마다 한꺼번에 늘어나고 줄어드는 것을 볼 수 있는데 이는 도로공사가 끝난 후 통계를 집계하면서 생기는 결과라 볼 수 있다. 인천시는 과거부터 도로가 빠르게 발전하였는데 이는 서울에서 대형 항구로 이어주는 도로가 필요했기 때문이다.

1960년대 인천의 도로역사에서 가장 주목할 만한 사건은 역시 1967년 3월 24일 착공하여 1968년 12월 21일 1차 개통, 69년 7월 21일 2차 개통을 한 경인고속도로이다. 한국 최초의 고속도로인 경인고속도로는 총 길이 29.96km로 서울에서 인천항 도크까지 연결함으로서 서울과 인천항을 이어주는 것을 목적으로 하였다. 최근 2017년 12월 1일 인천-서인천 나들목 구간의 도로가 고속국도로 지정해제 됨으로서 고속도로로서는 13.44km의 구간만 남게 되었다.

〈그림 2-6〉 60년대 인천광역시 도로포장률

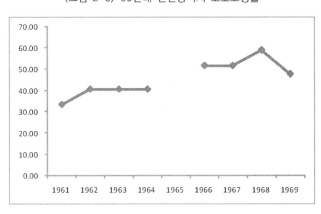

자료 : 국토지리원 내부자료

상수도보급률은 61년 68.4%이었으나 60년대 말에는 84.2%로 증가하였다. 1906년 한국에 처음 도입된 상수도는 보급률이 높을수록 위생적인 도시라 할 수 있다. 이에 정부에서는 각 도시의 상수도 확장 공사에 힘을 기울였으며 AID 차관 등을 추진하여 도시 상수도를 구비하는 사업을 하였다.

〈그림 2-7〉 60년대 인천광역시 상수도보급률

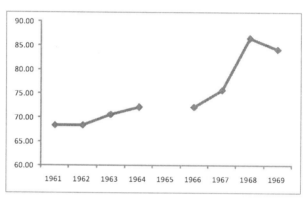

자료 : 국토지리원 내부자료

인천시는 과거부터 농업보다는 상공업이 발달한 도시였다. 이를 실제로 확인할 수 있는 것이 농가인구비율로서 69년 기준으로 전국 평균 59.89%에 비해 7.17%로서 매우 낮은 것을 확인할 수 있다. 이는 서울, 대구, 전주, 마산 등 대도시 평균 13.58%의 절반에 미치는 수치이다.

〈그림 2-8〉 60년대 인천광역시 농가인구비율

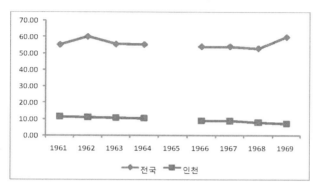

자료 : 국토지리원 내부자료

○ 고속성장의 시작

케인즈의 일반이론 중 경제성장모형에서 경제성장을 위해서는 크게 두 가지 조건이 필요하다. 투자와 소비가 그것인데 이는 닫혀있는 경제모형에서의 정의이며 열린형태의 경제모형에서는 수출이 이에 추가된다.

투자와 소비를 위해서는 기본적인 자본이 존재해야 한다. 이러한 자본은 당시 낮은 경제규모를 가지고 있는 국가인 대한민국의 원화보다는 높은 가치를 가지고 있는 선진국들의 외환을 크게 필요로 하였다. 1953년 휴전 이후 증가하였던 해외에서의 무상원조자금도 크게 줄어들었으며 이에 따라 외환보유고가 급감하는 등의 상황이 벌어져 1950년대 후반은 경제적으로 어려운 문제가 발생하였다. 그러나 1961년부터 시작된 세계시장의 변화는 한국경제와 산업에 긍정적인 영향으로 작용하게 된다.

○ 고속성장의 기반 - 수출

1960년대 한국의 경제성장에서 수출은 절대적인 비중을 차지하였다. 실질기준으로 1960년대에는 평균 40% 이상 증가하는 형태를 보였다. 이는 국내·국외적으로 매우 좋은 조건을 바탕으로 하고 있다.

먼저 국내 현황에서는 우리나라는 교육수준이 비교적 높고 임금이 낮은 고효율 저비용의 노동력을 풍부히 가지고 있었으며 50년대 후반의 경제불황을 통해 유휴노동력이 상당수 존재하였다. 다음으로 해외 상황을 살펴보면 미국은 자본주의의 황금기라 불릴 정도의 임금주도형 경제성장이 이루어지고 있었다. 미국은 이러한 자금력을 바탕으로 전후 유럽과 일본 등에 공산주의 확산을 막기 위한 마셜플랜을 발동하여 막대한 차관을 지원함으로서 세계적인 호황을 불러일으켰다. 한국 또한 이 시기에 세계 각국에서 낮은 이자로 차관을 받아 산업시설을 정비하고 이를 바탕으로 물품을 생산하여 해외로 수출하는 경제형태를 구축하게 되었다. 인천 또한 이에 큰 영향을 받아 2차 산업 위주의 산업구조가 정립되었으며 항구도시 특성상 물류 또한 크게 발전하였다.

〈그림 2-9〉 동양화학인천공장 준공식(1968)

자료 : 행정안전부 국가기록원 자료 CET0021192

○ 고속성장의 이면

1961년 5.16 군사반란 이후 대한민국의 경제는 대외적으로는 시장
자유주의를 표방하였으나 실제적으로는 국가주도형 자본주의라 볼
수 있다. 이 시기 정부는 경제성장을 국가의 최우선 목표로 하여 시장
에 간섭하고 국민들의 생활을 통제하는 형태를 보였다. 이로 인해 시
민들에게 '경제우선 정책'의 그릇된 인식을 심어주었으며 이러한 영
향은 아직까지 이어지고 있다.

2) 신문 기사에 나타난 1961~1970년 시기의 인천 산업

■ 1961년

○ 2월

제목 : 時代(시대)의 逆流(역류) (3)

　　　　租界地帶(조계지대)

분류 : 인프라

기타 : 인천항

내용 :

경인공업지대의 관문인 인천항은 8.15 해방 이후 군정이 철폐되고 6.25 사변 발발 직전까지를 제외하고는 미인천항만사령부에 의하여 인천항의 제1도크 등이 관리되고 있다.

　　　　　　　　　　　　　　　 - 1961년 2월 23일 경향신문

○ 3월

제목 : 어젯밤 仁川(인천)에 불!

　　　　東洋紡績倉庫(동양방적창고) 全燒(전소)

분류 : 회사명

기타 : 동양방적회사, 유양산업

내용 :

3월 6일 밤 9시 15분경 인천시내 만석동 소재 동양방적회사 내에 있는 유양산업회사창고에서 불이 일어나 솜 십만 근을 태웠다. 손해액은 약 5백만 환으로 추산된다.

　　　　　　　　　　　　　　　 - 1961년 3월 7일 경향신문

제목 : 地域別開發計劃(지역별개발계획)의 輪廓判明(윤곽판명)

분류 : 정책

기타 : 도시정책

내용 :

정부는 연차적으로 전개할 계획인 국토종합개발사업을 발표하였다. 그중 김포/인천지역종합개발에 1억 5천만 환을 투입할 예정이며 이는 6개 개발사업으로 요약 가능하다.

1. 인천항을 조석의 영향을 받지 않게 개량한다.

2. 공업지대화 할 한강하류지역의 내륙수운의 편의를 제공한다.

3. 인천내해에 1만 정보의 간석지를 개간한다.

4. 45,000kW의 발전을 한다.

5. 관개몽리지역을 확장한다.

6. 김포반도와 강화도 간에 항구적인 도로를 축조함을 목표로 각종조사와 측량설계를 한다.

- 1961년 3월 26일 경향신문

○ 4월

제목 : 國營企業体(국영기업체) 運營白書(운영백서) (19)
　　　　朝鮮機械(조선기계)

분류 : 회사명

기타 : 조선기계제작소

내용 :

인천 조선기계제작소는 일제 시 군수공장으로 잠수함을 제조하기도

하였으며 해방 후 해군당국을 거쳐 상공부 직할 기업체로 지정되었
다. 4.19전까지 서재현 씨에 의해 운영되었으며 1961년 2월 4일 동
제작소 감사였던 조원환 씨가 사장으로 기존의 사장인 서재현 씨가
부사장으로 임명되었다. 총 5만 평의 대지에 건평만 1만 3천 평이며
소유한 6개 공장은 기계설비가 각각 다른 공장이다.

- 1961년 4월 19일 경향신문

○ 10월

제목 : 綜合職業校(종합직업교) 기공

분류 : 인프라

기타 : 직업학교

내용 :

생산기술자의 종합양성기관인 중앙 종합직업학교 인하공대부설 교
사 및 실습공장 기공식이 10월 20일 오후 인천시 용현동 동교공사부
지에서 거행되었다. 총공사비 3억 8천만 환이 투입되었으며 3백여 개
의 교실과 19개의 종합실험실 및 공장이 기공될 예정이다.

- 1961년 10월 21일 경향신문

■ 1962년

○ 1월

제목 : 國土建設事業(국토건설사업) 業績(업적)·
　　　 計劃發表(계획발표)

분류 : 정책/인프라

기타 : 국토건설사업계획/인천항

내용 :

국토건설청은 62년 국토건설사업계획개요를 발표하였다. 그중 인천
항 외 8개 주요항 준설공사에 16억 환을 투입할 예정이다.

　　　　　　　　　　　　　　　　　　－ 1962년 1월 27일 동아일보

○ 3월

제목 : 遺族會幹部三名(유족회 간부 삼 명)을 拘束(구속)

분류 : 회사명

기타 : 제일목재

내용 :

4월 혁명을 미끼로 거액의 금품을 사취한 4월혁명유족회 간부 3명이
경찰에 구속되었다. 이들은 60년 2월 인천시 신흥동 1가-5 제일목재
주식회사 사장 조한복 씨에게 회사운영자금 3억 원을 산업은행에서
인출해주겠다고 구두계약을 한 후 교제비조로 110만 원을 받은 혐의
등이 있다.

　　　　　　　　　　　　　　　　　　－ 1962년 3월 25일 동아일보

○ 5월

제목 : 韓(한)·美政府(미정부)의 協助要望(협조요망)

　　　　美實業人團離韓聲明(미실업인단이 한 성명)

분류 : 회사명

기타 : 동입산업

내용 :

미국 실업인단은 동입산업을 방문하여 동공장가동이 인천지구의 광대한 개발계획의 일부로서 한국의 외화획득에 크게 기여할 것으로 예상하였다. 이러한 노력은 대한민국정부와 USOM의 적극적인 협조 하에 계속될 것이라 발표하였다.

– 1962년 5월 24일 동아일보

○ 7월

제목 : 6萬孤兒(만 고아)배움집 國立少年職業(국립소년직업) 훈련소
　　　 落成式(낙성식) 성대

분류 : 인프라

기타 : 직업학교

내용 :

국립소년직업훈련소가 인천 구산동에 새롭게 건립되어 성대한 낙성식을 하였다. 이는 풍한산업, 대륭산업, 신일기업 등에서 2천만 원의 자금으로 62년 3월 22일 착공하여 약 4달 만에 준공되었다.

– 1962년 7월 20일 경향신문

○ 11월

제목 : 仁川重工業(인천중공업) 설립식

분류 : 중요회사명

기타 : 인천중공업

내용 :

11월 10일 오전 시내 송현동에 있는 대한중공업 인천공장 광장에서는
인천중공업주식회사로 발전하는 설립식이 최고회의 유양수 재정경
제위원장을 비롯하여 상공부 조차관보 등 많은 인사와 시내 각 기관
장 및 1천여 명의 종업원 등이 참석한 가운데 거행되었다.

– 1962년 11월 12일 경향신문

■ 1963년
○ 1월
제목 : 우리고장 새해設計(설계)도 京畿(경기) (4)
분류 : 인프라
기타 : 관광산업지원
내용 :
경기도에서는 올해 관광사업을 위해 송도유원지에 수영장 74,313평
방미터를 완공시켜 개장할 예정이며 시비 1천만 원을 투입하여 각종
부대시설을 마련할 계획이다. 또한, 인천공설운동장이 64년도 45회
체육대회를 맞아 종합운동장으로 규모를 갖추기 위해 국고 3천만 원
과 도비, 시비 각각 1천만 원을 투입하여 금년에 착공될 예정이다.

– 1963년 1월 7일 경향신문

제목 : 漁業資金(어업자금) 등 供給(공급)
분류 : 정책/중요회사명/회사명
기타 : 자금지원/인천중공업/조선기계제작소, 대한해운공사
내용 :

1월 29일 오후 임시각의는 재무부장관이 제안한 연도정부재정안정계획을 의결하였다. 인천에는 인천중공업과 조선기계제작소, 대한해운공사에 건설비가 공급될 예정이다.

- 1963년 1월 30일 동아일보

○ 2월

제목 : 経濟開發(경제개발) 5個年計劃(개년 계획)
　　　第(제)2次年度計劃槪要(차년도 계획개요) (5) 製造業(제조업)

분류 : 인프라/중요회사명

기타 : 경제개발계획/인천중공업

내용 :

경제개발 5개년 계획 제2차 1963년 계획에 따르면 인천중공업의 제강시설을 기술용역에 의하여 검토한 결과 강괴 2만 톤의 증산계획목표를 달성할 수 있을 것으로 보고 정부가 보유한 16,000달러와 2천만 원으로 시험시설 및 시설현대화계획을 완공하여 강괴 65,000톤, 철근 13,800톤을 생산할 계획이다.

- 1963년 2월 15일 경향신문

○ 6월

제목 : 住宅街(주택가)의 癌(암) 「不適格工場(부적격공장)」

분류 : 기타

기타 : 무허가 화약공장

내용 :

2일 인천의 화약밀조소에서 폭발사고가 일어나 11명의 사망자와 50여명의 중경상자가 발생하였다. 이는 주택가 한복판에 자리를 잡은 무허가 공장에서의 불법작업이 원인이었다.

　　　　　　　　　　　　　　　　　　　　　 - 1963년 6월 4일 경향신문

제목 : 서울近郊(근교)에 輸出産業地域(수출산업지역)을 設定(설정)

분류 : 인프라

기타 : 수출산업지역

내용 :

정부 수출산업촉진위원회에서는 재일교포의 재산과 기술을 도입하여 서울근교 및 인천에 수출산업지역을 설정하여 약 20개 정도의 경공업공장을 건설하여 수출산업을 촉진할 계획이다.

　　　　　　　　　　　　　　　　　　　　　 - 1963년 6월 24일 동아일보

○ 7월

제목 : 京仁地區(경인지구)를 輸出産業地帶(수출산업지대)로

분류 : 인프라

기타 : 수출산업지역

내용 :

인천상공회의소는 7월 11일 경인공업지구를 수출산업지대로 설정해 줄 것을 상공부 당국에 요청하였다.

　　　　　　　　　　　　　　　　　　　　　 - 1963년 7월 11일 경향신문

○ 10월

제목 : 신정産業(산업) 作業權(작업권) 포기기세

분류 : 노동

기타 : 쟁의

내용 :

노임인상과 작업조건 개선문제를 들고 쟁의에 돌입한 POL노조원 5백여 명은 쟁의에 돌입한 지 2달 만에 청부업자인 신정산업에서 작업권을 포기할 태도를 보이고 있어 난관에 부딪히게 되었다. 이에 POL 지부장 오영제씨는 18일 노사협의회를 개최할 예정이라 하였다.

            - 1963년 10월 18일 경향신문

○ 11월

제목 : -

분류 : 인프라

기타 : 철도

내용 :

철도의 날을 기념하여 경인복선 중 동인천-주안 간 철도가 기공되었다.

        - 행정자지부 국가기록원 관리번호 BA0084445

○ 12월

제목 : 罷業(파업)에 突入(돌입)

분류 : 노동

기타 : 쟁의

내용 :

12월 22일 오후 2시 외국노조 인천지부는 긴급대의원대회를 열고 단
체협약에서 체결된 법정수당, 연말상여금 등을 업자 측인 신정산업
에서 지불하지 않을 경우 파업에 돌입할 것을 결의하였다.

                                    - 1963년 12월 24일 경향신문

■ 1964년

○ 1월

제목 : 仁川(인천)·大田(대전)·光州(광주)등「中核都市(중핵도시)」
로 선정

분류 : 정책

기타 : 도시정책

내용 :

건설부는 인구의 도시집중화를 미연에 방지하기 위해 인천시를 비롯
한 8개 도시를 중핵도시로 선정하고 광범위한 지역조사에 착수할 계
획이다. 이 조사는 도시 주변에 산업지구를 설정하기 위해 실시되는
것으로서 도시발전의 추세와 도시성격에 적합한 발전계획을 작성할
예정이다. 조사에 소요되는 예산은 약 5백만 원이며 조사 대상도시는
인천, 대전, 전주, 광주, 대구, 마산, 춘천, 청주 등이다.

                                    - 1964년 1월 6일 경향신문

○ 2월

제목 : 韓一銀(한일은)에 落札(낙찰)

분류 : 회사명

기타 : 새나라자동차

내용 :

새나라자동차의 재산 일체가 1월 31일 채권자인 한일은행에 속하게
되었다. 새나라자동차는 지난 61년 서울한일은행으로부터 1,900만
원을 대부받았으나 만기일인 63년 7월 30일 이후 6개월이 지나도록
해결하지 못하여 서울민사지법 인천지원에 경매신청을 제기하여 채
권자에게 넘어가게 되었다.

                                        - 1964년 2월 1일 경향신문

제목 : 「國土建設綜合計劃(국토건설종합계획)」 성안

분류 : 인프라

기타 : 도로, 선박

내용 :

정부의 국토건설종합계획에 따르면 건설부는 서울과 위성도시 간
249㎞의 고속도로를 신설하며 인천-영월 간 200톤급 바지선을 운행
할 계획이다.

                                        - 1964년 2월 18일 동아일보

제목 : 外貨(외화)확보 등에 難點(난점) 코스트面(면)에서 不利(불리)

분류 : 중요회사명

기타 : 인천중공업

내용 :

이선희 경제기획원 운영차관보는 제1차 경제개발 5개년 계획 중 제철 공장건설계획이 보완작업을 통해 포기되었다고 밝혔다. 이중 인천중 공업 회사의 시설확충이 기술적으로 불가능하다는 결론에 도달하였 다는 것을 이유로 밝혔다.

- 1964년 2월 25일 경향신문

○ 3월

제목 : 소문만 컸던 勞動爭議(노동쟁의) 「生活給(생활급)」
　　　確保(확보) 못한 2個月(개월)의 決算(결산)

분류 : 노동

기타 : 쟁의

내용 :

현재 전국의 노동쟁의는 쟁의기간 2개월여 만에 진정국면에 이르고 있다. 중소기업체 상당수가 도산상태이며 이에 따라 타협점을 모색 하고는 있으나 전망은 그리 좋지 않다. 현재 일부 업체만이 쟁의가 해결되었으며 인천에서는 인천POL만이 15~30% 사이의 임금인상으 로 타협하였다.

- 1964년 3월 2일 경향신문

제목 : 對韓輸出增加(대한 수출증가) 노려

분류 : 인프라

기타 : 철도

내용 :

일본과의 국교정상화에 앞서 일본의 유력 사업체들은 한국 내 철도시설보수와 신설, 그리고 서울-인천 간 철도복선화 사업에 대해 깊은 관심을 보이고 있다.

- 1964년 3월 20일 경향신문

○ 6월

제목 : 62年(년)보다 11億餘萬(억여 만)원 減少(감소)

분류 : 중요회사명

기타 : 인천중공업

내용 :

1963년도 국영기업체 결산결과를 살펴보면 인천중공업은 1962년 약 3억 3,200원의 이익금이 증가하였으며 이는 전년도에 비해 1억 1,400원이 증가한 수치이다.

- 1964년 6월 26일 경향신문

○ 7월

제목 : 中規模製鐵建設國會(중규모제철건설국회),
　　　　對政府建議案(대정부건의안)을 採擇(채택)

분류 : 정책/중요회사명

기타 : 외자도입/인천중공업

내용 :

국회는 7월 21일 제8차 본회의에서 경제기획원 공고 제17호에 의한
중규모제철공장 및 과석비료공장건설의 외자도입사업을 강력히 촉
진할 것을 골자로 한 대정부결의안을 채택하였다. 건의안은 인천중
공업 불하를 전제로 한 중규모제철공장에 대해 정부의 투자 없이 민
간자본을 동원할 수 있게 추진하는 내용이다.

－ 1964년 7월 21일 경향신문

제목 : 〈勞組改正案(노조개정안)〉勞總(노총)서 反對(반대)

분류 : 노동

기타 : 쟁의

내용 :

7월 21일 한국노총은 20일 국회보사위원회가 수정 통과시킨 현행 노
조법 개정안에 대해 비판하면서 22일 오전 10시 인천 노동회관에서
노총중앙위원회를 소집하여 이를 저지하고 투쟁할 것을 결의할 것이
라 밝혔다. 수정 노조법에 따르면 종사원의 과반수 이상을 조합원으
로 하지 않은 노동조합은 인정하지 않겠다는 규정이 존재한다.

－ 1964년 7월 21일 동아일보

○ 8월

제목 : 不正(부정)과 特惠(특혜)의 經濟政策(경제정책)

분류 : 정책/회사명

기타 : 민영화/동입산업

내용 :

정부는 8월 18일 야간 경제각의에서 전 동입산업의 재산이며 현재는
국유재산인 동입산업의 재산을 전 동입산업의 사장이었던 함모씨에
게 돌려주기로 하였다. 이는 수의계약형태로 이루어졌으며 총 9억
6,170원이다. 또한, 이 대상에는 동입산업의 재산뿐만 아니라 전혀
관계가 없는 인천의 작약도와 염전도 포함되어 있다. 이는 시가대로
평가한 것이 아닌 2년 전 시가로 평가한 금액이다.

– 1964년 8월 22일 동아일보

제목 : 5個市銀(개시은) 등 民營化(민영화)

분류 : 정책/주요회사명

기타 : 민영화/인천중공업

내용 :

정부는 국영기업체 민영화 및 관리 합리화 방안에 따라 8월 중 관계
부처 간 최종결론이 나오는 대로 국영기업체의 완전국영화, 정부-민
간혼합화, 민영화를 실시하겠다고 밝혔다. 완전민영화에는 인천중공
업이 포함되어 있다.

– 1964년 8월 24일 경향신문

○ 9월

제목 : 國監(국감), 大韓航空社(대한항공사)의혹 追窮(추궁)

　　　 貿易政策(무역정책)에 盲點(맹점)

분류 : 인천산업현황

기타 : -

내용 :

정부 국정감사에서 나온 결과에 따르면 인천산업은행의 감사 결과 인
천소재 25개 대기업체 중 1개 기업체만을 제외한 나머지 24개 기업체
가 본사를 서울에 두고 있으며 생산 보다는 정치적 거래에 치중해 있
는 비정상적인 상태에 있음을 지적하였다.

　　　　　　　　　　　　　　　　 - 1964년 9월 18일 경향신문

○ 11월

제목 : 經濟施策上(경제시책상)의 失政(실정) 財經委(재경위)

분류 : 정책/주요회사명

기타 : 외자도입/인천중공업

내용 :

국회재경위는 경제기획원과 재무부의 행정시책에 대해 지적하였다.
주요 내용으로는 공고 17호 사업인 인천중공업 불하 중 제철강 및 과
석비료공장 건설을 위한 외자도입 희망신청 공모가 납득할 이유 없이
보류되었으며 신청자 중 최적자인 조일제철의 재미교포 신학빈 씨의
청원을 국회가 만장일치로 결의하였음에도 불구하고 65년 지불보증
연차계획서에는 조치가 전혀 없다는 것을 지적하였다.

　　　　　　　　　　　　　　　　 - 1964년 11월 20일 동아일보

○ 12월

제목 : 立稻豊年(입도풍년)에 마당凶年(흉년) 올해 벼農事(농사)의
　　　　白書(백서)

분류 : 인천산업현황

기타 : -

내용 :

최근 농촌 현황은 '단군 이래 최대의 풍년'이라는 말이 무색하게 작황
은 좋았으나 정작 수확이 감소한 상황이다. 인천시 문학동 120 김전
식 씨의 경우 대부분의 볏단이 크고 잘 된 것 같았으나 탈곡해보니
평년작과 비슷하였으며 가장 나쁜 경우 1마지기에서 쌀 4가마가 나와
야 하는데 2가마가 나오는 등 수확이 좋지 않은 상황이다.

　　　　　　　　　　　　　　　　　　　　- 1964년 12월 21일 경향신문

■ 1965년

○ 1월

제목 : 韓銀(한은) 등 5企業体加入(기업체가입)

분류 : 정책/중요회사명

기타 : 복지/인천중공업

내용 :

정부가 사회보장사업의 하나로 우리나라에서 처음으로 실시한 의료
보험사업이 1월 27일 오전 0시를 기해 실시된다. 시범적으로 한국은
행, 조선공사, 인천중공업, 산업은행, 삼화제철 5개 기업체를 선정하
여 이를 시행하였다.

　　　　　　　　　　　　　　　　　　　　- 1965년 1월 27일 경향신문

○ 2월

제목 : 內資調達(내자조달) 못하면 借款許可(차관허가) 중지

분류 : 정책/중요회사명

기타 : 외자도입/인천제철/인천중공업

내용 :

경제기획원 장관은 3일 기자회견에서 인천제철 지불보증 문제에 대
해 인천제철 시설 690만 달러에 대한 내자 5억과 인천중공업 불하를
전제로 한 자기자금 5억을 합쳐 도합 10억의 내자를 준비하기 전까지
는 차관도입을 허용하지 않을 것이라는 방침을 밝혔다.

- 1965년 2월 3일 경향신문

○ 4월

제목 : 新聞(신문)·通信(통신)·放送(방송) 우리나라 現況(현황)

분류 : 기타

기타 : 언론산업

내용 :

현재 우리나라에서 발행되고 있는 신문총수는 37개의 일간신문과 83
개의 특수신문을 합쳐 120종이 발행되고 있다. 이중 인천에 소재한
일간신문사는 경기매일신문(발행인 : 송수안)과 인천신문(발행인 : 허
합)이다.

- 1965년 4월 6일 경향신문

제목 : 透視(투시)해본 國土建設事業(국토건설사업) 부푼꿈 –
　　　　얼마나 實現(실현)되려나

분류 : 정책/인프라

기타 : 외자도입/상수도시설

내용 :

건설부는 대통령의 방미를 계기로 1억 달러가 넘는 AID차관 추진과
2억 달러의 대일청구권을 확보하여 인프라를 확장할 계획을 가지고
있다. 이중 서울, 인천, 마산, 광주 등 4개 도시의 상수도시설을 새롭
게 구비할 계획으로 1,310만 달러를 투입할 예정이다.

　　　　　　　　　　　　　　　– 1965년 4월 24일 경향신문

○ 5월

제목 : 波紋(파문) 던진 「支保案(지보안)」

분류 : 정책/중요회사명

기타 : 자금지원/인천중공업/인천제철

내용 :

제49회 임시국회는 야당의 저지로 인해 정부가 제안한 재정차관 및
상업차관에 대한 지불보증동의안을 통과시키지 못하고 마감하였다.
주요 쟁점으로는 인천제철이 기술적인 문제와 인천중공업을 불하받
기 위해 26억 원을 10억 원으로 수의계약하려 했던 것을 지적하였다.

　　　　　　　　　　　　　　　– 1965년 5월 8일 경향신문

제목 : 仁川重工業(인천중공업) 등 民營化(민영화)하기로
분류 : 정책/중요회사명
기타 : 민영화/인천중공업
내용 :

5월 13일 오후 은행집회소에서 열린 내자동원촉진위에서 최종적으로 합의된 방안이 재무부에 의해 경제 각의와 청와대에 보고될 예정이다. 내용은 총 30개 업체에 걸쳐 378억 원을 출자한 정부출자기업체 중 인천중공업을 비롯한 20개 기업체를 민영화한다는 원칙 아래 증권시장을 통해 주식을 처분할 예정이다.

- 1965년 5월 14일 동아일보

○ 6월

제목 : 11個政府管理會社(개정부관리회사) 設立法(설입법)을
　　　 廢止(폐지)
분류 : 정책/중요회사명
기타 : 민영화/인천중공업
내용 :

재무부는 6월 3일 정부출자기업의 관리체계일원화 및 정부소유주식의 매각을 통한 민영화의 일환으로 정부출자차관법안을 제정하여 법제처를 거쳐 국무회의에 상정할 방침이다. 내용으로는 출자법인 설립법 중 인천중공업회사법을 폐기할 예정이다.

- 1965년 6월 3일 경향신문

제목 : 借款支拂保證案(차관지불보증안) 同意(동의)

분류 : 정책/중요회사명

기타 : 외자도입/인천제철

내용 :

국회는 총 6,398만 3천 달러에 달하는 외국차관에 대한 정부지불보
증에 동의하였다. 이중 인천제철사업은 1,324만 4천 달러이다. 법안
은 야당의 반대가 있었으나 여당은 본회의에서 통과시켰다.

– 1965년 6월 10일 동아일보

○ 7월

제목 : 文化行事(문화행사)

분류 : 연구

기타 : 실태조사

내용 :

한국신학대학 내 산업사회연구위원회는 공장사회의 신앙 실태조사
를 7월 12일부터 실시할 예정이다. 조사대상지는 12일부터 16일까지
영등포 및 인천에서 시작하며 지도 책임자는 정하은 박사이다.

– 1965년 7월 10일 동아일보

○ 9월

제목 : 鐵馬年歲(철마연세)…「예순여섯」

분류 : 인프라

기타 : 철도

내용 :

1899년 9월 18일 인천-노량진 간 33㎞의 경인철도가 일본에 의해 개통되었다. 이후 1965년 9월 18일에 경인선은 복선화되었으나 아직까지 우리나라의 철도는 빈약한 실정이다.

- 1965년 9월 18일 동아일보

○ 10월

제목 : 主要工産品(주요공산품) 暴利(폭리)현상은

분류 : 인천산업현황/중요회사명

기타 : 물가/인천중공업

내용 :

최근 면사, 시멘트, 건축자재 등 주요공산품 가격이 크게 오르고 있다. 이중 건축자재에 대해 시멘트는 한 포대의 도매시세가 서울이 230원, 지방에서는 270원이며 철재 또한 크게 오른 추세이다. 이에 대한 원인으로는 국영기업인 인천중공업이 원자재인 빌레트 생산을 독점하고 있는 구조가 가장 큰 문제라고 생각한다.

- 1965년 10월 14일 경향신문

제목 : 都市(도시) 31·地方(지방) 69%로

분류 : 정책

기타 : 도시정책/산업정책

내용 :

건설부는 대통령의 지시에 대한 공업분산정책안을 확정하였다. 27일 밝혀진 분산정책은 공장의 대도시집중을 막고 각 지방으로 배치시키는 것을 골자로 하며 이중 서울-인천지구에 석유, 비료석탄화학 공업을 주축으로 하는 화학공업단지 건설이 계획되어 있다.

- 1965년 10월 27일 경향신문

○ 11월

제목 : 岐路(기로)에 선 外資導入政策(외자도입정책)

분류 : 정책/중요회사명

기타 : 외자도입/인천제철

내용 :

외자도입촉진위원회는 11월 20일 인천제철공장건설을 위한 약 1,300만 달러를 포함한 해외차관 3건을 승인하였다. 인천제철공장은 전기로에 의한 선철생산을 계획하고 있다.

- 1965년 11월 22일 경향신문

○ 12월

제목 : 國土建設綜合計劃(국토건설종합계획)

　　　　16日審議會(일 심의회)를 開催(개최)

분류 : 정책

기타 : 도시정책

내용 :

건설부는 12월 16일부터 국토건설종합심의회를 가질 계획이다. 심의회는 각계전문가 30여 명으로 구성되며 자원, 교통, 산업입지조건 등

의 조사결과를 분석하여 서울, 인천지역계획의 확정을 위한 예비심
사를 할 계획이다. 서울, 인천지역 계획안은 1년간의 조사결과를 기
초로 하여 제2차 5개년 기간 중 사업에 착수할 예정이다.

– 1965년 12월 15일 동아일보

■ 1966년
○ 1월
제목 : 工業分散策(공업분산책) 마련
분류 : 정책
기타 : 산업정책
내용 :
정부와 여당은 12월 25일 공업 분산 및 입지정책을 마련하여 67년부
터 경제개발 5개년 계획에 이를 실시하기로 결정하였다. 내용에 따르
면 공업을 신규와 기존으로 나누고 입지상 성격에 따라 국내원료의존
공업, 단지공업, 임해공업, 소비제품공업으로 나누어 적합지에 배치
할 계획이다. 이중 인천은 단지공업과 임해공업지에 속하는 것으로
공업후보지에 결정되었다.

– 1966년 1월 26일 경향신문

○ 2월
제목 : 關稅(관세) 5千萬(천만) 원 漏落(누락)
분류 : 경제범죄/회사명
기타 : 세금포탈/신한제분

내용 :

감사원은 2월 14일 세관에서 일부기업의 세금징수를 누락한 사실을
적발하고 추가징수를 요구하였다. 이중 인천세관에서는 신한제분이
1,170여만 원이 누락되었다.

- 1966년 2월 14일 경향신문

○ 3월

제목 : 單一都市(단일도시) 계획止揚(지양)

　　　經濟圈域別(경제권역별) 새 案(안) 마련

분류 : 정책

기타 : 도시정책

내용 :

건설부는 대도시 경제권역별 거점도시계획을 세워 입지조건에 따른
도시성격을 부여하여 계획적으로 도시를 발전시킬 정책을 도입하였
다. 인천은 어업인구 10% 이상과 연간입항톤수 50만 톤 이상에 해당
하는 항만도시에 속해 있다.

- 1966년 3월 10일 경향신문

제목 : 都心地(도심지) 軍用(군용) 시설 郊外(교외)로 옮겨

분류 : 정책

기타 : 도시정책

내용 :

국방부는 도심지에 있는 군용시설을 교외로 옮기기로 한 계획인 도시

부대 교외이전계획지침을 각 군에 하달하고 19일까지 세부계획을 제
출하도록 지시하였다. 부대이전 대상 도시는 서울, 부산, 인천, 대전,
대구, 광주 등 6개 도시이다.

- 1966년 3월 15일 경향신문

○ 4월

제목 : 「農家所得(농가소득) 增大(증대)」로 「豊饒(풍요)한
　　　農村設計(농촌설계)」 農業主産地造成(농업주산지조성)

분류 : 정책

기타 : 농업정책

내용 :

농림부는 공업원료인 특용농업, 축산, 임산물 등의 생산성을 높여 농
가소득을 올린다는 계획아래 새로운 사업으로 농업주산지조성사업
을 5월부터 집행할 예정이다. 축산부문 중 낙농업 분야는 서울과 인
천을 포함한 12개 지구를 선정하여 소요자금 1억 원을 지원하며 연내
8천 4백 마리로 늘릴 계획이다.

- 1966년 4월 6일 경향신문

제목 : 確定(확정)된 財政借款(재정차관) 및
　　　商業借款內譯(상업차관내역)

분류 : 정책/중요회사명

기타 : 외자도입/인천제철

내용 :

확정된 사업차관 중 인천제철은 7,014천 달러이며 이는 71년 이후 상환해야 할 금액이다.

— 1966년 4월 12일 동아일보

제목 : 〈第(제)2次投資候補事業(차 투자후보사업)

5個年経濟開發計劃(개년 경제개발계획)〉總規模(총규모)

1千(천) 8百(백) 82億(억)

분류 : 인프라

기타 : 인천항

내용 :

경제기획원은 제2차 5개년 경제개발후보사업투자계획 중 67년부터 71년까지의 교통 부분에 총규모 1,882억 8,500만 원의 잠정투자계획을 수립하였다. 이중 항만사업에서는 인천, 부산 및 울산 산업항 등 12개 중요항과 71개 지방항 축조 사업에 외자 738만 달러와 내자 123억 9,400만 원, 도합 143억 8,700만 원을 투입할 예정이다.

— 1966년 4월 13일 매일경제

제목 : 판유리工場建設(공장건설) 仁川偏重(인천편중)은 不當(부당)

분류 : 중요회사명

기타 : 인천판유리공장

내용 :

민중당 재경위원인 이중재 위원은 산업건설 중 판유리 공장의 인천편중은 부당하다는 것을 주장하였다. 정부는 대한중석이 외국차관이 아닌 중석수출로 얻은 자기자금으로 유리원료인 규사생산지인 남해안에 세우려는 계획을 무산시켰으며 오히려 외국차관을 들여와 인천 판유리공장을 건설하려는 계획을 가지고 있다. 현재 인천판유리공장의 케이스 생산가가 국제시세보다 1달러 50센트 비싼 5달러이다.

− 1966년 4월 25일 동아일보

○ 5월
제목 : 道路(도로) 建設(건설)
분류 : 인프라
기타 : 도로
내용 :
정부는 67년도를 기점으로 하여 92년도까지 25년 동안을 5개년씩 분할하여 5차 5개년 계획으로 25개년 장기도로개발계획을 세워 이를 추진할 예정이다. 주요 내용으로는 서울, 인천 등 7개의 수출지원도로 및 관광도로에 10억을 투입할 예정이다.

− 1966년 5월 24일 매일경제

제목 : 仁川內港浚渫事業(인천내항준설사업)
분류 : 인프라
기타 : 인천항
내용 :
건설부는 기존 직영사업으로 시공해오던 준설공사를 민영도급공사

로 전환하기 위해 우선 인천항항로내항준설사업을 석악산업에 시공
시킬 계획을 세우고 있다. 예상으로는 준설량 2천만 입방미터로 입방
미터 당 단가는 90원으로 책정되고 있어 석악산업과의 계약예정액은
1억 8천만 원에 달할 것으로 생각된다.

- 1966년 5월 25일 매일경제

제목 : 工業團地(공업단지)에 5,000萬(만) 원씩 融資(융자)
분류 : 정책
기타 : 자금지원
내용 :
상공부는 67년도 경공업부문예산을 조정하고 있으며 초년도보다는 1
차 연도부터 보조금을 교부할 예정이다. 인천공업단지는 대지가 확
보됨에 따라 경제개발특별회계에서 보조금 5천만 원이 책정되었으나
재정특별회계에서 융자금조로 5천만 원을 증액하였다.

- 1966년 5월 30일 매일경제

○ 6월
제목 : 新市街地造成(신시가지조성) 계획
분류 : 정책
기타 : 도시정책
내용 :
6월 8일 인천시는 120만 평에 달하는 택지조성 구획안을 세웠다. 10
년 후 백만 인구를 바라보고 있는 시 당국은 균형발전을 위해 송도

및 용현지구 45만 평, 주안지구 56만 평, 부평 송림 숭의동 지구 구획
정리지를 합해 120만 평의 신시가지를 조성할 계획이다. 또한, 부두
매립지 60만 평, 주안염전매립지 22만 평, 부평지구 22만 평 도합
104만 평을 공업단지로 조성할 방안도 세웠다.

- 1966년 6월 9일 매일경제

제목 : 縫製品工場(봉제품공장) 기공
분류 : 회사명
기타 : 연합산업진흥주식회사
내용 :
봉제품 수출공장기공식이 14일 주안동6 현지에서 거행되었다. 연합
산업진흥주식회사(대표 : 김만리)가 일본 오사카에 있는 마쯔시다 공
업 주식회사와 기술 제휴하여 세워지는 건평 5백 평의 공장은 9월 중
순 준공을 목표로 하고 있다.

- 1966년 6월 16일 매일경제

○ 7월
제목 : 第(제)2次經濟開發(차 경제개발) 5個年計劃(개년 계획)
〈內容(내용)〉
분류 : 인프라
기타 : 도로/인천항
내용 :
제2차 경제개발 5개년 계획 중 공업지구의 개발을 위한 산업도로 건

설 중 서울-인천을 비롯한 12개의 유료도로 및 유료교량을 설치하는
계획을 세웠다. 또한, 임해공업단지 조성을 위한 선행투자로 인천을
비롯한 항만시설 확충에 중점을 두었으며 특히 인천항은 경인공업지
구 외곽항으로서 착공중인 제2선거를 기간 중에 완공할 계획이다.

— 1966년 7월 7일 동아일보

제목 : 技術振興(기술진흥) 등은 默殺(묵살)
분류 : 정책/인프라
기타 : 자금지원/수출산업단지
내용 :
신규사업으로서 상공부가 요구한 인천수출산업단지의 1억 원이 예산
안에서 탈락되었다.

— 1966년 7월 21일 매일경제

○ 8월
제목 : 輸出實績不振(수출실적부진)
분류 : 인천산업현황
기타 : 수출
내용 :
인천시내 17개 수출기업체는 8월 9일 현재 금년도 목표액을 평균
38.1%밖에 달성하지 못한 부진한 실적을 보이고 있다. 인천상공회의
소는 수출산업에 큰 비중을 차지했던 알루미늄 아연도철판 및 각종
화학회사가 극심한 자금난 및 비싼 원료 때문에 수출품을 생산하지

못하고 있다 설명하였다.

- 1966년 8월 10일 매일경제

제목 : 油類搬出關稅(유류반출관세)포탈

분류 : 경제범죄/회사명

기타 : 세금포탈/범양산업

내용 :

8월 12일 인천세관은 인천시 신생동22 범양산업대표 이성림 씨를 관세포탈혐의로 입건하였다. 이씨는 미군부대에서 유류수송 탱크 청부작업을 하며 유류를 수입면허 없이 불법 반출한 혐의이다.

- 1966년 8월 13일 매일경제

제목 : 新年度豫算案修正通過(신년도 예산안 수정통과)

분류 : 정책/인프라

기타 : 자금지원/수출산업단지

내용 :

정부는 8월 29일 국무회의에서 총 세출규모 1,643억 9,300만 원의 국가예산안을 통과시켰다. 이중 상공부는 62억 24백만 원이며 인천 공업단지에는 1억 원이 배정될 예정이다.

- 1966년 8월 30일 매일경제

○ 9월

제목 : 政府株公賣(정부주 공매) 2次(차)로 2萬餘株(만여 주)

분류 : 중요회사명

기타 : 인천중공업

내용 :

8월 31일 김정렴 재무부 장관은 오는 9월 7일 제2차로 인천중공업주식 2만 주(액면 5백 원)을 매각할 것임을 밝혔다.

－ 1966년 9월 1일 매일경제

제목 : 道內預金高(도내 예금고)36億(억) 원 前月比(전월비)
　　　1億(억) 원 增加(증가)

분류 : 인프라

기타 : 금융

내용 :

8월 중 경기도 내 예금고가 36억 5천 3백만 원으로 전달보다 1억 1천 9백만 원이 증가하였다. 한국은행 인천지점집계에 의하면 도내전체 예금고의 70%인 25억 5천 8백만 원이 인천시중은행의 예금실적이라고 한다. 한편 대출은 53억 9만 원으로 인천시중은행의 대출은 19억 4천 4백만 원으로 30%에 불과한 실정이다.

－ 1966년 9월 1일 매일경제

제목 : 仁川松峴橋(인천송현교) 준공

분류 : 인프라

기타 : 도로

내용 :

인천 북부공업지대의 산업교량적 구실을 하게 될 송현교가 9월 2일 준공되었다. 국일공영공사가 지난 5월 12일 총공사비 520만 원으로 착공한 이 다리는 길이가 20m, 폭 15m로서 인천중공업, 인천공작창, 한국판유리, 인천제철공장 등을 연결하게 된다.

－ 1966년 9월 3일 매일경제

제목 : 水産(수산)센터 起工(기공)

분류 : 인프라

기타 : 수산업

내용 :

인천 수산센터 기공식이 9월 9일 현지 위판장에서 거행되었다. 삼안산업회사에 의해 착공된 이 공사는 오는 1월 말까지 제1차 공사(공사비 3,400만 원)를 끝낼 예정이며 대지규모 2,730평과 제빙 50톤, 냉동 20톤, 냉장 500톤, 저빙 1,500톤, 선어냉장 300톤의 부수시설을 갖출 예정이다.

－ 1966년 9월 9일 매일경제

○ 11월

제목 : 서울~仁川(인천) 高速道路(고속도로) 신설

분류 : 인프라

기타 : 경인고속도로

내용 :

건설부는 제2차 5개년 계획기간 동안 실시할 도로개발 우선순위를
결정하였다. 11월 24일 밝혀진 이 사업의 골자는 도로사업계획의
77.8%를 차지하는 A그룹 사업으로 서울-인천 고속도로가 포함되어
있으며 A그룹에는 총 235억 8천만 원이 배정될 예정이다.

　　　　　　　　　　　　　　　　　　 - 1966년 11월 24일 경향신문

■ 1967년

○ 1월

제목 : 契約總額(계약총액) 7億(억) 2千萬弗(천만 불)

　　　　借款事業(차관사업), 올해 40件完工(건 완공)

분류 : 회사명

기타 : 인천동양화학연산

내용 :

경제기획원에서 집계한 67년 완공사업을 살펴보면 10월 동양화학 연
산 6만 5천 톤이 계획되어 있다.

　　　　　　　　　　　　　　　　　　 - 1967년 1월 10일 경향신문

제목 : 鐵筋(철근), 民需用時價(민수용시가)로 供給(공급)

　　　　現職員(현직원) 4百名(백 명) 가량 減員(감원)

분류 : 중요회사명

기타 : 인천중공업/인천제철

내용 :

인천중공업의 총 주식 중 52.5%를 매수한 인천제철(대표 이동준)은 정
부가 인천중공업이 불하되더라도 계속 가격을 통제하며 현 임원을 임
기 만료 시까지 유임시키려는 방침과는 정 반대로 결손 공급해오던
관수용 철근도 민수용과 같은 시가로 공급하며 현 직원 1,400명을 1
천 명 선으로 대폭 감원할 계획을 가지고 있다.

　　　　　　　　　　　　　　　　　　　- 1967년 1월 17일 매일경제

제목 : 6千万(천만) 원 資金(자금) 지원

분류 : 정책

기타 : 자금지원/산업정책

내용 :

인천시는 중소기업 육성책으로 금년도에 자동공업, 미싱제조업, 기
계공업 등 10개 시범업체를 선정하여 6천만 원의 자금을 지원하기로
하였다.

　　　　　　　　　　　　　　　　　　　- 1967년 1월 31일 경향신문

○ 2월

제목 : 安東(안동) 등 11個地域調査(개지역조사)

분류 : 연구

기타 : 실태조사

내용 :

건설부는 총 35억 원의 조사비를 투입하여 국토조사 2차 5개년 계획을 세웠다. 우선 산업입지와 생활환경의 적정화에 있어 개발효과가 가장 높은 인천지구 등 11개 특정지역후보지를 우선 조사하기로 방침을 정했다.

– 1967년 2월 8일 매일경제

제목 : AID借款(차관)으로 京仁高速道路(경인고속도로) 추진

분류 : 정책/인프라

기타 : 외자도입/경인고속도로

내용 :

2월 15일 장기영 경제기획원 장관은 경인고속도로를 AID차관으로 건설하는 방안을 가까운 시일 안에 조사하도록 지시하였으며 이 고속도로는 인천 제2도크의 완성과 병행 추진할 방침이라 밝혔다.

– 1967년 2월 15일 경향신문

○ 3월

제목 : 石油化學(석유화학)의 立地(입지)

　　　庇仁(비인)·麗水(여수)가 有利(유리)

분류 : 연구

기타 : 실태조사

내용 :

한국경제문제연구회는 정부가 제2차 경제개발 5개년 계획의 주요사업으로 추진 중인 석유화학공업의 입지는 후보지인 울산, 비인, 여수, 인천 중 항만, 갑수, 용지, 에너지수급사정, 수송수단 등을 중점으로 조사하여 비인과 여수가 유리하다 밝혔다.

　　　　　　　　　　　　　　　　　- 1967년 3월 9일 경향신문

제목 : 家內工業(가내공업)센터 起工(기공)

분류 : 정책

기타 : 자금지원/산업정책

내용 :

3월 14일 인천시는 지방특화산업의 육성과 고용증대, 외화획득 등을 목적으로 총공사비 1,400만 원을 투입하여 학익동 공장부지 5백여 평을 확보하여 크리스마스 트리용 소전구 등을 생산할 가내공업 '센터'를 기공할 계획이라 밝혔다.

　　　　　　　　　　　　　　　　　- 1967년 3월 16일 매일경제

제목 : 「三安産業(삼안산업)」에 落札(낙찰)
　　　京仁高速道路工事(경인고속도로공사)
분류 : 인프라
기타 : 경인고속도로
내용 :
서울-인천 간을 24분 안에 달릴 수 있는 유료고속도로는 3월 18일
삼안산업에 낙찰되었다. 이 도로는 인천 제2도크에서 제2한강교까지
직선 32㎞ 길이와 6차선 왕복도로이다.
　　　　　　　　　　　　　　　　　　- 1967년 3월 18일 경향신문

제목 : 佛(불), 技術陣(기술진)서 檢討(검토)
분류 : 인프라
기타 : 운하
내용 :
건설부는 서울-인천 특정지역계획의 하나인 한강 댐 및 인천운하계
획의 기술검토를 위해 4명의 프랑스 기술자들로 하여금 3월 말부터
6개월간에 걸쳐 기술검토를 실시한다고 발표하였다.
　　　　　　　　　　　　　　　　　　- 1967년 3월 20일 경향신문

제목 : 韓國(한국)의 水産業(수산업) 國際舞臺(국제무대)에로 데뷔
분류 : 정책
기타 : 산업정책

내용 :

수산청은 대합 주산지 조성대상 지역으로 인천 송도, 전남 영광, 경기도 아산만, 전북 옥구군 해안 일원에 걸쳐 1천개 지구를 선정하여 4백만 ㎡를 조성시켜 7,200톤을 생산하고 5,700톤을 수출하여 150달러의 외화를 벌어들일 계획을 설립하였다.

- 1967년 3월 25일 매일경제

○ 4월

제목 : 施設費(시설비) 등 用役團(용역단)시켜 檢討(검토)

　　　　本契約(본계약)은 4個月內(개월 내)에 체결

분류 : 중요회사명

기타 : 인천제철

내용 :

제2차 경제개발 5개년 계획의 파일럿 프로젝트 중 하나인 종합제철공장 건설은 기존 KISA(대한제철차관단)과 협의한 대로 인천제철 및 일신산업 이외에는 제철공장건설을 허가하지 않을 계획이다.

- 1967년 4월 6일 경향신문

제목 : 與野遊說(여야유설)

분류 : 인프라

기타 : 인천항/철도

내용 :

공화당의 지방유세에서는 김종필 당 의장이 4월~5월 중 서해안 준설

공단을 발족시켜 인천, 군산, 목포, 삼천포 등 서해안 일대의 항구를
준설하여 외항선박 정박을 추진하며 10년 예정인 서해안철도부설을
단축시킬 계획이라 설명하였다.

- 1967년 4월 12일 경향신문

제목 : 最近日刊紙廣告數(최근 일간지 광고 수)

분류 : 중요회사명

기타 : 인천중공업

내용 :

최근 인천중공업은 국내기술진에 의해 규소강판 생산에 성공했다는
광고를 4월 8일 동아일보에 게재하였다.

- 1967년 4월 13일 동아일보

○ 5월

제목 : "京仁(경인)은 輕工業(경공업)"

분류 : 정책

기타 : 산업정책

내용 :

공업단지 선정을 중심으로 한 기술적 문제를 다루기 위해 내한한 프
랑스 기술 지원단은 인천 밤섬에서 김포 쪽 해안을 매립하여 총 6백
만 평 대지에 정유, 제철, 비료, 섬유, 펄프, 합판 등 중공업지대를
만들도록 건의하였다.

- 1967년 5월 25일 동아일보

제목 : 3百万弗(백만 불)승인

분류 : 정책/인프라

기타 : 외자도입/상수도시설

내용 :

김태동 경제기획원차관은 인천시상수도 사업을 위한 3백만 달러의 AID차관이 공식 승인되었다고 발표하였다. 이 차관으로 인천시상수도 시설은 현재 일당 7만 톤 규모에서 17만 톤 규모로 증가할 예정이다.

- 1967년 5월 26일 경향신문

제목 :「工業立國(공업입국)」의 靑寫眞(청사진)

분류 : 정책/중요회사명

기타 : 자금지원/인천판유리공장

내용 :

상공부는 선거공약실천계획의 일환으로 71년도 수출목표 10억 달러 달성을 위한 중화학공업육성책을 발표하였다. 이는 오는 7월부터 71년까지 연차적으로 집행할 예정이다. 내용으로는 외자 1,700만 달러와 내자 1억 4,700만 원을 투입하여 인천판유리공장 평판유리 시설 규모를 연 생산 20만 상자로 69년까지 확장할 계획이다.

- 1967년 6월 14일 경향신문

○ 7월

제목 : 電力飢饉(전력기근)

분류 : 인프라

기타 : 전력

내용 :

최근 전력사정은 악화일로를 겪고 있어 일부 지역에는 제한송전이 이루어지고 있다. 이는 화력발전소의 고장과 수력발전소의 저수용량 부족에 기원하며 이에 정부는 2차 전원개발 5개년 계획의 수정안을 마련하여 부산, 당인리, 여수, 인천 등 4개의 화력발전소에 대한 신규 계획을 마련하였다.

- 1967년 7월 3일 매일경제

제목 : 32個社(개사) 지정 江原(강원)산업 등 68년도 직업훈련실시에

분류 : 정책/중요회사명

기타 : 직업훈련/인천중공업

내용 :

노동청은 68년도에 31,900명의 직업훈련을 실시하기로 계획하고 이를 발표하였다. 이중 인천중공업은 170명이다.

- 1967년 7월 4일 매일경제

제목 : 漁船建造(어선건조)·장비費(비) 등 1억 4천만 원 支出(지출)

분류 : 정책

기타 : 복지

내용 :

7월 11일 국무회의에서는 산업재해보상보험 사무소 임차료 및 인천 사무소 건물 매입비 3,971만여 원을 산업재해보상보험 특별회계 예

비비에서 지불키로 건의하였다.

- 1967년 7월 12일 매일경제

제목 : 富平工業團地(부평공업단지)건설 8月(월)까지 65%
분류 : 정책
기타 : 수출산업단지
내용 :
7월 25일 상공부에 따르면 인천수출산업공단이 건설중인 부평수출산업공단지는 현재 70%의 완성을 보이고 있으며 도로도 70% 완성되었으며 50개 입주계획인 단지에 66년도에는 3개 업체(교포 2, 국내 1)지정에 이어 67년도에는 5개 업체가 입주신청 하였다. 공단은 66년 4월 착공 68년까지 3개년 계획으로 정부보조 1억 3천만 원과 산업은행융자 8천 3백만 원, 자체자금 2천 4백만 원, 양곡 720만 원 도합 2억 4천 4백만 원을 들어 공장부지 약 15만 9천 평을 건설할 계획이다.

- 1967년 7월 26일 매일경제

○ 8월
제목 : 扶林(부림)산업 代表(대표) 수배
분류 : 회사명
기타 : 부림산업
내용 :
인천경찰서는 8월 1일 고구마를 주정용으로 농협에서 구매하고 다른 업자에게 팔아넘기고 도주한 인천시 송월동 부림산업 대표 장영진 씨

를 전국에 수배하였다.

- 1967년 8월 2일 경향신문

제목 : 한남섬유 등 指定(지정)
분류 : 정책/회사명
기타 : 수출산업단지/한남섬유, 신신전자, 한국 마이크로,
　　　 대월브레키공업
내용 :
상공부는 8월 8일 수출산업공업단지개발조성법 16조 규정에 의해 인
천수출산업공업단지에 한남섬유, 신신전자, 한국 마이크로, 대월브
레키공업 등 4개 업체를 입주기업체로 지정하였다.

- 1967년 8월 10일 매일경제

제목 : 모두 12억 원 投入(투입)
분류 : 정책
기타 : 산업정책
내용 :
중소기업중앙회는 8월 30일 인천, 대구 등 전국 10개 지역을 대상으
로 한 중소기업공업단지조성 계획을 마련하여 발표하였다.

- 1967년 8월 30일 매일경제

○ 9월

제목 : 石油化學政策(석유화학정책)의 醜態(추태)

분류 : 정책

기타 : 산업정책

내용 :

석유화학공업의 기초원료 생산시설인 에틸렌 생산공장의 입지를 둘
러싸고 울산과 인천이 대립하고 있다. 표면상으로는 용수문제의 입
지논쟁이지만 이는 외국투자회사간의 대립이며 국영과 민영 등 각종
이익단체가 개입되어 있다.

- 1967년 9월 29일 동아일보

○ 11월

제목 : 重工業京仁(중공업경인) 지구에 誘致(유치)

분류 : 정책

기타 : 산업정책

내용 :

3월 내한하여 약 2개월간에 걸쳐 경인지역종합개발계획을 검토 조사
한 프랑스 기술지원단은 건설부 제출 보고서에서 경인지구에 정유,
석유, 화학, 펄프, 제철 등 10개 업종의 중공업을 유치할 것으로 당부
하였다. 특히 제철공업은 수도에 인접시키는 것이 통례이므로 인천
에 배치할 것을 권고하였다.

- 1967년 11월 25일 매일경제

○ 12월

제목 : 行政區域(행정구역) 改編(개편)구상

분류 : 정책

기타 : 도시정책

내용 :

내무부는 인구증가와 산업개발에 적합하게 지방행정구역을 개편하는 정부안에 따라 개편시안을 마련하는 중이다. 이러한 개편이 완료되면 인천 등 13개 시가 확대 개편될 예정이다.

- 1967년 12월 11일 동아일보

■ 1968년

○ 1월

제목 : 仁川稅關員(인천세관원) 등에 四千萬(사천만) 원 贈賄(증회)

분류 : 경제범죄

기타 : 세금포탈

내용 :

인천 앞바다 나일론백위장수출기도 사건을 수사 중인 서울지검 경제부는 1월 10일 관련사업자들이 인천세관 직원들과 짜고 약 4천만 원 이상의 위장수출을 기도하였다는 사실을 밝혀내었다.

- 1968년 1월 10일 동아일보

○ 2월

제목 : 實効(실효) 못거둔 「借款業體强硬策(차관업체강경책)」
　　　 代拂額(대불액)는 業體(업체)도 産銀(산은)
분류 : 정책/회사명
기타 : 자금지원/흥한방직, 인천관광시설
내용 :
산업은행의 차관기업체에 대한 대불액이 10억 원을 돌파하여 대불금
회수를 위한 방법을 시도하고 있다. 이중 흥한화섬이 5억 5천만 원이
며 회사의 방계재단인 인천의 흥한방직, 인천관광시설, 팔당관광지
등의 처분평가액이 약 10억 원에 달해 충분한 상환능력을 지니고 있
으나 매수자가 없는 실정이다.

－ 1968년 2월 10일 매일경제

제목 : 陽德産業(양덕산업)을 指定(지정) 수출품 生産業体(생산업체)
분류 : 정책/회사명
기타 : 수출산업단지/양덕산업주식회사
내용 :
상공부는 인천수출산업공단 부평공업단지 입주기업체인 양덕산업주
식회사 부평공장(섬유제품)을 수출품생산지정업체로 지정했다고 공
고 제4700호로 발표하였다.

－ 1968년 2월 24일 매일경제

제목 : 七百億臺(칠백억 대)에 육박 부쩍 는 私債(사채)

분류 : 인천산업현황

기타 : 금융

내용 :

시중에 나도는 사채규모가 67년 말을 기해 부쩍 늘어났다. 국세청이 조사한 추계에 의하면 양성화된 액수만 해도 670억이며 이는 연말통화량 1,200억 원의 반 이상을 차지하고 있다. 지역별로 살펴보면 인천지역이 76%로 가장 큰 비중을 차지하고 있다.

- 1968년 2월 24일 동아일보

○ 3월

제목 : 京仁道路公團(경인도로공단) 설립

분류 : 인프라

기타 : 경인고속도로

내용 :

정부는 당초 69년까지 완공예정으로 있던 경인고속도로를 올해 안으로 앞당겨 완공하기 위해 정부와 민간의 합자로 서울-인천 도로공단을 이달 안에 설립하여 사업을 추진할 계획이다. 공단은 현대건설, 대림산업, 삼부토건 등 3개 업체가 중심이 된 민간 업자들이 공동 출자하여 건립되며 통행세로 이를 상환할 예정이다.

- 1968년 3월 5일 동아일보

제목 : 한해建築(건축)허가 -백53만 9천 坪(평)
　　　서울이 64%로首位(수위)
분류 : 인천산업현황
기타 : 도시구조
내용 :
전국 주요 10개 도시의 67년 중 건축물 허가가 153만 9천 평으로서
66년의 112만 4천 평보다 38%가 늘어났다. 서울이 98만 평으로 64%
를 점하고 있으며 인천은 6만 9천 평(5%)로 4위이다.
　　　　　　　　　　　　　　　　－ 1968년 3월 7일 매일경제

제목 : 11個業體(개 업체) 入住(입주)지정
분류 : 정책/회사명
기타 : 수출산업단지/동아전자, 세정실업, 명성산업, 한송, 삼송산업
내용 :
상공부는 9일 자로 인천수출산업공단 부평공업단지 입주기업체에 동
아전자(가변저항기), 세정실업(악기류), 명성산업(우묘제품 및 조립), 한
송(자동차부속), 삼송산업(스웨터) 등 5개 업체를 지정, 공단지정업체
는 20개 사로 늘어났다.
　　　　　　　　　　　　　　　　－ 1968년 3월 11일 매일경제

제목 : 부평工団地入住(공단지입주) 한남섬유 등 3社(사)
분류 : 정책/회사명
기타 : 수출산업단지/한남섬유

내용 :

상공부는 18일 자 공고로 인천수출산업공단 부평공업단지 입주기업체에 한남섬유 등 3개 업체를 지정하였다. 이로서 부평공단 입주기업체는 23개 업체로 늘어났다.

- 1968년 3월 16일 매일경제

제목 : AID의 靑寫眞(청사진) 69年對韓(년 대한)
　　　원조 計劃書(계획서)
분류 : 정책/인프라
기타 : 외자도입/인천항
내용 :

69년 미 의회에 제출된 AID 당국의 대한원조계획에서 AID는 68년 7월~69년 6월까지 한국에 7,090만 달러를 제공할 계획이다. 개발차관으로는 인천항만에 190만 달러가 배정되었다.

- 1968년 3월 16일 경향신문

제목 : 仁川製鐵(인천제철)건설 中斷(중단)위기
분류 : 중요회사명
기타 : 인천제철
내용 :

금년 10월을 준공목표로 연간 12만 톤 규모의 제철공장을 건설 중인 인천제철은 현재 건설추진율이 75%까지 되었으나 내자소요액 부족으로 인해 중단될 위기이다. 당초 예상액은 11억 원이었으나 물가상승 등으로 총 20억이 필요, 우선 3억 원을 산업은행에서 융자해 주는 것을 요청하고 있다.

- 1968년 3월 27일 매일경제

제목 : 每日配達制(매일배달제)와 手動卽時電話(수동즉시전화)
분류 : 인프라
기타 : 통신
내용 :
체신부는 3월 31일부터 전국주요도시 간 수동즉시전화제를 실시할 예정이다. 이로써 서울-인천 간은 시외전화신청과 더불어 수분 이내에 통화가 가능하며 마이크로웨이브 회선을 이용하여 시내전화와 마찬가지로 선명한 통화가 가능하게 되었다.

- 1968년 3월 29일 동아일보

제목 : 東撨産業(동초산업) 富平工団入住指定(부평공단입주지정)
분류 : 정책/회사명
기타 : 수출산업단지/동초산업
내용 :
상공부는 인천수출산업공단 부평공업단지 입주기업체에 동초산업(합성수지)를 30일 자로 지정하였다.

- 1968년 3월 29일 매일경제

○ 4월

제목 : 수출산업 工団(공단)에 相榮産業(상영산업) 등 指定(지정)

분류 : 정책/회사명

기타 : 수출산업단지/동양전자공업주식회사

내용 :

상공부는 인천수출산업공단 부평공업단지 입주기업체에 동양전자공업주식회사(전기통신부품 조립가공업)를 9일 자로 지정하였다.

- 1968년 4월 9일 매일경제

제목 : 항만시설 擴充(확충) 등 優先(우선)투자

분류 : 정책/인프라

기타 : 산업정책/인천항

내용 :

정부는 69년 투자계획기본지침을 마련하여 생산량 제고, 전문화 및 계열화 방향 육성, 하역능력에 중점을 둔 항만시설확충을 우선순위 대상사업에 넣기로 결정하였다. 69년의 총 투자수요규모는 GNP 추정액의 23%인 4,290억 원이며 국내저축 중 3,126억 원, 외자도입은 1,164억 원(4억 2,300만 달러)로 조달할 계획이다. 계획으로는 인천 제2도크 건설 등 항만시설 확충이 포함되어 있다.

- 1968년 4월 24일 매일경제

제목 : 課稅資料(과세자료)로 활용

분류 : 회사명

기타 : 인천도시관광

내용 :

4월 30일 이낙선 국세청장은 2개 이상의 법인을 가진 주주를 조사한 결과를 발표하였다. 이 중 박홍식 씨는 인천도시관광, 화신산업, 홍안화섬, 경성방직, 한국무역진흥, 홍안방직, 외관주조주식, 홍아실업 등 8개 업체의 소유주로 밝혀졌다.

- 1968년 4월 30일 매일경제

○ 5월

제목 : 「外銀(외은)」仁川(인천)에 支店(지점)

　　　3日(일)부터 業務(업무)개시

분류 : 인프라

기타 : 금융

내용 :

외환은행은 5월 3일 경인지구의 무역업 및 수출산업에 대한 지원을 강화하기 위해 인천시 경동 95에 지점을 개설하여 업무를 개시할 예정이다. 외환은행은 인천을 포함하여 국내에 4개 지점을 가지고 있으며 인천지점장은 김유만 씨이다.

- 1968년 5월 2일 매일경제

제목 : 仁川工団(인천공단) 입주지정 韓松産業社(한송산업사)
분류 : 정책/회사명
기타 : 수출산업단지/한송산업주식회사
내용 :
상공부는 10일부로 한송산업주식회사(자동차부속품 제조업)의 인천수
출산업단지 입주를 지정했다.

－ 1968년 5월 10일 매일경제

제목 : 各種重機(각종중기) 등 4件資本財(건 자본재) 도입승인
        總(총) 2천 3백 72만 弗(불)
분류 : 정책/인프라/회사명
기타 : 외자도입/경인고속도로/인천저유소
내용 :
외자도입심의위는 13일 경부고속도로 건설을 비롯한 현금차관을 의
결하였다. 이중 인천저유소(석유공사)는 89만 7천 배럴을 저장할 수
있는 14기 탱크 건설을 위해 걸프석유로부터 현금차관 250만 달러를
연리 6.5%, 3년 거치 12년 상환조건으로 의결되었으며 내자로는 5억
8,700만 원을 받기로 하였다.

－ 1968년 5월 14일 매일경제

제목 : 朴大統領(박대통령)지시 한국機械(기계)에
        五億(오억) 원 融資(융자)
분류 : 정책/회사명

기타 : 자금지원/한국기계

내용 :

박정희 대통령은 13일 인천에 소재한 한국기계를 시찰하며 운영실태
를 보고받고 한국기계에 운영자금 5억 원을 융자해 줄 것을 산업은행
에 지시하였다.

- 1968년 5월 14일 매일경제

제목 : 신우산업 入住(입주)지정 仁川(인천) 수출 工業団地(공업단지)

분류 : 정책/회사명

기타 : 수출산업단지/신우산업주식회사

내용 :

상공부는 21일 인천수출산업공단 부평공업단지 입주기업체로 신우
산업주식회사(대표 : 김진관, 특수의류제조업)를 지정하였다.

- 1968년 5월 22일 매일경제

○ 6월

제목 : 農漁村開發(농어촌개발) 年內(연내) 세워질

　　　 工場(공장)과 団地(단지)

분류 : 정책

기타 : 산업정책

내용 :

농공병진을 목표로 한 농어촌개발공사는 수출가공용 시설에 치중키
로 사업계획을 확정하여 이달부터 본격적인 사업을 시작하였다. 6월

중순부터 인천시에서 시작할 양돈센터는 부천군 일대의 50가구~100호의 단지 농가를 대상으로 비육돈 1만 두를 생산할 예정이다. 투자는 광성기업 49%, 공사 51%의 비율이며 양돈농가는 호당 연 28만 원의 수익을 예상하고 있다.

- 1968년 6월 8일 경향신문

제목 : 5個産災所(개산재소) 등 신설
분류 : 정책
기타 : 복지
내용 :
노동청은 25일 공포된 직제개정에 따라 외부기관으로 25개의 직업안정소를 신설하였다. 신설될 지방사무소는 인천에 2급지 직업안정소가 포함되어 있다.

- 1968년 6월 28일 매일경제

○ 7월
제목 : 총 158억 규모
분류 : 정책
기타 : 자금지원
내용 :
상공부 공업국은 69년도 예산으로 총 158억 745만 4,800원을 요구하였다. 이는 68년도보다 124억 이상 증가한 금액으로서 내역에는 인천 수출산업단지 조성 또한 포함되어 있다.

- 1968년 7월 11일 매일경제

제목 : 「꿈」의 20年(년) 국토건설 靑寫眞(청사진)을 살펴본다
분류 : 정책
기타 : 도시정책/산업정책
내용 :
건설부는 국토의 합리적 이용과 개발을 목적으로 한 국토건설종합구
성계획을 마련하였다. 이와 같은 국토계획이 완성되면 서울, 인천지
역은 공업 및 산업중추지대로, 인천, 목포, 부산, 묵호 등 4대 항구는
교역중추의 미래상을 그리고 있다.
- 1968년 7월 27일 매일경제

제목 : 海底(해저)의 노다지 大陸棚(대륙붕) 開發(개발)
분류 : 연구
기타 : 실태조사
내용 :
박충훈 경제기획원 차관은 지난 24일 아침 기자회견에서 지질조사소
의 조사결과를 밝혔다. 내용으로는 인천 앞바다에서 목포 앞바다까
지의 대륙붕에서 천연가스와 석유 및 사철의 매장 가능성이 농후하며
미국의 걸프사와 그린버그사가 개발투자를 하겠다고 제의했다.
- 1968년 7월 30일 동아일보

제목 : 産災(산재)보상 사무소
분류 : 정책
기타 : 복지

내용 :

노동청은 7월 31일 지방근로재해자들의 보상지급을 빠르게 하기 위해 전국에 15개소의 산업재해보상보험사무소를 마련하여 8월 5일부터 업무를 시작할 예정이다. 인천은 1급지 산업재해보상보험사무소가 개설될 예정이다.

- 1968년 7월 31일 경향신문

○ 8월

제목 : 世銀(세은)·IDA長期(장기)차관 추진 고속도로 등 총 8件(건)

분류 : 정책/인프라

기타 : 외자도입/전력

내용 :

정부는 세계은행(IBRD)와 국제개발협회(IDA)로부터 총 8건에 1억 9,483만 1천 달러의 차관장기추진계획을 마련하였다. 이중 인천화전 4호기 30만㎾의 3천만 달러가 예정되어 있다.

- 1968년 8월 16일 매일경제

제목 : 韓國(한국)에 上陸(상륙)한 外國財閥(외국재벌)
　　　 그 市場戰略(시장전략)과 實態(실태)를 본다(完(완))
　　　 아이젠버그

분류 : 중요회사명

기타 : 인천중공업

내용 :

뉴욕에 본사를 둔 아이젠버그사는 1953년 우리나라에 진출하였으며 과거 서독의 데마그사와 제휴하여 인천중공업 건설에 참여하는 등의 활동을 펼쳤다.

- 1968년 8월 17일 경향신문

제목 : 九老(구로)·仁川工団(인천공단)에 10個(개) 업체

入住(입주)지정

분류 : 정책/회사명

기타 : 수출산업단지/한국가구공업, 뉴코리아 전자공업, 대양화성, 대영섬유, 광성공업

내용 :

상공부는 30일자로 인천수출산업공업단지에 한국가구공업(대표 : 최 기곤, 가구), 뉴코리아 전자공업(대표 : 김인, 전자기기), 대양화성(대표 : 조영일, 합성수지), 대영섬유(대표 : 김노성, 합성섬유), 광성공업(대표 : 반성휘, 도자기)을 지정하였다.

- 1968년 8월 31일 매일경제

○ 9월

제목 : 새 投融資額(투융자액) 8백 37억

분류 : 정책

기타 : 자금지원

내용 :

정부는 국회에 제출한 총 규모 3,266억 원의 예산안 중 투융자를 948
억 7,900억으로 책정하였다. 이중 인천단지는 6천만 원으로서 당초
5천만 원보다 천만 원 증가한 금액이다.

- 1968년 9월 7일 매일경제

○ 10월

제목 : 개탄할 一部勞動組合(일부노동조합)의 생태

분류 : 노동

기타 : -

내용 :

지난 9월 초 서울지검 인천지청에서는 전국부두노조인천지부장을 포
함한 간부급 임원 9명을 구속하였다. 이들은 인천시부두작업장 수십
개소의 작업권을 독점하여 노임을 횡령하고 작업을 편중배치하는 등
의 부정을 일삼아 온 혐의를 받고 있다.

- 1968년 10월 12일 경향신문

제목 : 늘기만 하는 5개 市銀共同融資(시은공동융자)
      59억 2천 7백만 원

분류 : 인천산업현황/회사명

기타 : 금융/인천조선

내용 :

재무부 지시에 따라 특정 기업에 대한 5개 시중은행의 공동융자가 증

가하고 있다. 이들은 위험분산을 위해 공동융자한 것이라고 설명하
였다. 대표적으로는 인천조선의 6,100만 원이 있다.

           - 1968년 10월 19일 매일경제

○ 11월

제목 : 仁川(인천) 등 3개 市(시)에 6개 邑(읍)·郡(군) 포함
        총 면적 83.67平方(평방)킬로

분류 : 정책

기타 : 도시정책

내용 :

11월 1일 건설부는 서울-인천 특정지역계획에 의해 서울을 중심으로
한 반경 40㎞권 안의 3개시를 비롯한 수도권 위성개발계획안을 마련
하였다. 인천은 임해공업, 어업, 제염업의 개발목표를 가지며 1백만
명의 인구를 목적으로 한다.

           - 1968년 11월 1일 매일경제

제목 : 소다灰(회) 공장 完工(완공) 東洋化學(동양화학)

분류 : 정책/회사명

기타 : 외자도입/동양화학

내용 :

우리나라 처음으로 연간 6만 5천 톤 규모의 소다회 공장인 동양화학
이 8일 준공식을 가졌다. 인천에 세워진 동양화학은 AID차관 560만
달러와 내자 1억 5천만 원이 투자되었다.

           - 1968년 11월 8일 매일경제

제목 : 10個(개) 업체 추가지정 수출團地入住(단지입주)
분류 : 정책/회사명
기타 : 수출산업단지/제일화학공업사, 고미산업주식회사, 미성가발
　　　 양행, 대흥제재소, 부평산업주식회사, 세경산업, 동양밸브,
　　　 염대주물공업, 경기농산가공주식회사, 천마공예사
내용 :

수출공단심의회는 인천수출산업공단 부평공업단지에 10개 업체를 입
주하기로 의결하였다. 10개 회사는 주식회사 제일화학공업사(대표 :
박성엽, 합성수지가공업), 고미산업주식회사(대표 : 이석우, 전자공업),
미성가발양행(대표 : 지종상, 가발 및 지대제조업), 주식회사 대흥제재
소(대표 : 김창진, 합판가공업), 부평산업주식회사(대표 : 박상능, 자동차
부속품제조업), 세경산업(대표 : 박윤규, 스웨터), 동양밸브(대표 : 이창
남, 밸브), 염대주물공업(대표 : 장석완, 주물), 경기농산가공주식회사
(대표 : 정택수, 농산물가공업), 천마공예사(대표 : 김영숙, 완구제조업)
이다.

- 1968년 11월 25일 매일경제

○ 12월
제목 : 亞細亞(아세아) 개발은행 特別基金出資(특별기금출자)
　　　 첫 打者(타자)로 등장
분류 : 정책/인프라
기타 : 외자도입/경인고속도로

내용 :

아세아개발은행이사회는 12월 10일 일본정부로부터 아세아개발은행 특별기금에의 2천만 달러 갹출에 대한 교환각서원안을 만장일치로 채택하였다. 아세아개발은행은 이미 한국의 서울-인천 간 고속도로 선설을 위해 680만 달러를 제공하였다.

- 1968년 12월 16일 매일경제

제목 : "近代産業(근대산업)의 革命(혁명)"

분류 : 인프라

기타 : 경인고속도로

내용 :

우리나라 기간고속도로건설 10개년 계획의 첫 번째 사업인 경부고속 도로의 서울-수원 간 노선과 경인고속도로가 12월 22일 개통되었다. 경인고속도로는 서울에서 인천 제2도크까지이며 이중 서울부터 인천 가좌동까지 구간이 우선 개통되었다.

- 1968년 12월 21일 동아일보

제목 : 1月(월)부터 銑鐵生産(선철생산)

분류 : 중요회사명

기타 : 인천제철

내용 :

인천제철공장이 12월 27일 오후 4시 화입식을 갖고 시운전단계에 들 어감으로서 내년 1월 1일부터 우리나라에서 처음으로 선철을 생산하

게 되었다. 이 공장은 연간 선철 12만 5천 톤 규모를 생산하며 서독의
데마그 사에서 외자 920만 달러와 내자 21억을 투입하여 66년 4월에
착공하여 2년 8개월 만에 완공되었다.

- 1968년 12월 27일 매일경제

◢ 1969년
○ 2월
제목 : 永陽産業(영양산업) 펄프 工場借款(공장차관) 등
　　　 1천 731만 弗(불) 도입의결
분류 : 정책
기타 : 외자도입
내용 :
외자도입심의위는 1월 31일 인천제철의 예비부분품 및 보수자재 제
작을 위해 독일 DEMAG LURGI사에서 50만 달러를 1년 거치 4년 상
환 연리 6.5%의 조건으로 들여오는 것을 확정하였다.

- 1969년 2월 1일 매일경제

제목 : 총 672만 平方(평방)m 허가
분류 : 인천산업현황
기타 : 도시구조
내용 :
2월 25일 한국은행 집계에 따르면 68년 한 해 동안 건축물건축허가면
적은 672만 9천 평방m에 달했다. 이는 작년보다 7% 늘어난 결과이며
지역별로 살펴보면 인천이 36만 3천 평방m로 전체의 5.7%를 차지하

고 있으며 전국 도시 중 서울, 부산, 대구 이후 4번째로 큰 규모이다.
- 1969년 2월 25일 매일경제

○ 3월
제목 : 職業(직업)훈련원 開所(개소)
분류 : 정책
기타 : 직업훈련
내용 :
중앙직업훈련원 제1회 입소식이 3월 12일 오전 10시 보건사회부 장관, 노동청장, ILO수석고문이 참석한 가운데 인천시 구산동 중앙직업훈련원에서 거행되었다. 이날 첫 입소한 2백 명의 훈련공 등은 앞으로 선반공, 다듬질공, 용접공, 판금공, 전기기기수리공과 등에서 교육을 받고 2급 기능자가 될 예정이다.
- 1969년 3월 12일 경향신문

제목 : 仁川重工業(인천중공업)과 仁川製鐵國內(인천제철국내)
　　　 처음 企業合併(기업합병)
분류 : 중요회사명
기타 : 인천중공업/인천제철
내용 :
국내 최대의 철강메이커인 인천중공업(대표이사 : 이동준)과 인천제철(대표이사 : 원형묵)이 한국에서 처음으로 기업합병을 할 예정이다. 현재 구체적인 작업 중이며 빠르면 이달 말 또는 4월 초에 기업합병이

실시될 예정이다.

제목 : 電力(전력)·수송 등 集中(집중)투자
분류 : 정책
기타 : 전력
내용 :
3월 24일 공화당정책위가 내놓은 새해 정부시책 기본방향에 따르면
전력 부분에 내자 총 320억 원과 외자 2억 9,500만 달러를 투입하여
원자력 발전소 등을 건설할 예정이다. 금년 말까지 인천 등지에 9개
화력발전소를 완공할 예정도 포함되어 있다.

- 1969년 3월 24일 경향신문

제목 : 地方債(지방채) 49억 발행
분류 : 정책
기타 : 재원마련
내용 :
정부는 올해 안에 49억 원의 지방채를 발행하기로 결정하였다. 장기
채의 이율은 25.2%이며 단기채는 3개월 14.4%, 6개월 19.2%로 결정
하였다. 지방자치단체가 사회간접자본확충 등 지방산업발전을 위한
자금조달방안으로 마련한 이 계획은 인천이 8,500만 원의 지방채를
발행할 예정이다.

- 1969년 3월 24일 경향신문

○ 4월

제목 : 빠르고 바른 체신의 해

분류 : 정책

기타 : 통신

내용 :

체신부는 제2차 5개년 계획사업의 원활한 성공을 위해 인천에는 전화 2천 회선을 신설할 예정이며 서울성북과 마포우체국을 비롯, 인천 산곡동에 우체분국 등을 신설하여 급증하고 있는 우편물을 효과적으로 처리할 예정이다.

- 1969년 4월 11일 경향신문

제목 : 三元纖維(삼원섬유)지정 仁川公団入住(인천공단입주) 업체

분류 : 정책/회사명

기타 : 수출산업단지/삼원섬유주식회사, 한국유리, 범양합성주식회사, 한남섬유주식회사, 동양냉동

내용 :

4월 18일 상공부는 인천수출산업공단 부평공업단지에 삼원섬유주식회사의 입주를 지정 공고하였으며 한국유리, 범양합성주식회사, 한남섬유주식회사, 동양냉동을 취소 처분하였다.

- 1969년 4월 19일 매일경제

제목 : 人力開發(인력개발) 등 중점추진

분류 : 정책

기타 : 복지

내용 :

보건사회부는 80년대의 국민생활 향상과 여가진흥을 위한 사회개발 계획 15년 장기전망을 확정 발표하였다. 내용에는 76년까지 서울, 부산, 대구, 인천, 광주, 대전 등 6개 도시에 모두 25개소의 '레크리에이션 센터'를 마련하고 81년도까지는 6개 도시를 제외한 26개 도시에 32개소의 '레크리에이션 센터'를 마련할 계획이다.

　　　　　　　　　　　　　　　　　　- 1969년 4월 22일 매일경제

○ 5월

제목 : 돈 먹고 도장찍어준 『더러운 손들』工事(공사) 疑獄(의옥)
　　　파헤쳐 본 검은 裏面(이면)

분류 : 경제범죄/회사명

기타 : 뇌물/문화기업, 신흥산업, 덕산산업, 일신산업, 청해산업

내용 :

인천교육청 공무원들은 68년 시설비 1억 2천만 원 중 1.5%의 뇌물을 수수하였다. 대상은 송현국민학교 교사증축, 부평서국민학교 식당증축, 신흥국민학교 교사증축, 송월국민학교 철조망공사, 주안국민학교정지공사, 서화국민학교정지공사, 송현국민학교 전기배관공사 등이며 문화기업, 신흥산업, 덕산산업, 일신산업, 청해산업으로부터 뇌물을 받았다.

　　　　　　　　　　　　　　　　　　- 1969년 5월 3일 경향신문

제목 : 제2團地(단지) 조성추진
분류 : 정책/염전
기타 : 수출산업단지/매립
내용 :
인천수출산업공단은 부평공업단지에 이어 인천시 주안동에 제2단지
조성을 추진 중에 있다. 이를 위해 염업공사로부터 인천시 주안동에
있는 염전지대를 평당 1천 원씩 20만 평을 이미 매수하여 매립작업에
착수하였으며 공단조성보조금으로 6천만 원을 상공부에 요청하였다.
70년 말까지 단지조성이 완료될 예정이며 이 주안공단은 금년 중 10
만 평을 완성하여 수출업체의 입주를 시작할 예정이다.

－ 1969년 5월 6일 매일경제

제목 : 石材(석재)·시멘트類(유) 상승
분류 : 인천산업현황
기타 : 물가
내용 :
공사 성수기를 맞아 서울시 내 건설자재 도매물가는 3월에 비해 전반
적으로 상승하였다. 이중 도장류에 속하는 인천산 가세잉(수용성 퍼
티) 가격이 생산원가 상승에 의해 메이커 측에서 판매가격을 10% 인
상한 상태이다.

－ 1969년 5월 9일 매일경제

제목 : 총 3천 320톤 책정
분류 : 정책
기타 : 산업정책
내용 :
5월 17일 수산청은 금년도 생 백합조개 수출목표 110만 달러의 달성
을 위해 주산지 어협 및 개인양식자에게 생산목표량을 각각 할당하여
생산에 지장이 없기를 당부하였다. 총 목표인 3,320톤 중 인천 생산
지 어협에는 800톤이 할당되었다.

- 1969년 5월 17일 매일경제

○ 6월
제목 : 仁川製鐵(인천제철). 重工業(중공업) 합병
분류 : 중요회사명
기타 : 인천중공업/인천제철
내용 :
정부는 부실업체 정리 및 육성방안의 1차 결정으로 철강업체를 대폭
정리하여 인천제철과 인천중공업을 합병 및 산업은행 융자분을 투자
로 전환하기로 하고 한국전기요금은 인천제철이 소요금을 투자하여
계열화하기로 방침을 정하였다.

- 1969년 6월 16일 매일경제

제목 : 42억 受益(수익)증권 발행 黃(황)재무 重工業(중공업) 등
　　　재원조성
분류 : 정책
기타 : 재원마련
내용 :
재무장관은 도로 항만 중공업 및 수출산업시설 재원의 조성을 위해
총 42억의 수익증권을 발행하기로 결정하였다. 이중 갑권 증권은 30
억 한도로 발행 인천항만 준설공사 등의 공사에 투자재원으로 지원하기
로 하였다.

－ 1969년 6월 20일 매일경제

제목 : 10년內(내)에 國道(국도) 완전포장
분류 : 인프라
기타 : 도로
내용 :
이한림 건설부 장관은 6월 27일에 70년~79년까지 10년 동안 총 660
억 원을 투입하여 국도를 완전히 포장하고 경인고속도로 중 미개통된
인천-가좌동 간을 오는 7월 중순까지 공사를 완료하고 개통하기로
발표하였다. 현재 경인고속도로의 공사가 늦어지는 원인은 새로운
중장비운전기술의 미숙이라 밝혔다.

－ 1969년 6월 27일 매일경제

○ 7월

제목 : 仁川重工業(인천중공업)

분류 : 중요회사명

기타 : 인천중공업

내용 :

인천중공업은 민영화 이후로 고장력 철근, 경레일, GI빔, H빔, 규소
강판 등의 신제품을 개발하였으며 현대적 판매방식인 타스크 포스제
로 전환하여 이를 중심으로 바이어즈 마키팅을 펼쳐 국영시기의 66
년 28억 수준의 매상고가 민영화 이후 68년 매상고가 40억 원에 달하
는 등의 성장을 보이고 있다.

- 1969년 7월 10일 매일경제

제목 : 京仁高速(경인고속) 연장개통

분류 : 인프라

기타 : 경인고속도로

내용 :

경인고속도로의 잔여 구간인 인천 가좌동–인천 제2도크 간 6㎞의 개
통식이 7월 21일 오후 3시 정일권 국무총리와 시민들 등 다수가 참석
한 가운데 가좌동 공사현장에서 성대히 거행되었다.

- 1969년 7월 22일 매일경제

제목 : 3社(사)와 都給契約(도급계약) 龍山(용산) 등 도로포장
분류 : 회사명
기타 : 중앙토목
내용 :
미 8군 구매처는 최근 도로 및 주차장 포장계 공사 등 5건에 대해 도급
계약을 맺었다고 보도하였다. 이중 인천지구 외 1개소 부평 포장도로
보수공사는 중앙토목(대표 : 천우필)과 계약하였으며 66,107달러이다.
- 1969년 7월 24일 매일경제

제목 : 散漫(산만)하고 无計劃(무계획)
분류 : 인프라
기타 : 인천항
내용 :
인천항 건설사업이 해사행정특별 심의위원회에 의해 산만하고 무계
획적이라는 경고를 받았다. 첫째로 투자규모가 계속 증액되었으며
공사별 산출기초도 불분명한 것이며 둘째로 건설사업과 관리행정이
분산되어 있다는 점을 들었다. 또한, 정책기준자료가 미비하고 계량
화 기준이 없다는 점을 들어 이를 문제시하고 있다.
- 1969년 7월 29일 매일경제

제목 : 民族中興(민족중흥)의 알찬成果(성과)

분류 : 정책

기타 : 에너지

내용 :

유공(사장 : 박원석)은 67년에는 울산-인천 간을 왕래하던 1천 톤급
유조선을 5천 톤급과 1만 톤급으로 확대하였으며 인천에 대규모의 저
유소를 완공하였다.

                                        － 1969년 7월 30일 경향신문

○ 8월

제목 : 起死回生(기사회생)의 妙藥(묘약)을 (8) 皮革(피혁)

분류 : 회사명

기타 : 조선피혁, 월미도 합판공장

내용 :

천우사계에 속해있는 조선피혁이 부실업체로 선정되어 해체되었다.
청와대 부실기업업체정리반은 조선피혁을 대채권자인 조흥은행이
인수하여 전체재산을 매각하되 매각대금을 인천 월미도 합판공장확
장비용으로 충당토록 하였다.

                                        － 1969년 8월 6일 매일경제

제목 : 無煙炭(무연탄) 코크스 鑄物(주물)공업 등에 큰 도움

분류 : 회사명

기타 : 만화주물

내용 :

석공은 무연탄 코크스 생산공장을 내년 8월 1일까지 가동시킬 목표를
가지고 있다. 코크스 생산을 위해 서울의 경성주물, 인천의 만화주
물, 부산의 미진금속 등에서 큐폴라 실용실험을 거쳐 이번에 본격적
인 생산을 할 계획이다.

- 1969년 8월 7일 매일경제

○ 9월

제목 : 仁川(인천)세무서 신축 三益(삼익)에 낙찰

분류 : 정책

기타 : -

내용 :

조달청에서 지명경쟁입찰로 집행한 인천세무서 청사 신축공사는 삼
익건설(대표 : 이종록)이 1,096만 원에 낙찰하였다. 이 공사에는 덕신
산업과 국제실업 등 총 3개 회사가 응찰하였다.

- 1969년 9월 2일 매일경제

○ 10월

제목 : 年産(연산) 2천 800톤 규모

분류 : 민간투자

기타 : 합자

내용 :

한일합자로 펄라이트 제조공장이 인천에 세워질 예정이다. 이 합자

사업은 일본의 삼정금속이 19만 6천 $(49%)를, 국내 삼미사가 51%를
투입하여 이루어지는 것으로 연간 펄라이트 2,840톤, 펄라이트 2차
가공품 960톤, 펄라이트 세제 288톤, 특수도료 6백 톤 등이며 74년부
터 이를 더욱 확장할 예정이다.

- 1969년 10월 8일 매일경제

제목 : 5개 業体(업체) 추가公告(공고)
　　　 輸出品生産指定社(수출품생산지정사)
분류 : 정책/회사명
기타 : 수출산업단지/동성타월공업주식회사
내용 :
상공부는 10월 28일 인천수출산업공단입주기업체인 동성타월공업주
식회사 등 5개 업체를 수출품생산지정업체로 공고하였다.

- 1969년 10월 29일 매일경제

○ 11월
제목 : 25億(억) 원 計上(계상)
분류 : 정책
기타 : 인천항
내용 :
건설부는 내년도의 항만준설사업비를 올해보다 14억 4천만 원이 증
가한 24억 9,500만 원으로 계상하여 인천 부산 목포 등 주요 수출입
항에 대한 시설 준설 사업을 실시할 예정이다.

- 1969년 11월 8일 매일경제

제목 : 달라질 「販賣樣相(판매양상)」

분류 : 민간투자

기타 : 설비투자

내용 :

제당업계의 경쟁이 심화되면서 제일제당은 70년 7월이 준공예정인 인천공장에서 나오는 제품을 서울로만 집중 출하시킬 계획이 있으며 생산능력은 1차적으로 일간 2백 톤 정도라고 밝혔다.

- 1969년 11월 15일 매일경제

○ 12월

제목 : 仁川製鐵(인천제철)·仁川重工業(인천중공업)

　　　 産銀(산은)서 管理(관리)

분류 : 중요회사명

기타 : 인천중공업/인천제철

내용 :

부실기업으로 지목되었던 인천제철과 인천중공업이 12월 10부터 산업은행 관리로 넘어갔다. 산업은행은 지난 7월 지시한 융자금을 투자로 전환하고 민간주주들이 4억 5천만 원을 증자하지 못해 총 자본금에 대한 주식비율에 따라 산업은행관리로 넘어가게 되었다.

- 1969년 12월 12일 매일경제

◢ 1970년

○ 1월

제목 : 共信洋行(공신양행) 등 두 業体(업체) 수출산업지정 취소

분류 : 정책/회사명

기타 : 수출산업단지/주식회사 공신양행

내용 :

상공부는 고미산업주식회사를 인천수출산업공단입주지정에서 취소
하는 동시에 주식회사 공신양행을 대체입주로 지정하였다.

- 1970년 1월 5일 매일경제

제목 : 「20年國土開發(년국토개발)」 1차 計劃(계획)마련

분류 : 정책/인프라

기타 : 산업정책/인천항

내용 :

건설부는 68년 확정한 20년 국토종합개발 기본구상에 따라 72년~81
년까지 10개년을 계획기간으로 하는 부문별국토개발계획을 마련하
여 보고하였다. 이 계획에서는 주요항만 40개를 개발하여 안벽 및 방
파제를 확충하고 부산, 인천, 군산항을 컨테이너 시설화하는 것을 목
적으로 하고 있다.

- 1970년 1월 14일 동아일보

제목 : 産學協同(산학협동) 위한 姉妹(자매)결연 현황

           (工高(공고) 및 工專(공전) 69년 현재)

분류 : 회사명

기타 : 한국기계, 신진자동차

내용 :

산학협력을 위한 공고 및 공전의 자매결연 현황은 다음과 같다. 인천
한독–한국기계, 인천공고–신진자동차

– 1970년 1월 14일 경향신문

제목 : 회사 돈 17億(억) 원 빼돌려

분류 : 경제범죄/회사명

기타 : 횡령/동양화학

내용 :

서울지검경제부 부장판사는 1월 13일 인천에 있는 동양화학 대표이
사 이회림 씨가 회사 재산 중 17억 원을 부정 유출했다는 혐의를 잡고
입건, 수사 중이다. 이씨는 신탁은행에서 차입한 돈을 가공의 인물과
공사 체결한 것처럼 허위서류를 꾸몄으며 산업은행과 짜고 담보 없이
정부에서 AID재정차관 14억 원을 차관받은 혐의이다.

– 1970년 1월 14일 경향신문

제목 : 工業圈域(공업권역) 전국에 擴(확)

분류 : 정책

기타 : 도시정책/산업정책

내용 :

건설부는 1월 23일 10개년 국토계획 중 산업기반구축계획 시안을 발표하면서 산업과 인구를 분산시킬 계획을 마련하였다. 현재 경인 및 부산지구에 집중된 산업 및 인구를 효율적으로 분산시켜 현재 32%를 차지하고 있는 비중을 81년에 23.9%로 억제할 예정이다. 또한 경인 임해공업단지로 인천, 아산 지역에 정유, 석유화학, 제강, 기계, 자동차, 섬유, 펄프 등 중공업혼합용산업을 신설하여 전국 17.6%에 해당하는 7,310억 원의 생산규모를 가지게 할 예정이다.

- 1970년 1월 23일 경향신문

○ 2월

제목 : 小型船舶(소형선박) 선원들 給料(급료)실태

분류 : 인천산업현황

기타 : 임금

내용 :

2월 17일 인천상의가 조사한 3차 산업 업종별 조사에 의하면 선원들의 급료가 다방 레지 외 양복점의 재봉사와 비슷한 규모를 보이고 있다. 직종별 월급액을 살펴보면 선장=1만 8천 원, 기관원=1만 5천 원, 다방 레지=1만 5천 원, 마담=2만 5천 원, 이발사=2만 3천 원, 전기공=5만 원, 재봉사=1만 7천 원 등이다.

- 1970년 2월 17일 매일경제

제목 : 아진産業(산업)수사 七億(칠억) 원 不正貸出(부정대출)
분류 : 경제범죄
기타 : 부실대출
내용 :
2월 23일 오전 서울지검은 아진산업(대표 : 고정훈)이 담보물 감정직
원과 짜고 시중 4개 은행으로부터 7억 원을 부실대출 받았다는 혐의
를 잡고 수사에 나섰다. 조흥은행, 서울은행, 한일은행, 인천지방은
행 등 시중 4개 은행이 그 대상이다.
- 1970년 2월 23일 동아일보

○ 3월
제목 : 각 부문에 不均衡(불균형) 현 全經聯(전경련)이 발표한
69년 民間(민간)경제白書(백서)
분류 : 연구
기타 : 현황조사
내용 :
전경련은 3월 4일 69년 민간경제백서를 발표하였다. 이는 현재 국내
경제에 대해 부정적인 불균형발전에 대해 문제를 제기한 것이 주요내
용이며 특히 철강공업에 대해 철강일관작업체제를 이루고 있는 업체
는 동국제강과 인천제철 2개 업체밖에 없기 때문에 생산효율에 대해
문제를 제기하였다.
- 1970년 3월 4일 경향신문

제목 : 九老(구로)·富平工団(부평공단)에 12개 업체 입주지정

분류 : 정책/회사명

기타 : 수출산업단지/대도흥산, 평화금속, 중원염직, 신성전기,

　　　 삼익물산, 우보산업, 대월부레키

내용 :

상공부에서 열린 제72회 수출산업공업단지 입주지정심의회에서는 8
개 업체를 인천수출산업공업단지 부평공업단지입주업체로 지정키로
결정하였다. 8개 업체는 대도흥산(기구류제조), 평화금속(금망류제조),
중원염직(직물 및 스웨터제조), 신성전기(전자제품), 삼익물산(악기 및
공예품), 우보산업(의류제조업), 대월부레키(차량부품)이다.

　　　　　　　　　　　　　　　　　　　 - 1970년 3월 11일 매일경제

○ 4월

제목 : 地方銀行(지방은행) 制約(제약)딛고 알찬成長(성장)

　　　 江原銀(강원은) 개점계기 살펴본 實態(실태)

분류 : 인천산업현황

기타 : 금융

내용 :

1970년 4월 3일 현재 지방은행은 대구, 부산, 충청, 광주, 전주, 제주,
인천, 강원은행 등 총 8개 은행이다. 이 중 3일 개점한 강원은행을
제외한 7개 은행의 예금액은 69년 말 총 220억 원이며 이중 인천이
2억 8,100만 원이며 전체 대출액은 120억 4,800만 원이고 이중 인천
은 1억 9,600만 원이다.

　　　　　　　　　　　　　　　　　　　 - 1970년 4월 4일 매일경제

제목 : 投資効果(투자효과) 보여 새 經協(경협) 방향제시

분류 : 정책/인프라

기타 : 외자도입/경인고속도로

내용 :

현재 우리나라는 ADB아시아개발은행으로부터 3월 말 기준 3,130만 달러의 차관을 도입하여 경인고속도로에 680만 달러, 서울, 인천, 부산 수산물 시장 내 냉동냉장사업에 700만 달러를 투입하였다.

　　　　　　　　　　　　　　　　　　 - 1970년 4월 8일 경향신문

제목 : 外資導入(외자도입) 審委(심위)

　　　　九百萬(구백만) 달러 承認(승인)

분류 : 정책/중요회사명

기타 : 외자도입/인천제철

내용 :

외자도입심의위원회는 4월 10일 외국인 투자에 대한 건과 자본재 도입계약변경건을 승인하였다. 이중 인천제철이 파나마 UDI로부터 들려온 현금차관 300만 달러의 상환기간을 당초 71년에서 72년으로 1년간 연장 승인 신청하였다.

　　　　　　　　　　　　　　　　　　 - 1970년 4월 11일 동아일보

제목 : 敷地造成(부지조성) 등에

　　　　8억 仁川輸出公団(인천수출공단)사업

분류 : 정책

기타 : 수출산업단지

내용 :

상공부는 4월 14일 총 규모 8억 6,800만 원에 이르는 인천수출산업공
단의 70년도 사업계획을 승인하였다. 이 사업계획은 제1공업단지가
1억 700만 원, 제2공업단지가 6억 8,900만 원, 운영비가 7,200만 원
으로 예정되어 있다.

– 1970년 4월 14일 매일경제

제목 : 不動産投資(부동산투자) 억제 방안

분류 : 정책

기타 : 도시정책

내용 :

정부는 지난 4월 1일을 기해 서울과 부산에 한정되었던 부동산투기억
제대상지역을 대구, 인천, 광주, 대전 등 주요도시와 고속도로 인접
지, 기타 지가변동이 심한 지역으로 확대하였다.

– 1970년 4월 27일 매일경제

○ 5월

제목 : 量産(양산) 못 따르는 鐵道輸送(철도수송)

분류 : 인프라

기타 : 인천항

내용 :

인천항의 금년계획에 따르면 무연한 28만 3천 톤, 시멘트 5만 5,300

톤, 양곡 7,300톤, 비료 1만 3천 톤, 유류 4천 톤 등 총 36만 2,600톤
을 철도로 수송할 계획이다.

- 1970년 5월 12일 매일경제

제목 : 東南海岸(동남해안)에 重化學(중화학) 공업벨트 造成(조성)
분류 : 정책
기타 : 산업정책
내용 :
건설부는 국토종합개발계획의 일환으로 대규모 공업단지건설을 추
진할 계획이다. 이중 경인임해공업단지는 중경공업 혼합지역으로서
인천–아산만 일원이며 제강, 기계, 정유, 석유, 화학, 고무, 식료품
등 7개 업종이 수용될 예정이다.

- 1970년 5월 23일 매일경제

제목 : "電力(전력)개발 적극추진"
분류 : 인프라
기타 : 전력
내용 :
박정희 대통령은 5월 29일 오후 인천 앞바다 밤섬 율도에 건설된 인
천화력발전 1호기(용량 25만kW)의 준공식에 참석하였다.

- 1970년 5월 30일 매일경제

○ 6월

제목 : 6천 9백만 弗(불) 승인 外審委(외심위), 외자도입

분류 : 정책/회사명

기타 : 외자도입/경인에너지

내용 :

외자도입심의위원회는 5월 30일 인천소재 경인에너지 정유공장시설을 일간원유처리능력 5만 배럴에서 6만 배럴로 확장하기 위한 2,800만 달러의 차관사업을 비롯하여 총 4건 6,975만 2,088달러의 자본재 도입계약 및 6건 108만 6천 달러의 외국인투자등록신청을 인가하는 것을 의결하였다.

- 1970년 6월 1일 경향신문

제목 : 바닥난 住銀(주은)·特監資料(특감자료)에 비친

　　　現實(현실) 惡化一路(악화일로) 「집없는 설움」

분류 : 인천산업현황

기타 : 주거

내용 :

4월 기준으로 현재 도시는 48.5%가, 시골은 초가집까지 합쳐도 25.8%가 무주택자로 등록되어 있다. 인천은 약 50%의 무주택자율을 보이고 있다.

- 1970년 6월 4일 동아일보

제목 : 商工部(상공부) 輸出工團(수출공단)에 3억
분류 : 정책
기타 : 수출산업단지
내용 :
상공부는 수출공단에 대한 자금지원을 강화하기 위해 중소기업은행
에서 관리해 왔던 중소기업 기존시설활용 자금회수 재원 금년도 가용
자금 3억 3천만 원을 한국수출업공단과 인천수출산업공단의 입주기
업체 운전자금으로 융자지원하기로 하였다. 인천수출산업공단에는 1
억 3천만 원이 융자될 예정이며 업체당 융자한도액은 2천만 원이다.
                                   – 1970년 6월 30일 매일경제

○ 7월
제목 : 富平(부평)에 착공 겉도는 儉素(검소)·節約(절약)구호
       外資(외자)들여 커피工場(공장)
분류 : 민간투자
기타 : 합자
내용 :
동서식품회사(대표 : 신원희)는 지난 5월 22일 미국 맥스웰하우스 커
피회사와 합작 투자 및 기술제휴 계약을 마치고 내자 3억 원, 외자
130만 5천 달러 등 총 6억 9천만 원으로 연간 2천 톤 생산규모의 커피
공장을 대지 4,700평, 건평 890평을 인천시 부평동에 착공하였다.
                                   – 1970년 7월 3일 경향신문

제목 : 새 面貌(면모) 갖추는 韓國機械(한국기계)

분류 : 회사명/염전

기타 : 한국기계공업 주식회사/매립

내용 :

한국기계공업 주식회사는 부지확장 사업을 벌여 지난 4월부터 본사
가 있는 인천의 인접해안 3만 평의 매립공사에 착수하였으며 연내 완
료할 계획이다.

－ 1970년 7월 9일 경향신문

○ 8월

제목 : 農藥對日(농약대일) 수출

분류 : 회사명

기타 : 전진산업

내용 :

전진산업에서는 동사의 인천공장에서 생산, 시판해오던 수화유황을
일본에 수출하고자 여러 번 시험수출해온 결과 30톤, 톤당 125달러인
3천 750달러를 수출하게 되었다.

－ 1970년 8월 11일 매일경제

제목 : 新規事業(신규사업) 억제방침

분류 : 정책/인프라/중요회사명

기타 : 자금지원/인천항/인천제철

내용 :

71년도 투융자 규모가 9.6% 정도 증가에 그침에 따라 정부는 신규사
업을 억제하고 기존사업만을 추진할 방침이다. 이중 인천 제2선거에
는 5억 9,700만 원, 인천제철에는 5억 원을 투융자 할 계획이다.

– 1970년 8월 26일 동아일보

○ 9월

제목 : 外審委(외심위), 外人(외인)투자 千(천) 8백만 弗(불)도
　　　 借款(차관) 千(천) 7백만 弗(불)을 승인

분류 : 정책/중요회사명

기타 : 외자도입/인천제철

내용 :

외자도입심의위원회는 인천제철(대표 : 송요찬)의 공장 보수용자재 등
기자재 도입을 위한 163만 9천 달러를 서독 데마그&룰기 사에서 거치
1년 상환 9년 6개월 연리 6.5%의 조건으로 승인하였다.

– 1970년 9월 17일 경향신문

제목 : 特定(특정)지역 綜合開發(종합개발) 재조정

분류 : 정책

기타 : 산업정책

내용 :

건설부는 각 지방 도, 군 개발계획과 함께 서울, 인천 등 특정지역종
합개발을 전국계획에 맞추도록 조정하였다. 이 계획에 따르면 서울

인천간 부평항과 서울항을 개발하여 1천 톤 급 선박이 접안할 수 있는 해운시설을 구비하고 인천에 20㎢의 중공업지와 부평지역에는 10㎢의 경공업지를 마련할 계획이다.

- 1970년 9월 30일 매일경제

○ 10월

제목 : 産銀增資(산은증자) 10억 불 입

분류 : 중요회사명

기타 : 인천제철

내용 :

재무부는 10월 13일 산업은행의 증자금 10억 원을 현금출자하였다. 이 자금은 산은이 인천제철에 대한 출자금으로서 전체 동사의 대출원리금 상환에 쓰일 예정이다.

- 1970년 10월 14일 매일경제

제목 : 仁川製鐵(인천제철) 용광爐(노) 밑바닥 녹아
　　　　職工(직공) 10명 死亡(사망)

분류 : 중요회사명

기타 : 인천제철

내용 :

10월 29일 새벽 1시 40분경 인천시 동구 송현동 1 인천제철주식회사 제2공장 광석용광작업에서 전기용광로 밑바닥이 녹아 쇳물이 30t가량 쏟아져 내리는 바람에 직공 10명이 사망하고 8명이 중경화상을 입고 입원 중이다.

- 1970년 10월 29일 동아일보

○ 11월

제목 : 李建設(이건설) "올해 災害(재해) 81%復舊(복구)

　　　　湖南高速路(호남고속로)는 年內(연내)에 完工(완공)"

분류 : 인프라

기타 : 경인고속도로

내용 :

건설부에서는 고속도로의 안전운행을 위해 서울 인천 간 전 노선을
더 포장하고 중앙분리대에 가드레일을 세우며 도로 양쪽에는 와이어
를 설치하였다고 밝혔다.

- 1970년 11월 20일 동아일보

○ 12월

제목 : 가발工場(공장) 기숙사에 불 被害千萬(피해 천만) 원

분류 : 회사명

기타 : 반도상사

내용 :

12월 20일 새벽 4시 55분 인천시 북구 효성동 인천수출산업공단 내
가발기술업체인 반도상사(대표 : 구자경) 부평공장기숙사에 불이 나 7
시 30분경 진화되었다.

- 1970년 12월 21일 동아일보

3) 신문 기사에 나타난 1961~1970년 시기의 인천 산업 분석

〈그림 2-10〉 1961~1970년 시기 중앙지 기준 인천 산업으로 찾은
기사 내용 분류별 빈도분석 결과

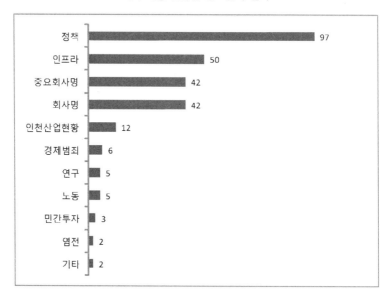

○ 기사 내용 분류별 빈도분석

1961~1970년 신문 기사를 살펴본 결과 전체 267개 분류 데이터 중 가장 많은 빈도를 차지하고 있는 정책분야는 97개로 36.3%를 차지하고 있다. 이 시기 국내 경제는 앞서 설명한 바와 같이 국가가 주도하는 경제구조를 이루고 있었으며 지역 또한 정부주도의 산업구조로 개편되었다는 것을 단적으로 보여준다. 두 번째는 50회, 18.7%를 차지하고 있는 인프라이며 1950년대에 매우 적었던 인프라는 60년대에 들어 상당수가 정비되고 이를 바탕으로 산업이 크게 신장하였다는 것

을 의미한다. 그 다음으로는 각각 42회, 15.7%를 차지하는 회사명과 중요회사명이 있으며 중요회사명은 인천중공업, 인천제철 등이 존재한다. 이후부터 인천경제전반을 설명하는 데 인천산업현황 분석이 중요하였으며 이는 인천경제를 통계적으로 조사하는 시스템이 만들어졌음을 의미한다.

○ 정책, 회사명 – 국가주도형 성장체제

UN에서 기초를 수립하여 1962년부터 1966년까지 이루어진 1차 경제개발 5개년 계획의 성장목표를 맞추기 위해 군사정부는 초기인 1차 연도의 재정 투융자를 1차 산업에 집중시킴으로써 1차 상품 목표생산을 증액하는 한편 2차 산업, 3차 산업분은 삭감하였으며 영농자금을 늘리는 등의 활동을 하였다. 그러나 예상외로 2차 산업이 크게 신장함으로서 이후로는 목표를 바꾸어 2차 산업에 대해 예산을 배정하였다. 이를 토대로 1964년 1억 달러 달성을 기념하여 수출의 날을 지정 하는 등 고무적인 성과가 이루어졌다. 인천 또한 초기에는 축산과 수산업 등의 목표를 정하고 이를 토대로 자금을 일부 배정하였으나 다른 시도와는 달리 인천제철과 인천중공업을 기반으로 하는 중공업 위주의 차관을 우선 배정 받는 등 2차 산업 위주 성장을 꾸준히 지원받았다. 특히 인천중공업을 합병한 인천제철에 대한 투자는 특혜 중에서도 유례없는 엄청난 지원이었는데 1965년 전체 차관 6,398만 달러 중 약 1/6에 해당하는 1,324만 달러를 인천제철에 배정함으로서 일반적으로 1970년대에 시작하였다는 중공업 육성정책과는 궤를 달리한다.

이러한 인천의 공업육성책은 60년대 후기로 갈수록 더욱 증가되어

1968년에 완공되는 수출산업단지의 기업들을 살펴보면 이미 60년대
에 기계제품 및 전자제품을 주력으로 하는 중공업 기업이 섬유, 가발
등 경공업 기업과 비슷하거나 오히려 많은 형태를 보임으로서 이미
60년대에 인천의 산업구조가 중공업 중심으로 고도화되고 있다는 것
을 알 수 있다. 이 시기부터 시작된 중화학공업을 위주로 하는 산업고
도화는 현재 인천의 산업구조를 형성하게 된 근간이 되었다.

〈그림 2-11〉 인천공착장(1970)

자료 : 행정안전부 국가기록원 자료 CET0033998

○ 인프라 - 경인고속도로, 인천항 등 대형 프로젝트의 시작

1960년대 인천의 인프라는 항구를 기반으로 발달하였다. 앞서 살
펴본 바와 같이 1960년대는 국가적으로 매년 수출이 40%로 증가하는
급격한 성장을 보이고 있었다. 부산을 비롯한 남동단지가 존재하기

는 하였으나 대다수의 제품은 서울을 비롯한 수도권에서 생산되었으며 이에 따라 수도권에서 제일 가까운 대형 항구인 인천항에 대한 물동량이 크게 증가하였다. 따라서 서울에서 인천항까지 고속도로가 필요하였으며 보다 많은 양의 물품을 수출하기 위해 인천항을 정비할 필요가 있었다. 인프라 뉴스에서도 경인고속도로가 10건, 인천항이 13건으로서 약 50%의 비중을 차지하고 있다.

경인고속도로는 1967년 3월 24일 착공되어 1차로 서울-가좌간 23.5㎞가 1968년 12월 21일에 완공되고, 이어 포장 공사가 미뤄졌던 가좌-인천 용현동 간 6㎞가 1969년 7월 21일 개통되어 완공되었다. 이 계획은 66년 11월에 처음으로 발표되었으며 AID차관을 통해 자금을 조달하여 삼안산업에 의해 시작되었으나 경인도로공단이 만들어지고 현대건설, 대림산업, 삼부토건 등 3개 업체가 중심이 되어 아세아 개발은행의 자금을 추가로 지원받아 빠르게 진행되었다.

인천항 준설사업 또한 경인고속도로와 병행하여 공사가 이루어졌으며 AID차관 등이 투입되었다. 또한 재원마련을 위해 42억의 수익채권을 발행하여 30억을 투자재원으로 하는 등의 재원마련도 이어졌다. 그러나 1969년에 해사행정특별 심의위원회에 의해 문제가 제기되는 등의 문제도 불거졌다.

이 외에도 인프라에서는 전력, 철도, 상수도 등의 사업이 있었으며 상수도를 제외한 전력과 철도는 민수보다는 산업용에 비중을 두고 진행되었다.

〈그림 2-12〉 경인고속도로기공식(1967)

자료 : 행정안전부 국가기록원 자료 CET0031459

〈그림 2-13〉 서울-인천, 서울-수원 간
고속도로 개통기념 구조물(1968)

자료 : 행정안전부 국가기록원 자료 CET0070505

〈그림 2-14〉 인천항 제 2도크 공사 현장(1967)

자료 : "사진으로 보는 인천 시사" 인천광역시사편찬위원회 2013.

○ 중요회사 - 인천중공업, 인천제철

1960년대 인천시 산업에서 가장 중요한 두 회사는 인천중공업과 인천제철이다. 인천중공업은 1941년에 설립된 조선이연금속을 모태로 하는 회사로 해방 이후 대한중공업으로 이름이 바뀌었고 업무의 효율을 위해 본사를 인천으로 두는 인천중공업주식회사법이 62년 8월 1일 설립되어 인천중공업이라는 이름으로 변경되었다. 인천제철은 64년 설립 후 70년 4월 인천중공업을 흡수합병 한 후 산업은행과 정부의 지원을 받아 오다 1978년에 현대그룹에 인수되었다. 특이한 점으로는 60년대에는 인천중공업의 새로운 기술과 생산량에 대한 정보가 많은데 비해 70년대 흡수합병 후에는 인천제철의 부실경영, 용광로 폭발 등의 사건사고, 산업은행과 국가의 일방적인 지원 등 부실기업의 징표들이 두드러지고 있다는 것이다.

〈그림 2-15〉 대한중공업사(1962)

자료 : 행정안전부 국가기록원 자료 CET0035349

〈그림 2-16〉 인천제철 제1공장 준공식(1970)

자료 : 행정안전부 국가기록원 자료 CET0025000

3. 1971~1980년 인천 산업의 역사

1) 1971~1980년 인천과 국가경제

○ 1971~1980년 70년대 인천의 개요

1970년대 인천시의 인구는 71년 67만 1천명에서 79년 104만 4천명으로 크게 증가하였다. 연평균 5.7%의 증가율로서 60년대보다는 감소하였으나 매년 증가하여 77년에는 5.3%, 78년에는 7.2%, 79년에는 11.5%로서 증가세가 둔화되는 국가와 달리 증가율이 매년 높아졌다. 70년대 도시계획의 역점사업이었던 수도권 인구분산정책이 그다지 효과가 없다는 것을 알 수 있으며 녹지지역을 확대하는 계획 또한 인구분산에 큰 영향을 끼치지 못하였다.

〈그림 2-17〉 70년대 인천광역시 인구

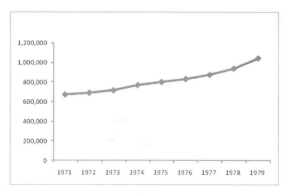

자료 : 국토지리원 내부자료

인천의 도로, 철도 등 사회간접자본, 즉 SOC의 면적 비율을 살펴보면 71년 3.44%에서 79년 4.93% 증가하였다. 경기도는 72년 0.75%에

서 79년 1.68%로 증가하여 인천시의 증가율보다 높았으나 전체적인
비율을 보면 인천시가 상당히 많은 도로와 철도를 보유하고 있음을
알 수 있다. 이는 인천이 산업도시라는 점과 서울 등지로 이수출이
상당히 많다는 것을 의미하며 이는 2000년 이후에도 그대로 나타난다

〈그림 2-18〉 70년대 인천광역시 SOC 면적비율

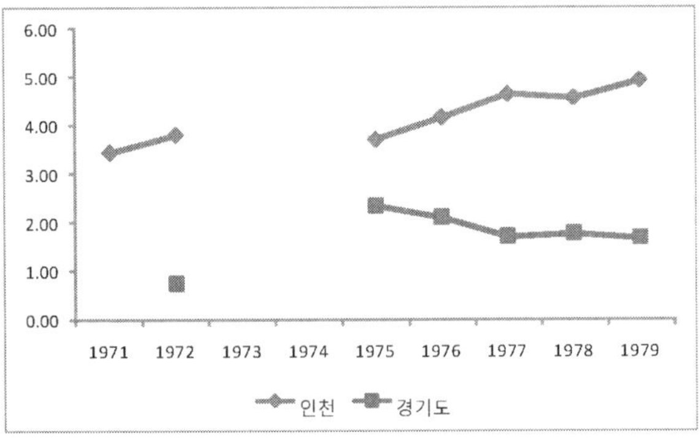

자료 : 국토지리원 내부자료

인천의 염전면적은 해가 갈수록 낮아지는 추세를 보인다. 염전은
갯펄에 논과 같이 사각형 모양의 얕은 가두리를 만들어 바닷물을 들
이고 여러 날 동안 햇볕과 바람에 증발시켜 천일염을 생산하는 구조
를 가지고 있다. 과거 인천 산업에서 비교적 큰 비중을 차지하였던
염전을 살펴보면 1970년 15.1%를 차지하였으나 1979년 2.68%로 크
게 감소하였다. 이렇게 염전이 감소하였다는 것은 염전과 갯벌을 육
지로 만들어 이를 공업용지 등으로 사용하는 것을 의미한다. 주안지
구 또한 염전을 매립하여 만들었으며 이러한 정부차원 매립과는 별도
로 한진그룹 등의 민간 기업에서도 갯벌을 매립하여 땅으로 만드는

등의 사업을 추진한 것을 확인할 수 있다.

〈그림 2-19〉 70년대 인천광역시 염전면적

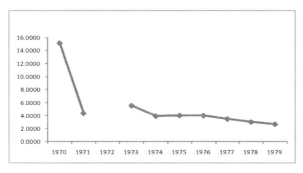

자료 : 국토지리원 내부자료

당시 인천의 염전은 줄어드는데 공장용지의 비율은 상승하고 있다. 1976년 0.04%를 차지하던 공장용지는 1979년 2.61%로 6배 이상 증가하였으며 이는 해가 갈수록 더욱 증가하는 추세를 보이고 있다.

〈그림 2-20〉 70년대 인천광역시 공장면적비율

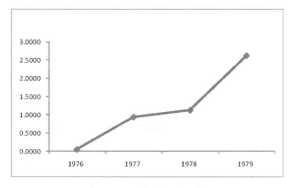

자료 : 국토지리원 내부자료

도로포장비율은 1971년 62.0%에서 1979년 88.5%로 인천시내 거의
모든 도로가 포장이 되었다는 것을 의미한다. 60년대에는 중앙정부
주도로 경인고속도로 등을 건설하는 동시에 연결되는 주변 도로를 포
장하였다는 것을 알 수 있다. 그런데 70년대 후반으로 갈수록 인천시
가 직접적으로 주도하여 산업도로를 확장하고 육교를 건설하는 등의
지방정부 주도의 공사를 벌인 것으로 확인할 수 있다.

〈그림 2-21〉 70년대 인천광역시 도로포장비율

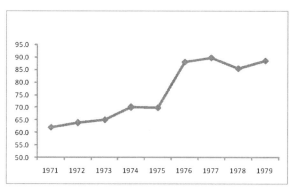

자료 : 국토지리원 내부자료

○ 제3차 경제개발 5개년 계획 – 중화학공업으로의 이행

1972~1976년에 이루어진 제 3차 경제개발 5개년 계획의 골자는 중
화학공업 육성책이었다. 80년대 이후 대한민국을 견인하는 중공업
등에 대한 집중투자를 본격적으로 시작하였는데 수요와 산업연관효
과를 고려하여 6개 핵심부문을 순차적으로 개발하겠다는 것이 골자
였다. 그러나 대기업에 집중되는 산업구조와 금융의 미발달과 함께
노동집약적 중공업으로 이행되어 기형적인 노동구조가 만들어졌으

며 낮은 부가가치를 보이는 중공업을 선택하게 되었다.

 인천도 이와 마찬가지로 노동집약적인 산업화가 이루어졌으며 다른 지역보다 먼저, 그리고 공고한 형태의 구조화가 이루어졌다. 이러한 역사는 현재 인천의 주력산업인 2차 산업이 계속 유지되고 있으며 또한 50%가 채 안되는 낮은 부가가치율을 보이고 있는 원인이 되고 있다.

2) 신문 기사에 나타난 1971~1980년 시기의 인천 산업

▨ 1971년

○ 1월

제목 : 4大江流域(대강유역) 개발 本格化(본격화)

분류 : 정책

기타 : 산업정책

내용 :

대통령은 7개 경제시책을 설명하고 4대 강 유역개발을 위해 220억 원을 투입하여 이를 진행할 예정이다. 또한, 1971년 수출액 목표 13억 5천만 달러를 위해 마산, 구로동 제3단지 및 인천 제2단지 조성사업비 22억 원을 확보하고 수출지원 금융을 달러당 240원에서 260원으로 인상했다고 설명하였다.

          - 1971년 1월 12일 매일경제

제목 : 全國(전국) 10곳에 醫務室(의무실)

분류 : 정책

기타 : 복지

내용 :

노동청은 영세기업근로자들에게 실비로 의료혜택을 주기 위해 서울

을 비롯, 부산, 인천, 대구, 광주, 대전 등지에 총 10개의 의무실을

설치하기로 하였다. 이는 정부보조 2,800만 원과 대한산업보건협회

수익금 3,750만 원을 출자하였으며 공동진료소에는 의사, 간호사, 보

조원, X선기사 총 4명이 상주하게 될 예정이다.

　　　　　　　　　　　　　　　　　　- 1971년 1월 21일 매일경제

○ 2월

제목 : 業界(업계)살롱

분류 : 회사명

기타 : 뉴코리아 전자공업 Co.

내용 :

뉴코리아 전자공업 Co.는 1월 30일 경기도 인천시 북구 효성동 316의

3 인천수출산업공단으로 사무실을 이전하였다.

　　　　　　　　　　　　　　　　　　- 1971년 2월 1일 매일경제

제목 : 大京物産(대경물산) 등 取消(취소)

　　　　輸出公団入住(수출공단입주)

분류 : 정책/회사명

기타 : 수출산업단지/태평특수섬유

내용 :

상공부는 2월 6일 인천수출산업공단 입주업체인 대경물산에 대해 공단입주지정을 취소하였으며 인천수출산업공단 부평공업단지 입주업체로 태평특수섬유(대표 : 박용학)을 지정하였다.

— 1971년 2월 6일 매일경제

제목 : 生産量(생산량)을 감축 三元纖維計劃(삼원섬유 계획) 승인

분류 : 정책/회사명

기타 : 수출산업단지/삼원섬유

내용 :

상공부는 인천수출산업공단 입주기업체인 삼원섬유의 사업계획을 변경 승인하였다. 변경된 내용은 원료반입계획을 139만 2,098달러로 변경하였으며 생산계획을 연간 내의 12만, 니트와 셔츠 2만 1천, 편물제 의류 12만 1,800개를 생산하여 전량 수출할 계획이다.

— 1971년 2월 6일 매일경제

제목 : 年利(연리) 8% 財政(재정)자금 百(백)53億貸下(억 대하)

분류 : 정책/인프라

기타 : 자금지원/상수도시설

내용 :

정부는 연내 산업은행을 통해 총 153억 5,600만 원의 재정자금을 대하할 계획이다. 이중 차관상수도 건설을 위해 인천에는 8천만 원을

배정하였다.

- 1971년 2월 20일 매일경제

제목 : 仁川製鐵(인천제철) 年産(연산) 40萬(만) 톤 目標(목표)
분류 : 중요회사명
기타 : 인천제철
내용 :

인천제철(대표 : 송요찬)은 현재 부실상태에 있는 회사의 정상가동을 위해 단기방안을 마련하여 오는 73년부터 흑자를 내도록 하고 75년에는 연 생산능력 14만 톤을 40만 톤으로 확대하기로 하였다. 이를 위해 올해 운영자금부족액 19억 원을 정부지원으로 해결하며 올해 상환해야 할 외채원리금 약 1천만 달러 역시 정부지원으로 해결할 방침이다.

- 1971년 2월 25일 매일경제

○ 3월
제목 : 保稅倉庫設營(보세창고설영) 두 번째로 승인
분류 : 회사명
기타 : 인성산업Co.
내용 :

지난 1월 관세청은 인천세관이 신청해 온 251평 규모의 인성산업Co. 보세창고(대표 : 이원환, 인천시 남구 숭의동 228-6)의 설영(신규특허승인을 받아 보세구역 내에서 영업을 영위하는 것)을 승인하였다.

- 1971년 3월 18일 매일경제

제목 : 게시판

분류 : 정책

기타 : 수출산업단지

내용 :

상공부는 인천수출산업공단 이사장에 김인주 씨(청와대 경호실 차장)
을 임명하였다.

– 1971년 3월 25일 동아일보

○ 4월

제목 : 中央職業訓鍊院(직업훈련원) 개원

분류 : 정책

기타 : 직업훈련

내용 :

중앙직업훈련원의 개원식이 4월 8일 오전 10시 30분 경기도 인천시
북구 구산동에서 국무총리 등과 주한외국공관장, UNDP(국제연합개발
계획), ILO(국제노동기구) 관계관들이 참석한 가운데 개최되었다. 중앙
직업훈련원은 내자 5억 4,400만 원과 외자 68만 6천 달러를 들여 조
성되었으며 71년부터 매년 4천 140명의 인력을 배출하게 될 예정이다.

– 1971년 4월 8일 매일경제

제목 : 朴大統領(박대통령) 참석 京仁電鐵(경인전철) 기공식

분류 : 인프라

기타 : 철도

내용 :

경인전철선 기공식이 4월 7일 오후 3시 대통령 등이 참석한 가운데 인천 공설운동장에서 거행되었다. 총공사비 181억 원을 투입하여 완공된 경인선은 내년 말까지 준공될 예정이며 2~2.5km 간격으로 역을 만들 예정이고 1일 수송능력은 140만 명으로 계획되어 있다.

- 1971년 4월 8일 매일경제

제목 : 輸出(수출)전환 業体(업체) 올 目標(목표) 17%달성

분류 : 인천산업현황

기타 : 수출

내용 :

1/4분기 중 중소기업수출전환 925개 업체가 총 6,936만 2천 달러를 수출하여 목표인 4억 달러에 대한 17.3%의 실적을 나타냈다. 인천공단은 2,600만 달러 계획 중 38만 8천 달러를 수출하였다.

- 1971년 4월 21일 매일경제

○ 5월

제목 : 綜合製鐵分(종합제철분)만 7千(천) 9百萬弗(백만 불)
　　　　外資(외자) 8千(천) 8百萬弗(백만 불) 도입認可(인가)

분류 : 정책/인프라

기타 : 외자도입/전력

내용 :

외자도입심의위원회는 5월 7일 총 8,867만 8,716달러의 외자도입건

및 기술도입을 승인하였다. 이중 한국전력에서는 인천화전 3호기 건설을 위해 미국 수출입은행과 맨 트러스트사를 통해 3,195만 달러를 5년 반 거치 10년 상환 연리 6%로 요청하였으며 313MW 규모의 화전을 76년 4월에 완공 예정이다.

— 1971년 5월 8일 경향신문

제목 : 裁縫機(재봉기)전문 第一製針(제일제침) 등 25공장
분류 : 정책/회사명
기타 : 산업정책/인천정밀
내용 :
5월 19일 상공부는 재봉기공업의 중점육성을 위해 추진 중인 부품전문계열화 업체로서 25개 공장을 지정 공고하였다. 인천정밀이 이에 포함되었다.

— 1971년 5월 19일 매일경제

○ 6월
제목 : 勞組(노조) 조직적 鬪爭(투쟁)기세
분류 : 노동
기타 : 쟁의
내용 :
6월 18일 금속노조경기지부(지부장 : 문익모) 간부 30여 명과 이미 결성된 신진자동차노조는 부평의 신진자동차 정문 앞에서 회사 측 노조 결성과 맞섰다. 이날 경기지부와 인천산업 선교회의 오글 선교사의

긴급요청을 받고 현지로 최용수 노총위원장이 파견되었으며 이들은
회사측 노조종업원들을 설득하고 회사측과 이야기를 개시하였다.

– 1971년 6월 19일 동아일보

○ 7월

제목 : 貿公鐵鋼業育成策(무공철강업육성책)

　　　　京仁(경인)·慶南(경남)으로 系列化(계열화)시켜야

분류 : 정책/중요회사명

기타 : 산업정책/인천제철

내용 :

무공의 조사보고서에 의하면 경남, 경인지구에 분산되어 있는 철강
공장을 포항종합제철을 중심으로 한 연합철강, 동국제강 등의 계열
화와 인천제철을 중심으로 한 일신산업, 한국제강 등의 계열화가 이
루어져야 한다고 지적하였다.

– 1971년 7월 17일 매일경제

제목 :「綜合展示館(종합전시관)」개관

분류 : 정책

기타 : 수출산업단지

내용 :

인천수출산업공단(이사장 : 김인식)은 7월 27일 수출공단 종합전시
관의 개관식을 가졌다. 이 전시관은 건평 121평에 총공사비 1,550만
원이 투입된 외화획득상품들의 상설전시관으로 공단생산품 665점을

비롯 도합 876점이 진열되어 외국 바이어들에게 선보일 계획이다.
- 1971년 7월 28일 매일경제

○ 8월

제목 : 鐵道廳(철도청) 世銀(세은), 借款(차관)공급 中斷(중단)

분류 : 정책/인프라

기타 : 외자도입/철도

내용 :

세계은행 차관에 의해 철도청이 그동안 인천공작창에서 벌여오던 신조화차제작이 철도청의 계약위반으로 중단되어 국제적 신용추락과 함께 이미 만들어진 510량의 화차제작비 15억을 자부담해야 할 처지에 놓였다. 철도제작에 낙찰된 금성산업이 철도청에 하청을 주어 철도청이 이를 제작하다 발각된 것이 원인이다.
- 1971년 8월 11일 동아일보

제목 : 2억 2천만 弗(불) 달성

분류 : 인천산업현황

기타 : 수출

내용 :

중소기업수출전환 업체가 7개월 동안 수출한 실적은 총 2억 2,575만 2천 달러를 수출하여 목표인 4억 달러에 대한 56.4%의 실적을 나타냈다. 인천공단은 2,600만 달러 계획 중 1,380만 2천 달러를 수출하여 53%의 실적을 기록하였다.
- 1971년 8월 19일 매일경제

제목 : 내년 投融資(투융자) 2천 45억 원

분류 : 정책/인프라

기타 : 자금지원/인천항

내용 :

정부는 내년 일반회계투융자를 올해보다 26.9% 증가한 2,045억 원
규모로 확정하였다. 72년 투융자산업은 신규보다는 계속사업에 치중
해 있으며 이중 인천 제2선거에 20억 원이 투입될 예정이다.

- 1971년 8월 24일 경향신문

○ 9월

제목 : 經濟人(경제인) 不正(부정) 신랄 追窮(추궁)

분류 : 회사명

기타 : 홍한비스코

내용 :

국회본회의에서는 정부에 홍한비스코는 부실 운영이면서도 인천에
많은 땅을 산 것에 대해 이를 조사 조치할 용의가 있는지 질문하였다.

- 1971년 9월 11일 동아일보

관세청 인천지방 심리분실은 9월 13일 대림산업이 지난 68년 미8군
신축공사 때 미군들로부터 고급승용차 4대와 반트럭 20대를 인수, 2
년이 지난 13일 현재까지 세관에 신고하지 않고 불법운행하고 있는
확증을 잡고 수사에 나섰다.

- 1971년 9월 13일 경향신문

제목 : 重裝備(중장비) 76대 不法導入(불법도입)
분류 : 회사명
기타 : 대림산업
내용 :
관세포탈 외제차량을 조사 중인 관세청 인천지방 심리분실은 대림산
업이 추가적으로 37대의 고급승용차와 중장비 등을 외국인 회사에서
불법으로 인수받은 사실을 포착하고 조사 중이다.

— 1971년 9월 16일 동아일보

제목 : 秋夕(추석)바람 들뜬 발길
분류 : 인천산업현황
기타 : 부도율
내용 :
최근 한국은행이 집계한 7월 부도율을 살펴보면 전국부도율은 0.42%,
서울은 0.41%인데 비해 인천은 0.59%로 지방도시의 부도율이 높은
것을 확인할 수 있다.

— 1971년 9월 28일 경향신문

○ 10월
제목 : 大統領(대통령)께 한 말씀 지방民意(민의) 紙上(지상)중계
분류 : 노동
기타 : —

내용 :

경향신문은 창간 25주년을 맞아 절실한 문제를 설문조사하였으며 이 중 부두노조인천지부쟁의부장 박영목(42)은 부두노무자들은 현행 근로기준법의 혜택을 받고 있지 못하며 근로기준법 개정이 시급하다 밝혔다.

- 1971년 10월 19일 경향신문

○ 11월

제목 : 中小企業(중소기업) 76年(년)에 14억 弗輸出(불 수출)

분류 : 정책

기타 : 수출산업단지

내용 :

상공부의 이낙선 장관은 관리체계가 분리되어 있는 수출공단의 통합관리를 구상 중에 있다 설명하고 구로동단지와 인천수출공단을 합병하여 한국수출산업공단으로 발족시킬 방침이라고 밝혔다.

- 1971년 11월 2일 매일경제

제목 : 輸出工団効率(수출공단효율)조정
　　　　貿易協會(무역협회)에서 촉구

분류 : 정책

기타 : 수출산업단지

내용 :

11월 6일 무역협회의 분석에 의하면 인천과 구로동수출공단에 있는

110개의 스웨터, 섬유, 전자, 합성수지 등의 업체들은 연관산업 혹은
기업 상호 간 기술적 연관관계나 지역적인 특수성을 살리지 못하고
단순히 외형적인 집단화에 그쳐 단지화의 효율성이나 이점을 누리지
못하고 있음을 밝혔다.

- 1971년 11월 6일 매일경제

제목 : 國監(국감) 不實(부실) 기업 整理對策(정리대책) 등 요구
        産銀(산은)
분류 : 중요회사명
기타 : 인천제철
내용 :
국회는 재무위의 산업은행 감사에서 인천제철을 비롯한 산업은행 출
자관리기업체 7개 사를 포함한 22개 관리 기업이 모두 부실기업이라
지적하였으며 연간 20억 원의 적자를 내고 있는 인천제철에 대한 여
신행위를 추궁하였다.

- 1971년 11월 10일 매일경제

제목 : 本社(본사) 政治部(정치부)기자 座談(좌담)
        무엇을 얼마나 파헤쳤나
분류 : 회사명
기타 : 경인개발
내용 :
국회 중앙감사로 인해 한강유역매립을 맡은 경인개발과 인천월미도

매립을 맡은 업체들을 조사하였는데 결론적으로 국영기업체가 민간
기업체보다 부실의 정도가 크다는 점이 밝혀졌다.

- 1971년 11월 18일 경향신문

제목 : 말썽 빚은 公團合倂(공단합병)
분류 : 정책
기타 : 수출산업단지
내용 :
한국수출산업공단과 인천수출산업공단 간의 합병에 문제가 생겼다.
인천공단 해산총회에서 나타난 문제는 인천공단의 민간출자지분과
입주기업체의 등기이전 등 사유재산에 대한 사후보장이 되어있지 않
음이 밝혀짐에 따라 계획에 차질이 예상된다.

- 1971년 11월 22일 매일경제

제목 : 國稅廳(국세청)조사 不況(불황)으로 稅收(세수) 큰 차질
분류 : 인천산업현황
기타 : 조세
내용 :
자금난 등으로 많은 업체가 위축된 경영을 하고 있음이 국세청 납세
자 동태에 의해 밝혀졌다. 인천의 제일제당은 생산중지로 인해 물품
세 1억 2천만 원이 감액되었다.

- 1971년 11월 24일 동아일보

제목 : 韓國輸出産業公團(한국수출산업공단) 理事長(이사장)
　　　 崔明憲(최명헌) 씨

분류 : 정책

기타 : 수출산업단지

내용 :

상공부의 통합방침에 따라 한국수출산업공단은 인천수출공단을 흡
수 합병하였으며 지난 24일 합병총회를 거쳐 정식 발족되었다. 이사
장에는 최명헌 씨를 선출하였다.

　　　　　　　　　　　　　　　　　　　 - 1971년 11월 26일 경향신문

제목 : 合理化委(합리화위)서 대책, 三護(삼호) 등
　　　 年內拂下(연내 불하) 은행 管理(관리) 33개 企業(기업)도
　　　 整備(정비)

분류 : 주요회사명

기타 : 인천제철

내용 :

기업합리화위사무국은 56개의 은행관리기업체 중 33개 업체에 대한
정리방안을 마련하여 인천제철 제1공장은 연구시설로 제2공장은 공
매불하 하는 방안 등을 수립하기로 하였다.

　　　　　　　　　　　　　　　　　　　 - 1971년 11월 27일 경향신문

제목 : 重工業(중공업) 四大核工場(사대 핵공장) 74年(년) 완공

분류 : 정책

기타 : 산업정책

내용 :

정부는 중공업 4대 핵심공장을 늦어도 74년까지는 모두 완공시킨다는 목표하에 건설 소요자금을 지원, 확보할 방침이다. 이중 놋쇠공장은 860만 달러를 들여와 인천 부평에 공장건설을 시작할 단계에 있다.

- 1971년 11월 29일 동아일보

○ 12월

제목 : 公害(공해) 現場(현장)을 가다 (3) 都市公害(도시공해)

분류 : 인천산업현황

기타 : 환경

내용 :

인천시의 경우 한강 하류에서 상수도 취수를 하고 있는 실정이라 공해에 대해 더욱 민감할 수밖에 없는데 한강 하류에는 대장균이 100cc당 최소 40만, 최고 160만 마리까지 나오고 있어 매우 심각한 실정이다.

- 1971년 12월 3일 동아일보

■ 1972년

○ 1월

제목 : 바다와 오염

분류 : 인천산업현황

기타 : 환경

내용 :

인천항 부두에서 기름을 옮기던 유조선이 전복되어 내항 수면을 기름 바다로 만든 사고가 일어났다. 유출된 중유 1,600드럼으로 큰 분량은 아니나 인천 앞바다에 경제적 타격이 올 것으로 예상된다.

- 1972년 1월 17일 동아일보

제목 : 各部處(각 부처)의 主要(주요)시책

분류 : 인프라

기타 : 인천항

내용 :

건설부는 새해 도시계획 정비의 일환으로 인천항 건설에 20억 원을 투입하기로 하였다.

- 1972년 1월 20일 경향신문

제목 : 革命的(혁명적)인 産業改編(산업개편)이 시급하다

　　　　새 經濟基盤确立(경제기반각립)을 위한 特別(특별) 「캠페인」

　　　　〈16〉 電力(전력)

분류 : 인프라

기타 : 전력

내용 :

한국전력은 계속사업으로 인천화력 2, 3호기 총 50만kW의 공사를 올 해 계속 추진할 예정이다.

- 1972년 1월 20일 매일경제

○ 2월
제목 : 朴(박)대통령 새마을 運動(운동) 生産(생산)·所得(소득) 잇게
분류 : 정책
기타 : 도시정책
내용 :
김태경 경기도지사는 대통령에게 보고하는 자리에서 수도권인구 분
산책에 따라 인천, 수원, 의정부, 안양 등 위성도시를 재개발할 예정
이라 밝혔다.

- 1972년 2월 1일 경향신문

제목 : 인천製鐵(제철) 등 六(육)개 管理業體(관리업체)
분류 : 중요회사명
기타 : 인천중공업/인천제철
내용 :
인천제철은 69년 부실기업정비 때 통합되었던 인천중공업과 서독 데
마그 루르기 차관시설인 구 인천제철로 다시 분리하여 중공업시설은
가동시키되 구 인천제철의 시설은 캐나다 기술진에 의뢰하여 계속사
용이 가능한지 최종점검을 추진하고 있다.

- 1972년 2월 16일 동아일보

제목 : 中共進出(중공진출) 징검다리로 整地(정지) 서둘러
분류 : 민간투자
기타 : -

내용 :

닉슨 미국대통령의 중공방문으로 미－중공 관계가 개선될 전망이 보이자 지리적 이점을 가진 한국에 미국기업의 전초기지 투자가 본격화되고 있다. 이는 국내 기업도 마찬가지이며 한진그룹(회장 : 조중훈)은 이미 인천 월미도 부근에 6만 평의 개펄을 매립해 놓았으며 인천 제2축항 옆 4만 평을 확보하는 등 10만 평을 확보하였다.

                    － 1972년 2월 29일 경향신문

○ 3월

제목 : "總和(총화)로 前進(전진)하는 遞信(체신)의 해"

분류 : 인프라

기타 : 통신

내용 :

체신부는 올해 전선 및 무전사업에 290억 9,454만 원을 투입하여 서울 － 부산, 서울 － 인천 동축반송시설 6백 회선 등 각종 전화시설을 증축할 예정이다.

                    － 1972년 3월 7일 매일경제

제목 : 財界(재계) 패트롤

분류 : 정책/민간투자

기타 : 자금지원/설비투자

내용 :

정부가 관광산업을 수출산업으로 인정, 적극지원 하겠다는 방침이

나오자 세계적인 호텔재벌들이 투자를 희망하고 있다. 이중 현재 조선호텔에 합작 투자한 아메리칸 에어라인사에서는 부산과 인천에 단독 투자키위해 호텔후보지를 물색하고 있다.

- 1972년 3월 9일 경향신문

제목 : 綿紡(면방)업계 系列化(계열화) 작업 진척
분류 : 민간투자/회사명
기타 : 설비투자/동일방
내용 :
면방직업계는 산업구조개선책을 꾸준히 진행시키고 있으며 계열화에 힘쓰고 있다. 이러한 계열화업체 및 회사별 2차 가공업계의 직기 계열화 목표량은 인천 동일방 70대 등이다.

- 1972년 3월 29일 매일경제

○ 4월
제목 : 大邱(대구)·仁川(인천)·光州(광주)·大田(대전)에도
       그린벨트 設定(설정)검토
분류 : 정책
기타 : 환경
내용 :
정부는 이미 개발제한구역(그린벨트)을 설정한 서울, 부산, 안양 – 수원 지역 외에 새로 대구, 인천, 광주, 대전 등 4개 도시도 추가할 것을 검토하고 있다.

- 1972년 4월 26일 동아일보

○ 5월

제목 : 不實(부실) 인천製鐵(제철)에 百億投資(백억 투자)

분류 : 정책/중요회사명

기타 : 자금지원/인천제철

내용 :

정부는 최근 부실기업인 인천제철(대표 : 송요찬)에 대해 100억 원의 신규 투자를 하도록 산업은행에 지시한 것으로 알려졌다. 그러나 산업은행은 산업금융채권 발행계획 300억 원에 대한 국회동의를 얻지 못해 자금부족을 겪고 있다.

- 1972년 5월 2일 동아일보

○ 6월

제목 : 京畿湾(경기만) 일대·群山(군산)·長項(장항)지역 대규모
　　　臨海工團(임해공단) 조성

분류 : 정책

기타 : 산업정책

내용 :

정부는 서울 및 인천지역의 공해방지와 산업시설의 분산을 위해 인천-반월포간을 잇는 경기만 일대와 군산장항지역에 대규모 임해공업단지를 조성할 계획이다. 6월 17일 건설부에 의하면 이는 수도권토지이용계획에 포함될 예정이며 주로 2차 제품을 생산하는 경공업을 유치하게 될 예정이다.

- 1972년 6월 17일 경향신문

제목 : 5월 勞動力(노동력) 동향
분류 : 인천산업현황
기타 : 노동
내용 :
노동청이 만든 노동시장정보에 의하면 5월 노동력 동향은 전반적으로 높은 수준을 보이고 있다. 경기지역은 주안공업단지 1차 조성공사와 인천항 제2도크 공사 등 각종 공공토목공사와 농약제조업, 제빙업체에 근로자 취업률이 증가되고 있는 현황을 볼 수 있다.

- 1972년 6월 19일 매일경제

제목 : 學系別定員(학계별정원)·副專攻制(부전공제)로
　　　 文敎部(문교부), 大學(대학)교육 改革方案(개혁방안) 발표
분류 : 정책
기타 : 직업훈련
내용 :
문화교육부는 6월 27일 각 지역 대학의 지역별 육성학과를 발표하였으며 인천의 인하대는 도시형공업인 기계, 금속, 화학, 식료품과 등을 육성한다는 것을 밝혔다.

- 1972년 6월 27일 동아일보

○ 7월

제목 : 仁川商議(인천상의) 關稅率(관세율) 조정건의

　　　　古鐵(고철)의 종류 區分(구분)

분류 : 정책

기타 : 산업정책

내용 :

인천상의는 압연용 고철과 용해용 고철을 구분하여 관세율을 조정해

주도록 재무부, 상공부, 관세청에 건의하였다. 이는 고철의 종류에

따른 수입통관에 혼선을 빚고 있는 점을 지적하였으며 이를 따로 구

분할 것을 요청하였다.

　　　　　　　　　　　　　　　　　－ 1972년 7월 27일 매일경제

제목 : 아시아硏磨工(연마공) 준공 內外資(내외자)

　　　　20만 弗投入(불 투입)

분류 : 민간투자/회사명

기타 : 합자/아시아 연마공업 Co.

내용 :

일본 나고야에 있는 일동산업과 합작으로 71년 11월에 착공한 아시아

연마공업 Co.(대표 : 조육남)은 월간 2백 톤의 연마반 원료인 아람담을

생산할 수 있는 시설을 갖추고 인천시 북구 작전동 85에 세워졌다.

생산된 아람담은 50%를 내수용, 50%를 동남아 수출용으로 배분할 예

정이다.

　　　　　　　　　　　　　　　　　－ 1972년 7월 27일 매일경제

제목 : 업체별 最終方案(최종방안) 확정 不實(부실)

　　　23업체 整理(정리)

분류 : 정책/중요회사명

기타 : 자금지원/인천제철

내용 :

기업체별 부실기업정리방안이 7월 31일 최종 확정되었다. 인천제철
은 산업합리화자금을 투입하여 산업금융채권 소화자금을 투입하여
지원해 살릴 예정이다.

　　　　　　　　　　　　　　　　　　 － 1972년 7월 31일 경향신문

○ 9월

제목 : 年內(연내) 追加(추가) 흡수키로

분류 : 인프라/회사명

기타 : 전력/동양화학

내용 :

한국전력은 자가발전 흡수에 의한 잉여전력판매촉진책으로 자가발
전 시설을 추가로 흡수할 계획이다. 추가흡수 대상인 자가발전시설
에는 인천 동양화학의 7,180kW가 있다.

　　　　　　　　　　　　　　　　　　 － 1972년 9월 22일 매일경제

○ 10월

제목 : 和信(화신), 縫製業(봉제업)에 진출

분류 : 민간투자/회사명

기타 : 합자/화신산업

내용 :

화신산업은 일본의 의류메이커인 레나운과 기술제휴를 맺어 사업을
확대할 예정이며 연내 서울을 비롯한 부산, 대전, 인천 등지에 직영
쇼핑코너를 증설하고 신사복과 아동복을 생산할 예정이다.

　　　　　　　　　　　　　　　- 1972년 10월 13일 매일경제

제목 : 國際化(국제화)하는 仁川港(인천항)

분류 : 인프라

기타 : 인천항

내용 :

인천항 제2도크 공사가 73년 말 완공을 목표로 현재 73%의 공사진척
도를 보이고 있으며 금년 말까지 80%가 완료될 전망이다. 공사가 완
료되면 현재 하역능력의 4배가 되며 총 공사비 145억, 공사기간 7년
인 이 공사는 세계에서도 6번째인 대규모 갑문공사이다.

　　　　　　　　　　　　　　　- 1972년 10월 26일 매일경제

○ 11월

제목 : 年內(연내) 10개 工場(공장) 추가

분류 : 회사명

기타 : 동양화학

내용 :

11월 4일 상공부가 마련한 중요 공장착공, 준공 계획에 의하면 올해

30개 주요공장이 이미 준공, 가동되었으며 10개 공장이 연말까지 모두 완공될 예정이다. 연내 준공완료 예정인 공장으로는 인천의 동양 화학 소다회 확장공사가 존재한다.

- 1972년 11월 6일 매일경제

제목 : 輸出戰線(수출전선) 点檢(점검) (27) 東一紡織(동일방직)

분류 : 민간투자/회사명

기타 : 설비투자/동일방직

내용 :

동일방직은 10월 말 기준 인천공장에 정방기 6만 48추, 직기 697대의 시설을 갖추고 재봉사 및 재봉가공시설을 구비하고 있다.

- 1972년 11월 23일 매일경제

■ 1973년

○ 1월

제목 : 好況(호황) 누릴 業界(업계) 〈上(상)〉

분류 : 인천산업현황

기타 : -

내용 :

지난해 하반기부터 상승기류를 타기 시작한 경기는 올해도 더욱 상승할 것으로 예상된다. 한국생산성본부와 대한상의가 예측하고 있는 상반기경기는 수출을 중심으로 발전할 것으로 예상되며 이에 따라 동국, 인천, 극동 등 KS제품생산업체들은 올해에도 내수보다 수출에 치중할 예정이다.

– 1973년 1월 5일 매일경제

제목 : 油類(유류)·공장廢水(폐수)·都市下水(도시하수)등으로
　　　 沿岸海水汚濁(연안해수오탁) 극심
분류 : 인천산업현황
기타 : 환경
내용 :
최근 우리나라 공업지구의 수질이 매우 좋지 않음을 확인할 수 있다.
67년 5월부터 72년 3월까지 5년간 울산만, 인천만 등 12개 수역에서
이루어진 수산진흥원의 조사에 따르면 인천의 동양소다회 등으로 암
모니아 및 유화물이 14ppm(기준치 0.3ppm)이 검출되는 등의 문제가
발생하고 있다.

– 1973년 1월 12일 경향신문

제목 : 朴大統領(박대통령) GNP9.5% 成長(성장) 목표
분류 : 인프라
기타 : 도로
내용 :
경제기획원장관은 GNP 성장률을 당초보다 1% 높은 9.5%로 잡았으
며 이를 위한 연중총투자규모 9,980억 원을 확정하였다. 수원-인천
간 고속도로를 비롯한 각종 고속도로 및 도로건설을 위해 6천만 달러
의 차관 또한 확보하였다.

– 1973년 1월 15일 매일경제

제목 : 朴大統領(박대통령), 交通(교통)·遞信部(체신부) 순시 차량
　　　　事故豫防(사고예방) 制度化(제도화)토록

분류 : 인프라

기타 : 통신

내용 :

체신부는 올해 장거리자동전화(DDD)시설을 확장하여 서울과 부산 간
시외전화는 모두 이를 이용할 수 있게 하고 인천도 직접 다이얼로 부
를 수 있게 하는 계획을 보고하였다.

– 1973년 1월 19일 동아일보

제목 : 不實(부실)벗을 새 出帆(출범)

분류 : 회사명

기타 : 대성목재

내용 :

인천 월미도, 만석, 용현의 세 공장과 울산메탄올공장 등 총 자산 245
억 규모의 대성목재는 과거 부실기업의 대명사였으나 정부의 조처로
인해 최근 신동아재벌 및 원풍산업, 국제약품 등의 공동 인수단에 의
해 매입되어 새 출발할 예정이다.

– 1973년 1월 31일 매일경제

○ 3월

제목 : 城南(성남)·安養(안양)·富川(부천)
　　　　성남團地(단지) 안양邑(읍) 소사邑(읍) 3市(시) 신설

분류 : 정책

기타 : 도시정책

내용 :

정부는 오는 7월 1일부터 경기도의 성남단지와 안양읍, 소사읍 등 서
울주변 3개 지역 등을 각각 성남시, 안양시, 부천시로 승격시키고 인
천 수원 의정부 등 기성 위성도시와 함께 수도권의 인구 및 산업 분산
을 꾀할 목적이다.

                 - 1973년 3월 1일 동아일보

제목 : 달라진 地方稅法(지방세법)…얼마나 물어야하나

     가구당 基本稅(기본세) 300원~2,000원

분류 : 정책

기타 : 재원마련

내용 :

지방세법의 개정으로 오는 4월 1일부터 모든 국민들은 주민세를, 고
소득층은 사치세를 내게 되었다. 신설된 주민세는 가구당 연간 기본
세 균등할당이며 서울시민은 2천 원, 부산, 대구, 인천, 광주 등 인구
50만 이상의 4개 도시민은 1천 원, 기타 30개시는 5백 원, 그리고 나
머지 국민들은 3백 원을 내야하며 여기에 소득세나 농지세의 5%를
가산, 부과하게 되어 있다.

                 - 1973년 3월 3일 매일경제

제목 : 韓國機械(한국기계) 年(연)2만 4천 臺(대) 生産(생산)

분류 : 정책/회사명

기타 : 외자도입/한국기계공업 주식회사

내용 :

주식회사 한국기계공업(대표 : 김창원)은 3월 14일 오후 3시 인천공장 부지에서 연간 2만 4천대 규모의 디젤엔진공장 기공식을 가졌다. 이는 서독의 재정차관 4천 1백만 마르크를 비롯하여 내외자금 150억 원 정도가 투입될 것으로 알려진 이 공장은 74년 6월 완공, 7월 가동 및 생산을 목표로 하고 있다.

- 1973년 3월 14일 매일경제

제목 : 商工部(상공부) 鐵筋(철근)생산 義務化(의무화)

분류 : 정책

기타 : 산업정책

내용 :

상공부는 내수용 공급이 원활하지 못한 철근 등의 제품에 생산할당을 의무화하였으며 기피할 시 강력한 제재조치를 취할 예정이다. 동국철강은 18,000톤, 인천제철은 4,600톤, 극동철강은 4,600톤, 한국철강은 4,600톤 등이 배정되었다.

- 1973년 3월 16일 매일경제

제목 : 電氣製品(전기제품) 등 輸出(수출) 밝아

　　　 10餘企業(여 기업)과 合作(합작)으로

분류 : 민간투자/회사명

기타 : 합자/협화화학공업 인천공장, 한국기계

내용 :

인천상의에 따르면 일본 크라운산업이 제조해오던 소모성 가스라이터가 한국의 협화화학공업 인천공장(남구 학익동)과 합작투자로 이달 말경부터 생산될 예정이며 한국기계도 일본 차량제조주식회사와 기술제휴로 전동차와 전기기관차, 식당차 등을 제작하기로 계약이 체결되어 있는 등 21일 현재 10여 개 외국기업들이 인천 기업체들과 합작 및 기술 제휴를 맺은 상태이다.

　　　　　　　　　　　　　　　 - 1973년 3월 23일 매일경제

제목 : 7개 業體(업체) 入住(입주)지정 大都化纖(대도화섬) 등

분류 : 정책/회사명

기타 : 수출산업단지/대도화섬, 풍우실업, 유성양행, 진흥화학,

　　　 신성사, 황금기업, 지륭산업

내용 :

공업단지관리청은 3월 29일 대도화섬, 풍우실업, 유성양행, 진흥화학, 신성사, 황금기업, 지륭산업 등 7개 기업을 인천의 수출공간 제5번 단지에 5개 업체. 제3단지 구로동에 2개 업체의 입주를 허가하였다.

　　　　　　　　　　　　　　　 - 1973년 3월 30일 매일경제

○ 4월

제목 : 7都市(도시)에 추가 그린벨트

분류 : 정책

기타 : 환경

내용 :

정부는 지난 71년 7월 서울을 시작으로 수원~안양, 인천~소사, 부산, 대구, 광주, 제주도 지역 등을 8차례에 걸쳐 총 3,094㎢을 그린벨트로 묶었으며 이는 전 국토의 3.16%에 해당한다. 현재 인천~소사 그린벨트의 넓이는 140㎢이다.

　　　　　　　　　　　　　　　　　 - 1973년 4월 14일 매일경제

○ 5월

제목 : 탈바꿈하는 仁川港(인천항)

분류 : 인프라

기타 : 인천항

내용 :

금년 말 완공될 인천항 확장공사로 5월 1일부터 개항 이래 90년간 내항의 출입구가 되어 왔던 소월미도와 제2선가 남쪽사이의 구항로가 막히게 된다. 이러한 구항로 대신 갑문을 열고 닫는 현대식 출입항로를 사용하게 되었다.

　　　　　　　　　　　　　　　　　 - 1973년 5월 1일 매일경제

제목 : 洋酒生産(양주생산) 계획 富平工團(부평공단) 내 靑洋(청양)
산업
분류 : 민간투자
기타 : 설비투자
내용 :
부평수출공단 안에 있는 인천청양산업(대표 : 권영찬)이 영국으로부터
양주 원액을 수입하여 양주를 생산할 계획이다. 생산된 양주는 80%
를 영국과 일본 등지로 수출하고 나머지 20%는 국내에서 시판할 예
정이다.

- 1973년 5월 5일 매일경제

제목 : 〈市況(시황)〉 重厚鋼板(중후강판)값 강보합세 함석도
      在庫(재고) 달려 騰勢(등세)
분류 : 회사명
기타 : 한국플래스틱Co.
내용 :
합성수지인 PVC레진을 생산하는 한국플래스틱Co.는 인천, 부안 2개
공장에서 카바이드 법에 의한 풀가동으로 자가소비중이다. 이에 쓰
이는 염산은 시중현물이 부족하여 순도 35%가 톤당 1만 원을 호가하
는 실정이다.

- 1973년 5월 8일 매일경제

제목 : 輸出公団(수출공단)서 仁川非鐵團地(인천비철단지) 흡수
분류 : 정책/염전
기타 : 수출산업단지/매립
내용 :
정부는 공업단지운영개선방안의 하나로 인천시에 있는 주안지구 염
전 9만 7천 평을 매립한 비철금속단지를 한국수출산업공단으로 흡수
시켜 제6단지로 조성, 일반 수출업체를 입주시킬 방침이라고 한다.
　　　　　　　　　　　　　　　　　　－ 1973년 5월 12일 매일경제

제목 : 輸出(수출)단지 滿員(만원)상태
분류 : 정책
기타 : 수출산업단지
내용 :
한국수출산업공단이 조성한 각 단지의 입주청약업체가 날로 늘어나
새로운 단지확장이 요구된다. 현재 5개 단지의 입주업체는 모두 271
개 업체로서 1, 2, 4단지는 물론이요 새롭게 조성한 인천의 5단지도
51개 업체가 청약을 완료함으로써 더 이상의 여유가 없는 실정이다.
　　　　　　　　　　　　　　　　　　－ 1973년 5월 18일 매일경제

제목 : 韓銀(한은), 資金(자금)도 15억으로 增額(증액)
　　　　66개로 대폭확대
분류 : 정책
기타 : 자금지원

내용 :

한국은행은 농어민소득증대와 지역 간 산업의 균형발전을 위해 지방
산업육성자금 지원대상업종과 지원자금규모를 확대 개편할 예정이
다. 인천지점은 선구 및 어망, 천일염, 민속도자기, 제빙, 화초원예,
완초공예품제조 등이 융자업종 대상이다.

- 1973년 5월 30일 매일경제

○ 6월

제목 : 大邱(대구)·大田(대전)·仁川(인천)·光州(광주)등

八大都市(팔대도시) 내달 새 生活(생활)센터 開設(개설)

분류 : 정책

기타 : 복지

내용 :

정부는 오는 7월 1일부터 대구, 인천, 대전, 광주, 전주, 춘천, 청주,
제주 등 8대 지방도시에 생활센터(소비자 고발센터)를 설치 운영하기
로 결정하였다. 현재 서울과 부산 2개 도시에서 운영하던 생활센터를
8개 도시 48개소로 증가시킬 계획이다.

- 1973년 6월 5일 동아일보

제목 : 輸出産業公團(수출산업공단) 仁川(인천) 제6團地(단지) 확장

분류 : 정책

기타 : 수출산업단지

내용 :

한국수출산업공단은 새로운 단지확장계획에 따라 인천의 제5단지 및 인천비철금속단지를 흡수하여 조성 중인 제6단지를 확장하기로 결정하고 추가예산 4억 원을 요청하였다. 제6단지는 9만 7천 평에서 12만 평으로 대폭 확장할 계획이다.

- 1973년 6월 14일 매일경제

제목 : 「工業立國(공업입국)」에 박차 - 韓國(한국) 텔렉스
　　　　GM重機(중기)공장 출범 意義(의의)
분류 : 민간투자/회사명
기타 : 합자/한국텔렉스 GM중기 공업주식회사
내용 :

6월 15일 김창원 한국기계 사장과 조지 M 페리 GM해외회사 부사장은 한국텔렉스 GM중기 공업주식회사의 합작투자에 서명하여 국내 최초의 중공업 기계공장이 세워질 계획이다. 한국텔렉스 GM중기 공업주식회사는 한국기계와 GM이 각각 350만 달러를 투자하여 연간 350대의 각종 중기계를 생산할 예정이며 인천의 현 한국기계 인천공장부지내에 세워질 예정이다.

- 1973년 6월 19일 매일경제

○ 7월
제목 : 財界短信(재계단신)
분류 : 회사명

기타 : 동양나일론

내용 :

동양나일론(대표 : 조석래)는 사세신장에 힘입어 인천 송도에 풀장 및 휴양소 등을 설치하였다.

- 1973년 7월 3일 매일경제

제목 : 不良電氣用品(불량전기용품) 세조업체

분류 : 회사명

기타 : 남영전업, 대영전업, 신포전기, 창전사

내용 :

불량전기용품 제조업체에 인천의 남영전업(스위치, 콘센트부저), 대영전업(소켓전기회로), 신포전기(차임벨), 창전사(형광등용 전기) 등이 판매금지 된 부정전기용품을 판매하여 결정되었다.

- 1973년 7월 28일 매일경제

제목 : 日合作(일합작)으로 鑄物業界(주물업계) 긴장

    土産品(토산품), 직접 輸出品目(수출품목)으로 각광

분류 : 민간투자/회사명

기타 : 합자/원풍, 만화주물

내용 :

원풍은 부실상태에 빠진 만화주물을 인수하여 최근 일본 측과 합작투자를 계획하고 있다. 만화주물은 흡수 합병되어 원풍산업 인천주물공장으로 이름을 바꾼 상태이다.

- 1973년 7월 31일 경향신문

○ 8월

제목 : 工場(공장)서 날아온 황산개스 등에 밭일 婦女(부녀)
　　　 10명 卒倒(졸도) 미원상사 仁川(인천)공장

분류 : 회사명

기타 : 미원상사 인천공장

내용 :

8월 9일 정오 주안서부 2동 산52에서 이웃 유황가공공장인 미원상사
인천공장(대표 : 김진박)에서 날아온 유황가루 및 황산가스에 중독되
어 10여명이 치료를 받고 있다. 이 공장은 72년 확장된 이래로 이러
한 문제가 다수 나타나고 있다.

　　　　　　　　　　　　　　　　　　 - 1973년 8월 15일 동아일보

제목 : 財界短信(재계단신)

분류 : 정책/회사명

기타 : 수출산업단지/대흥공업

내용 :

대흥공업이 인천 한국수출산업공단 제5단지에 공장을 건설하였다.

　　　　　　　　　　　　　　　　　　 - 1973년 8월 31일 매일경제

○ 9월

제목 : 財界短信(재계단신)

분류 : 민간투자

기타 : 설비투자

내용 :

반도산업사(대표 : 애니 최)는 인천에 연건평 459평 규모의 공장건설
에 착수하였다.

- 1973년 9월 13일 매일경제

○ 10월

제목 : 輸出産業公団(수출산업공단) 仁川機械工團地

　　　(인천기계공단지) 흡수로 제7團地造成(단지조성) 계획

분류 : 정책

기타 : 수출산업단지

내용 :

한국수출산업공단은 17만 7천 평 규모의 인천기계공단지를 흡수하여
제7단지로 조성할 계획이다. 현재 인천시가 조성한 기계공업단지는
낮은 입주실적을 보이고 있으며 이를 타개하기 위해 현 5만 4천 평
미착공 지역에 9만 9,400평의 대지를 추가할 예정이다.

- 1973년 10월 8일 매일경제

제목 : 縫製(봉제)공장 설립확정 和信(화신)산업,

　　　日社(일사)와 51 對(대) 49 합작

분류 : 민간투자/회사명

기타 : 합자/화신산업

내용 :

화신산업(대표 : 박흥식)은 일본의 봉제품 메이커인 레나운 회사와 합

작으로 세울 남구 학익동에 봉제공장 계획을 마련하였으며 외심위를 통과하였다. 화신산업이 127만 5천 달러, 레나운사가 85만 달러, 구라레사가 37만 5천 달러를 투자할 공장은 연간 니트드레스 220만 200매, 상의 10만 5백 매 등 모두 916만 3,200달러 상당을 생산, 전액 수출할 예정이다.

- 1973년 10월 25일 매일경제

제목 : 商工部(상공부) 內裝(내장)타일 工場(공장) 신설
분류 : 정책/회사명
기타 : 자금지원/극동건설 타일공장
내용 :
상공부는 극동건설이 인천 부근에 세우려고 구상 중인 대규모 내장타일 공장에 대해서 관계부처와 협의하여 소요자금의 일부를 지원할 계획이다.

- 1973년 10월 31일 매일경제

○ 11월
제목 : 財界短信(재계단신)
분류 : 노동
기타 : -
내용 :
인천상의는 11월 9일에 노사문제 세미나, 23일에 노동문제 세미나를 개최할 예정이다. 강사는 노사문제연구소 소장 박청산 씨다.

- 1973년 11월 7일 매일경제

제목 : 財界短信(재계단신)

분류 : 민간투자/회사명

기타 : 합자/세창 TK제도

내용 :

주식회사 세창 TK제도(대표 : 김종호)는 일본인 가토 호시가미 씨와
합작으로 인천에 도작기제의 완구 및 장식용 식기류 제조공장을 건설
할 계획이다.

- 1973년 11월 29일 매일경제

○ 12월

제목 : 일부업체들 操短(조단) 富平(부평)

　　　수출工団(공단) 유류난으로

분류 : 인천산업현황

기타 : -

내용 :

유류난으로 인천지방의 생산 공장들이 가동을 중단하는 등의 상황이
벌어지고 있다. 부평수출공단 내 49개 업체 중 15개 업체가 조업중지
및 단축위기이며 대성목재와 간석동 소재 경기판지회사도 조업단축
과 중단 중이다.

- 1973년 12월 4일 매일경제

제목 : 새로운 「跳躍(도약)기틀」 仁川製鐵(인천제철)의
　　　　電氣爐(전기로) 준공
분류 : 중요회사명
기타 : 인천제철
내용 :
인천제철(대표 : 송요찬)의 40톤급 전기로 2호기가 20일에 준공되었
다. 이로써 단순계산으로 생산능력이 연간 12만 톤에서 30만 톤으로
2.5배 증가하였으며 숙련도와 설비확장성을 감안할 때 최대 42만 톤
에 이를 수 있을 것으로 기대하고 있다.
　　　　　　　　　　　　　　　　　- 1973년 12월 22일 매일경제

◢ 1974년
○ 1월
제목 : 오늘부터 달라졌다 -우리 生活(생활)에 미치는 갖가지 일들 -
분류 : 정책
기타 : 산업정책
내용 :
1974년 1월 1일부터 서울, 부산에 이어 대구, 인천, 대전, 청주, 전주,
광주, 춘천, 제주 등 8개 지역으로 가격표시제실시 대상 지역이 확대
된다.
　　　　　　　　　　　　　　　　　- 1974년 1월 1일 매일경제

제목 : 仁川(인천)등 8곳 선정

분류 : 정책

기타 : 산업정책

내용 :

정부는 기존 중화학공업기지 이외 인천, 영해, 완도, 목포 등 8개 지구를 신규산업기지 대상지로 선정하고 지층탐사, 수심측량, 지질도사, 항측 등 정밀조사에 착수하였다.

- 1974년 1월 19일 매일경제

○ 2월

제목 : 第(제)6団地分讓(단지 분양) 손쉬울 듯

　　　輸出公団(수출공단) 롯데電子(전자)는 入住(입주) 끝내

분류 : 정책/회사명

기타 : 수출산업단지/롯데전자공업

내용 :

2월 2일 수출공단 인천사업소에 의하면 제6단지에 지난 1월 15일 공해방지 메이커인 롯데전자공업(대표 : 신격호)이 입주지정을 받고 1만 평의 대지를 분양받았으며 한국 야마하사가 1만 평을 청약하는 등의 청약추세를 보이고 있다.

- 1974년 2월 2일 매일경제

제목 : 仁川(인천)에 製靴(제화)공장
분류 : 민간투자/회사명
기타 : 합자/금강제화 합자투자공장
내용 :
금강제화(대표 : 김동신)는 일본의 오다후쿠산업과 합작으로 구두 제
조합작투자공장을 인천수출공단 내 설립할 예정이다. 발표에 의하면
합작비율은 50:50으로서 각각 10만 달러를 투자하여 연간 132만 개
의 구두류를 생산하여 전량 수출할 계획이다.
- 1974년 2월 13일 매일경제

제목 : 保社部(보사부), 重金屬(중금속) 배출 公害(공해) 막게
     水銀(수은)·카드뮴 등 規制條項(규제조항) 서둘러
분류 : 정책
기타 : 환경
내용 :
보건사회부는 2월 28일 수은, 카드뮴, 납, 구리 등 중금속배출기준을
마련하여 공장에서 나오는 공해를 막기로 하였다. 이 조치는 최근 일
본에서 공해산업으로 문을 닫은 머큐로크롬공장이 인천에 세워질 움
직임을 보이고 있다. 이 공장은 수은중독을 유발하는 미나마타병의
원인이다.
- 1974년 2월 28일 경향신문

○ 3월
제목 : 仁川(인천) 輸出工團(수출공단)에
　　　　公害防止機(공해방지기) 공장
분류 : 정책/회사명
기타 : 수출산업단지/롯데전자공업
내용 :
롯데전자공업(대표 : 신격호)는 일본 롯데와 합작으로 산업공해방지기
전기집진 제조공장을 인천수출공장에 세울 예정이다. 회사의 합자비
율은 50:50으로 양측이 각각 25만 달러씩 투자하고 3차 연도부터 2
년간 650대의 공해방지기를 생산하여 전량 수출할 예정이다.
　　　　　　　　　　　　　　　　　- 1974년 3월 4일 매일경제

제목 : 「슈퍼체인」 月末(월말)까지 接受(접수)
분류 : 정책
기타 : 산업정책
내용 :
상공부는 3월 8일 유통구조 대선대책의 하나로 슈퍼체인회사 생필품
지정판매소 및 중소기업제품공판장 설치방안을 확정하였다. 슈퍼체
인회사 설치지역은 서울, 부산, 대구, 광주, 인천 등 5대 도시와 도청
소재지이다.
　　　　　　　　　　　　　　　　　- 1974년 3월 9일 동아일보

제목 : 貸出(대출)…서울 偏重(편중)

분류 : 인천산업현황

기타 : 금융

내용 :

정부의 노력에도 불구하고 금융기관의 금융대출이 서울에 지나치게 편중되어 있다. 전국 주요도시 대출비율을 살펴보면 서울은 68.1%이 며 부산은 8.2%, 인천은 1.3%로 매우 낮으며 이에 따라 어음 및 수표 부도율은 서울이 0.14%에 불과하나 인천은 그 두 배인 0.27%를 보이 고 있다.

– 1974년 3월 23일 동아일보

제목 : 工團管理廳(공단관리청)

　　　"厚生(후생)시설 大幅(대폭) 보강토록"

분류 : 정책

기타 : 복지

내용 :

공단관리청은 공업단지입주기업에 종사하는 근로자의 복지후생을 위 해 지난 2월 3개 공업단지의 입주기업의 복지후생시설 실태조사를 실 시하여 이를 토대로 360개 기업에 대해 시설 보강하도록 지시하였다.

– 1974년 3월 23일 경향신문

○ 4월

제목 : 勤勞者就業率(근로자취업률) 향상

분류 : 인천산업현황

기타 : 노동

내용 :

노동청의 3월 노동시장정보에 의하면 경기지역은 인천항만공사로 단
순 일용근로자의 취업에 많은 도움을 주고 있으며 가발제조업계는 공
장가동률의 상승으로 근로자가 증가추세이다.

                              - 1974년 4월 1일 매일경제

제목 : 이달 내 會社型(회사형) 수퍼체인 開店(개점)

분류 : 정책/회사명

기타 : 산업정책/인천개발

내용 :

정부는 유통구조개선을 위한 회사형 수퍼체인에 대한 실수요자 선정
을 마무리 지었으며 4월 중에 개점을 서두르고 있다. 인천지역은 인
천개발이 11곳, 삼성산업이 10곳을 신청하였다.

                              - 1974년 4월 6일 경향신문

제목 : 仁川市內(인천시내)의 高級垈地(고급대지) 염가分讓(분양)

분류 : 회사명

기타 : 유남산업주식회사

내용 :
유남산업주식회사는 인천시내의 고급대지를 염가분양한다는 광고를
내었다.
- 1974년 4월 20일 동아일보

제목 : 아이스크림업계, 販路開拓(판로개척) 경쟁치열
분류 : 민간투자/회사명
기타 : 설비투자/해태의 집(인천)
내용 :
해태제과는 4월 24일 제2유가가공공장 준공을 시작으로 서울을 비롯
한 부산, 대구, 인천 등지에 종합판매기구인 해태의 집을 배로 늘리
고 관광지와 유원지에 특별센터를 개설하는 등 판매망 강화에 나설
예정이다.
- 1974년 4월 20일 매일경제

상공부는 철강재고량의 증가로 품귀현상이 사라졌으며 판매부진으
로 업계가 자금난을 겪고 있음을 가만하여 철근생산의 수량을 28%감
량하도록 업계에 지시하였다. 동국제강은 3만 톤에서 2만 1,800톤,
인천제철은 9,600톤에서 7천 톤, 극동철강은 4,800톤에서 3,500톤
등이다.
- 1974년 4월 23일 매일경제

○ 5월

제목 : 合板(합판) 輸出(수출)·內需(내수)부진으로

　　　操短(조단)도 原木(원목) 개펄에까지 滯貨(체화)

분류 : 인천산업현황

기타 : -

내용 :

최근 세계경기부진 등으로 합판 등의 판매가 부진하자 인천항에 18척
의 원목선박이 10여만 톤의 원목을 풀지 못한 채 체선상태이다. 인천
세관에 따르면 원목수입량은 4월 말 기준 157척에 97만 3천 톤으로
작년보다 3배 정도 늘었으나 현재 인천항 저목장 주변과 하역을 하지
못한 원목은 백여만 톤에 이르고 있다.

　　　　　　　　　　　　　　　　　　- 1974년 5월 3일 동아일보

제목 : 仁川敷地(인천부지)서 곧 着工(착공)

　　　大農紡績工場(대농방적공장)허가

분류 : 정책/회사명

기타 : 수출산업단지/대농방적공장

내용 :

주식회사 대농은 인천에 건립할 방적공장을 착공할 예정이다. 면,
마, 모, 화섬 등 각종 방적을 생산할 이 공장은 한국수출공업단지 제5
단지인 인천시 북구 십정동 536의 대지 3만 3,049.6㎡ 위에 4,296㎡
규모의 조공장 등을 신축할 예정이다.

　　　　　　　　　　　　　　　　　　- 1974년 5월 4일 매일경제

제목 : 歷史的(역사적)인 仁川(인천) 大船渠(대선거)의 竣工(준공)

분류 : 인프라

기타 : 인천항

내용 :

오늘 인천항의 갑문식대선거의 준공식이 이루어졌다. 이는 동양에서
는 최초의 대규모 호링게이트 식이며 갑문을 갖춘 최신식 항만시설로
서 대규모 선박이 출입 가능하다. 이로써 하역능력은 연간 627만 톤
으로 기존의 4배 이상으로 확장되었고 5만 톤급 대형선박 25척이 내
항부두에 접안이 가능하게 되었다.

－ 1974년 5월 10일 경향신문

제목 : 동암電鐵(전철)부근 宅地(택지) 友田實業(우전실업)서
　　　 곧 分讓(분양)

분류 : 회사명

기타 : 우전실업 주식회사

내용 :

우전실업 주식회사는 인천시 구월동 동암전철역에서 1㎞ 이내인 지
역에 택지를 확보하고 이를 평당 9,800원에 분향하기로 결정하였다.
이 택지는 35m 산업도로시발 및 교차지점으로 교차점은 상가로 유망
한 지역이다.

－ 1974년 5월 22일 매일경제

제목 : 平昌産業(평창산업) 日(일)「리즘」과 합작

仁川(인천)에 時計(시계)공장

분류 : 민간투자/회사명

기타 : 합자/평창산업주식회사

내용 :

평창산업주식회사(대표 : 하원대)는 일본 리즘시계공업Co.와 50%씩

각각 250만 달러를 투자하여 인천시 북구 산곡동 137에 시계제조공

장을 세울 예정이다. 이 공장은 연간 28만 8천 개의 시계를 생산하여

90%를 수출할 계획이다.

                              - 1974년 5월 31일 매일경제

○ 6월

제목 : 光一産業(광일산업)서 건설 朱安(주안)에 石材工場(석재공장)

분류 : 정책/회사명

기타 : 수출산업단지/광일산업주식회사

내용 :

광일산업주식회사(대표 : 방승옥)는 한국수출산업공업단지 제6단지인

경기도 인천시 주안동 산12의 10대지 4,950㎡ 위에 384㎡의 공장 등

을 신축하여 석재가공제품을 생산할 예정이다.

                              - 1974년 6월 12일 매일경제

제목 : 對日輸出(대일수출) 믿다 발등 찍힌 섬유業界(업계)

분류 : 인천산업현황/회사명

기타 : -/웅주산업, 협진양행, 선린상사, 동영사

내용 :

최근 섬유업계의 불황이 점차 심각해지고 있다. 인천에 미싱 120대와
종업원 3백여 명을 보유한 웅주산업은 같은 봉제메이커인 협진양행
으로 넘어갔으며 선린상사(대표 : 김윤일)도 공장을 동영사에 넘기는
일이 나타나고 있다.

                                    - 1974년 6월 24일 동아일보

○ 7월

제목 : 仁川輸出六(인천수출육)단지 垈地(대지)분양 진행

분류 : 정책

기타 : 수출산업단지

내용 :

한국수출산업공단은 인천시 주안동 제6단지 12만 평의 조성공사를
끝내고 7월 12일부터 대지분향을 시작하였다.

                                    - 1974년 7월 12일 동아일보

제목 : 仁川工團(인천공단)에 카세트테이프工場(공장) 건설

분류 : 정책/회사명

기타 : 수출산업단지/마그네틱미디어코리아

내용 :

마그네틱미디어코리아(대표 : 김내성)은 7월 16일 미 차관 114만 9천 달러를 투입하여 인천수출산업공단에 카세트테이프 공장을 세울 계획이다.

－ 1974년 7월 16일 동아일보

제목 : 신축店鋪(점포)로 이전 換銀朱安出張所(환은주안출장소)

분류 : 정책

기타 : 수출산업단지

내용 :

외환은행 주안출장소는 7월 22일 한국수출공단 제5단지 입구인 인천시 북구 가좌동 282-1에 신축한 새 점포로 이전하였다.

－ 1974년 7월 24일 매일경제

제목 : 平和産業(평화산업), 星港(성항)에 1만 2천臺 (대) 스태플러 첫 輸出(수출)

분류 : 정책/회사명

기타 : 수출산업단지/평화산업

내용 :

인천에 있는 제5산업수출공단지에 2천 평의 대지를 마련하고 7백 평의 새 공장을 건설 중인 평화산업(대표 : 신종규)은 8월 초순경 새 공장이 준공되는 대로 산업용 스테이플러를 생산할 예정이다.

－ 1974년 7월 27일 매일경제

○ 8월

제목 : 財界短信(재계단신)

분류 : 민간투자/중요회사명

기타 : 합자/인천제철

내용 :

인천제철은 한일합작으로 20억 원을 투입하여 제강 및 주물용 특수 합금철 생산공장을 건설할 계획이다.

- 1974년 8월 6일 매일경제

제목 : 財界短信(재계단신)

분류 : 민간투자/인프라

기타 : 설비투자/인천항

내용 :

한진은 인천 제4부두인 민자부두에 컨테이너 하역장비인 켄트리크레인을 설치하여 오는 9월 5일 현지에서 준공식을 가질 예정이다.

- 1974년 8월 27일 매일경제

제목 : 財界短信(재계단신)

분류 : 회사명

기타 : 신광기업

내용 :

신광기업(대표 : 성도원)의 서울본사가 인천공장으로 이전하였다.

- 1974년 8월 29일 매일경제

○ 9월

제목 : 開發短信(개발단신)

분류 : 정책/회사명

기타 : 수출산업단지/희성공업주식회사

내용 :

공업단지관리청은 희성공업주식회사가 신청한 한국수출산업공단 제
5단지 내 공장건축허가를 인가하였다. 인천시 북구 가좌동 180-12
대지 1만 6,529㎡ 위에 1,645㎡의 공장건물 등이 세워지며 귀금속,
철, 비철 등의 특수금속과 합금을 원료로 하는 공업용재료와 부품 등
을 제조 판매할 예정이다.

- 1974년 9월 18일 매일경제

○ 10월

제목 : 又養産業(우양산업), 낚시용 릴 工場(공장) 건설

분류 : 정책/회사명

기타 : 수출산업단지/우양산업

내용 :

우양산업(대표 : 서진수)은 인천수출공단 제5단지에 건평 680평의 낚
시용 릴 생산공장을 완공하여 연간 120만 달러 상당의 낚시용 릴을
생산하여 수출할 계획이다. 일본과 기술제휴를 맺어 제품을 무한위
탁 가공형태로 일본에 주로 수출할 예정이다.

- 1974년 10월 15일 매일경제

○ 11월

제목 : 被服工協組(피복공협조)에 3개社(사) 가입

분류 : 회사명

기타 : 원풍물산

내용 :

한국피복공업협동조합은 인천의 원풍물산(대표 : 안승채) 외 2개 업체
를 신규회원으로 가입 승인하였다.

– 1974년 11월 7일 동아일보

제목 : 地方工團(지방공단) 유휴지 農耕地(농경지) 이용 指示(지시)

분류 : 정책

기타 : 수출산업단지

내용 :

주요공단별 미분양면적을 살펴보면 구미공단이 131만 3천 평으로 가
장 많으며 인천은 8만 평으로 중간규모를 차지하고 있다. 공업단지관
리청은 이러한 유휴지에 대해 농경지 이용을 허가하였다.

– 1974년 11월 16일 동아일보

제목 : 仁川製鐵(인천제철) 내년 초 착공 77년 완공계획

　　　　高炭素鋼(고탄소강)공장 건설

분류 : 중요회사명

기타 : 인천제철

내용 :

인천제철(대표 : 송요찬)은 수입대체 산업으로 고탄소강공장을 내년
초에 착공하여 오는 77년 말까지 완공하기로 하고 이에 따른 세부사
업계획을 당국에 제출하였다.

- 1974년 11월 27일 매일경제

○ 12월

제목 : 韓國機械(한국기계), 「베치터미널」 곧 설치

분류 : 민간투자/회사명

기타 : 설비투자/한국기계

내용 :

한국기계는 경영개선을 위해 각종 업무처리를 전산화하기로 하고 1단
계 작업으로 이달 중순까지 배치터미널을 인천공장에 설치할 계획이며
현재 KIST메인컨트롤(CPU)센터와의 온라인 가설작업에 착수하였다.

- 1974년 12월 12일 매일경제

제목 : 勤勞者(근로자)옹호 說敎(설교) 牧師(목사)를 解職(해직)

분류 : 노동/회사명

기타 : -/대성목재주식회사

내용 :

대성목재주식회사는 12월 24일 공장촉탁인 이국선 목사(56, 동인천 도
시산업선교센터)를 해직하였다. 이 목사는 이날 성탄프로그램의 설교
요지 가운데 근로자는 충분한 보수를 받아야 한다 등 근로자 권익을

옹호하는 내용을 설교하다 해고된 것으로 추측된다.

- 1974년 12월 25일 경향신문

◼ 1975년

○ 1월

제목 : 財界短信(재계단신)

분류 : 기타

기타 : -

내용 :

인천상의는 1월 9일 사옥을 인천시 중구 중앙동 4가 1의4 전 제일은
행 인천지점 자리로 옮겼다.

- 1975년 1월 7일 매일경제

제목 : 勞動科學硏(노동과학연)설립 産災(산재) 등 전문硏究(연구)

분류 : 연구

기타 : -

내용 :

노동청은 각종 산업재해 및 직업병에 대한 예방대책을 강구하기 위해
오는 5월부터 인천에 노동, 과학연구소를 설립 운영할 계획이다.

- 1975년 1월 11일 매일경제

제목 : 開發短信(개발단신)
분류 : 인프라
기타 : 교통/인천항
내용 :
교통부는 올해 산하 인천, 마산, 군산, 여수, 제주 등 5개 지방해운국
소관으로 2천만 원 이상 공사를 7건으로 잡고 2~3월 사이에 전량 발
주할 예정이다. 인천지방해운국은 창고 4동 신축이 이에 포함되며 총
액 4억 4009만 6천 원 정도이다.

－ 1975년 1월 17일 매일경제

제목 : 農漁民(농어민)소득에 큰 차질
분류 : 인천산업현황
기타 : －
내용 :
대일수출에 의존해 오던 서해의 김양식과 냉동생선수출은 수출량이
급감하여 국내에 헐값에 팔리고 있다. 경기도 옹진군 연평도의 경우
73년까지는 연간 14만 속의 김을 일본으로 수출하였는데 수출길이
막히며 국내에 250월~500으로 팔고 있는 형편이다. 또한, 인천 수협
부두 부근의 냉동생선수출업계도 kg당 5달러 80센트였던 냉동새우가
1달러 하락하였으며 오징어도 1달러 30센트에서 70센트로, 꽁치는 1
kg당 60센트가 40센트로 하락하는 등 위기를 맞고 있다.

－ 1975년 1월 23일 경향신문

○ 2월

제목 : 太白線(태백선) 등 産業鐵道(산업철도) 複線化(복선화) 추진

분류 : 인프라

기타 : 인천항

내용 :

교통부는 연내 인천항에 대규모 여객터미널을 개설할 계획을 발표하
였다.

- 1975년 2월 3일 매일경제

제목 : 올해 住宅不足(주택부족) 133만 7천 戸(호)

분류 : 인천산업현황

기타 : 도시구조

내용 :

올해 주택부족호수는 134만 1천 호로 지난해 133만 7천 호보다 오히
려 증가할 예정이다. 대구의 주택부족률이 48.6%로 가장 높으며 서
울은 42.3%, 광주는 42.1%, 부산은 39.8%, 인천은 39.3%로 주요 대
도시들이 40%를 넘거나 이에 접근하고 있다.

- 1975년 2월 14일 매일경제

제목 : 韓國機械(한국기계) 職訓所(직훈소)

　　　　技能士(기능사) 80명 배출

분류 : 정책/회사명

기타 : 직업훈련/한국기계공업

내용 :

한국기계공업(대표 : 이민우) 산하 직업훈련소 제8기생 수료식이 2월 28일 11시 인천공장에서 거행되었다. 직업훈련소는 현재까지 366명을 수료시켰으며 이 중 59%에 해당하는 216명이 한국기계에 취업 중이다.

- 1975년 2월 25일 매일경제

○ 3월

제목 : 新製品(신제품) 적극개발

분류 : 회사명

기타 : 일신산업

내용 :

일신산업(대표 : 주창균)은 경영합리화 방안으로 일신제강(대표 : 안석창)을 흡수 합병하고 신제품 생산에 적극 나서기로 하였다. 일신산업의 오류동공장이 더 이상 증설이 어려워 일신제강의 인천부지를 사용하려는 목적이 존재한다.

- 1975년 3월 3일 매일경제

제목 : 開發短信(개발단신)

분류 : 정책/회사명

기타 : 수출산업단지/동흥물산주식회사

내용 :

한국수출산업공단 제4단지인 인천시 북구 효성동 316-27에 입주 가

동하고 있는 동흥물산주식회사(대표 : 정인수)는 기존 봉제품공장 648
㎡에 2, 3층 722㎡를 증축할 예정이다.

- 1975년 3월 10일 매일경제

제목 : "民權(민권)은 스스로 찾아야" 仁川(인천) 基督教(기독교)
　　　 都市産業(도시산업) 선교회주최 講演會(강연회)

분류 : 노동

기타 : -

내용 :

인천 기독교 도시산업선교회 주최 강연회가 3월 11일 오후 6시 30분
인천 가톨릭회관 대강당에서 열렸다. 연세대 김동길 교수는 민권과
3.1정신을 주제로 자신의 주장을 좀 더 내세워 민권을 찾아야 한다고
강조하였다.

- 1975년 3월 12일 동아일보

제목 : 酸化(산화)티타늄 禁輸(금수) 요망

분류 : 정책

기타 : 산업정책

내용 :

인천상공회의소는 산화티타늄의 수입금지를 경제기획원과 상공부에
건의하였다. 산화티타늄의 국내 생산이 포화상태인데 일본 등지에서
덤핑판매가 이루어지고 있으며 이에 대한 국내산업보호와 외화절약
을 위해 요청한 것이다.

- 1975년 3월 27일 매일경제

제목 : 1억 弗(불) ADB차관 마닐라총회서 매듭

분류 : 정책

기타 : 외자도입

내용 :

정부는 금년도사업으로 추진 중인 1억 3,300만 달러의 ADB(아시아개
발은행) 차관을 연차총회에서 매듭지을 예정이다. 주요 ADB차관사업
중에서는 인천, 대전상수도 확장에 650만 달러를 사용할 계획이다.

                                        – 1975년 3월 31일 경향신문

○ 4월

제목 : 제록스복사기 製造工場(제조공장) 착공

분류 : 정책/민간투자/회사명

기타 : 수출산업단지/합자/코리아제록스 주식회사

내용 :

동화그룹과 일본의 제록스가 각각 3억 원 씩을 투자하여 합작한 코리
아제록스 주식회사(회장 : 최태섭, 사장 : 오선환)가 제록스복사기 제조
공장을 4월 10일 인천수출산업공단 제5단지에 착공하였다. 공장은
대체 3천 평, 건평 8백 평이며 보통지복사기(PPC모델2200)를 생산하
여 90%를 수출할 예정이다.

                                        – 1975년 4월 12일 매일경제

○ 5월

제목 : 디젤엔진工場(공장) 준공

분류 : 민간투자/회사명

기타 : 합자/한국기계 디젤엔진공장

내용 :

한국기계(대표 : 김창원)가 추진해온 버스 트럭 등 수송기계공급용 자
동차 디젤엔진공장이 착공 2년 2개월 만인 5월 20일 오전 10시 인천
시 만석동 현지 공장에서 준공식을 갖고 가동에 들어갔다. 서독의 만
사와 일본의 이스즈사와의 기술제휴로 건립된 공장은 연간 2만 4천
대의 생산능력을 보유하고 있으며 최저 45마력부터 최고 215마력의
디젤엔진을 생산할 수 있다.

- 1975년 5월 20일 매일경제

○ 6월

제목 :「샤프데이타」移轉(이전) 輸出公団(수출공단) 4団地(단지)로

분류 : 정책/민간투자/회사명

기타 : 수출산업단지/합자/샤프데이타주식회사

내용 :

계산기 전문 메이커인 샤프데이타주식회사(대표 : 이관진)는 신도림동
에서 인천시 북구 수출산업공단 제4단지 부평로로 이전하여 가동에
들어갔다. 73년 일본의 샤프사와 합작 설립된 동 회사는 13종의 계산
기를 생산하여 그동안 1,454만 달러를 수출하였으며 대치 3,123평,
건평 1,328평으로 생산능력은 연간 중형기종 12만 대, 소형기종 36만

대로 3배 증가하였다.

- 1975년 6월 16일 매일경제

○ 7월

제목 : 上半期(상반기) 沈滯(침체)서 벗어나기 시작한

전국 經濟氣流(경제기류) 地方(지방)의 實態(실태)

분류 : 인천산업현황

기타 : -

내용 :

인천 지방 중공업체들은 금년 상반기부터 수출신용장 도착이 증가하면서 시설확장과 고용을 증대하여 지역발전에 도움이 되고 있다. 지난해 연말 유류파동 등의 수지불균형으로 751개 기업체 중 4개 업체가 폐업, 10개 업체가 휴업하고 상당수의 공장이 조업단축을 하였으나 현재는 모두 정상 가동 중이다.

- 1975년 7월 11일 경향신문

제목 : 東亞製粉(동아제분) · 釜山水産冷凍(부산수산냉동) 합병

東亞綜合産業(동아종합산업)으로 발족

분류 : 회사명

기타 : 동아제분Co., 동아종합산업Co.

내용 :

인천에 있는 동아제분Co.가 계열회사인 부산수산냉동회사와 합병하여 동아종합산업Co.로 상호를 변경하였다. 동사는 인천에 인천제분

공장을 두기로 하였다.

- 1975년 7월 16일 매일경제

제목 : 輸出公団(수출공단)사무소 5個月(개월) 만에 竣工(준공)

분류 : 정책

기타 : 수출산업단지

내용 :

한국수출산업공단사업소 관리사무소 주안지구 건물이 약 5개월 만에 준공되었다. 건평 390여 평의 2층 건물에는 공단관리사무소와 인천 세관 주안출장소가 입주해 있으며 우체국 및 은행 등 지원기관이 들어설 예정이다.

- 1975년 7월 26일 매일경제

○ 8월

제목 : 大農(대농)·造公(조공) 등 主要企業群(주요기업군)

      增資(증자)·合併(합병) 강력추진 財務部(재무부)

분류 : 회사명

기타 : 대농계열

내용 :

대농계열(대표 : 박용학)은 재무구조개선책으로 재무부의 요청에 따라 주식 등을 매각하고 인천 북성동 이립지 2만 평을 비롯한 공장 및 나대지를 토지금고를 통해 처분할 예정이다.

- 1975년 8월 8일 매일경제

제목 : 開發短信(개발단신)

분류 : 정책/회사명

기타 : 수출산업단지/안국물산주식회사

내용 :

안국물산주식회사(대표 : 배수남)는 한국수출산업공단 제6단지 주안에 탁상용 라이터 제조공장을 건립할 예정이다.

- 1975년 8월 22일 매일경제

○ 9월

제목 : 開發短信(개발단신)

분류 : 정책/회사명

기타 : 수출산업단지/조원산업주식회사

내용 :

조원산업주식회사(대표 : 정인조)는 한국수출산업공단 제5단지에 있는 금속기기 공장을 증축할 예정이다. 현재 대지 3,630㎡을 확보하고 225평의 공장을 건립하여 74년 11월부터 가동하고 있는 조원산업은 공장증축과 함께 기숙사도 마련할 예정이다.

- 1975년 9월 13일 매일경제

제목 : 綜合(종합)터미널 준공

분류 : 인프라

기타 : 교통

내용 :

경인고속버스 및 시외버스 종합터미널 준공 및 개장식이 25일 정오 인천시 남구 용현동 614에서 거행되었다. 이 종합터미널은 74년 12월 금아산업Co.가 총공비 6억 원을 들여 대지 5천여 평, 연건평 1,200여 평 위에 지하 1층, 지상 5층 건물을 착공하여 이날 준공하였다.

- 1975년 9월 25일 매일경제

○ 11월

제목 : 証券短信(증권단신)

분류 : 회사명

기타 : 한흥증권 인천지점

내용 :

한흥증권 인천지점이 업무확장에 따라 11월 8일 사무실을 이전하였다. 이전한 장소는 인천시 중구 신포동 15-3 기아산업Co.인천영업소 2층이다.

- 1975년 11월 8일 매일경제

○ 12월

제목 : 「모나미」 공장 곧 着工(착공)

분류 : 정책/회사명

기타 : 수출산업단지/주식회사 모나미

내용 :

주식회사 모나미는 인천시 주안동 한국수출산업공단 제6단지 내 대지 1만 3,200㎡을 확보하고 착공을 시작하였다.

- 1975년 12월 16일 매일경제

■ 1976년

○ 1월

제목 : 새해부터 달라진다

분류 : 정책

기타 : 복지

내용 :

화재로 인한 재해보상과 보험가입에 관한 법률에 따른 4층 이상의 고층건물 등 보험가입의 의무화 대상지역이 종전 서울, 부산, 대구 3개 도시에서 광주, 전주, 대전, 인천 등 7개 도시로 확대되었다.

– 1976년 1월 1일 매일경제

제목 : 大宇(대우), 韓國機械(한국기계) 인수 확정

분류 : 회사명

기타 : 대우그룹, 한국기계

내용 :

대우그룹(대표 : 김우중)은 1월 8일 한국기계를 인수하기로 확정하였다.

– 1976년 1월 8일 매일경제

제목 : 小型車輛(소형차량) 공장 건설 起亞産業(기아산업),
　　　 日(일)과 합작 年內(연내) 완공

분류 : 민간투자/회사명

기타 : 합자/기아기형공업Co.

내용 :

인천시 북구 부평동 64-20에 세워질 기아기형공업Co.(대표 : 김석환)
는 일본 혼다기연Co.와 합작으로 51:49의 비율로 대지 1만 6,131평에
연건평 1,551평 규모의 공장을 연내에 완공할 계획이다. 기아산업은
소형차량부품을 들여다 완제품으로 조립하여 전 생산량의 20%를 금
년도에 수출하고 77년도에는 35%, 78년도부터는 50%씩 수출할 계획
이다.

- 1976년 1월 29일 매일경제

○ 2월

제목 : 35개都市(도시) 住宅不足率(주택부족률) 46%

분류 : 인천산업현황

기타 : 도시구조

내용 :

전국 35개 도시의 평균 주택부족률은 46.4%에 달해 거의 두 가구 중
한 가구가 내 집이 없는 생활을 하고 있는 것으로 나타났다. 안양이
56.6%를 최고로 대구 52.2%, 광주 50.4%가 50%를 넘어섰으며 인천
또한 46.1%로 평균정도의 수준을 보이고 있다.

- 1976년 2월 10일 동아일보

제목 : 日新製鋼(일신제강) 製鋼工場(제강공장) 곧 가동

분류 : 회사명

기타 : 일신제강 인천제강공장

내용 :

일신제강(대표 : 주창균)의 인천제강공장이 준공단계에 이르러 5월부터 본격 가동할 계획이다. 내외자 14억 원을 투입하여 인천시 북구 가좌동에 연간 제강 5만 톤, 압연 7만 톤의 생산설비를 갖추었으며 시장성이 좋은 앵글생산에 전념할 계획이다.

- 1976년 2월 11일 매일경제

○ 3월

제목 : 경일化成(화성)서 仁川朱安洞(인천 주안동)에
       合成皮革(합성피혁)공장 新築(신축)

분류 : 회사명

기타 : 경일화성주식회사

내용 :

경일화성주식회사는 인천시 남구 주안동 21에 대지 1만 6,500㎡를 확보하고 1,557㎡ 규모의 피혁공장 및 보일러 등 시설을 신축할 예정이다.

- 1976년 3월 12일 매일경제

제목 : 建設部(건설부) 住公(주공)주택 「大都市(대도시) 중심」 탈피

분류 : 정책

기타 : 도시정책

내용 :

건설부는 올해 주택공사가 지을 3만 가구분의 아파트를 서울, 부산, 대구 등 대도시에 1만 1,169가구, 인천 등 수도권 위성도시에 4,636

가구 등으로 전국에 배당하여 짓기로 결정하였다.

- 1976년 3월 20일 경향신문

○ 5월

제목 : 大農(대농) 섬유공장 新築(신축)

분류 : 정책/회사명

기타 : 수출산업단지/대농섬유공장

내용 :

주식회사 대농(대표 : 박용학)은 한국수출산업공단 제5단지인 인천시 십정동 536에 대지 3만 3,049.6㎡을 확보하여 연건평 9,912㎡의 공장 3동을 지어 섬유공장을 건립할 예정이다.

- 1976년 5월 18일 매일경제

제목 : 總(총) 41억 원 규모 土地金庫(토지금고)

분류 : 정책

기타 : 도시정책

내용 :

토지금고가 이번에 매입하기로 한 토지는 대우실업 소유 인천소재 4만 5,038평이다.

- 1976년 5월 19일 매일경제

○ 6월

제목 : 自轉車(자전차)용 部品(부품) 생산

　　　　大西産業(대서산업) 공장가동

분류 : 민간투자/회사명

기타 : 설비투자/대서산업주식회사

내용 :

대서산업주식회사(대표 : 이방우)는 인천시 북구 부평동에 대지 3,500 평, 건평 9백 평 규모의 오토바이 자전거 부품을 생산할 수 있는 공장 건설을 15일 완공하고 가동에 들어갔다. 공장에서는 월간 자전거링 12만 개와 핸들 6만 개, 오토바이링 7,200개, 핸들 3,600개를 생산하게 된다.

　　　　　　　　　　　　　　　　　　　- 1976년 6월 17일 매일경제

제목 : 部門別(부문별) 主要事業計劃(주요사업계획)

분류 : 정책

기타 : 전력

내용 :

정부는 올해 인천화력 및 대청수력 등 17개 발전소를 건설할 예정이다.

　　　　　　　　　　　　　　　　　　　- 1976년 6월 18일 동아일보

제목 : 韓(한)·獨縫製(독봉제) 상호변경

분류 : 회사명

기타 : 한독봉제공업사, 한독무이주식회사, 남성산업

내용 :

한독봉제공업사(대표 : 이형배)는 한독무이주식회사로 상호를 변경하고 인천주안공단에 있는 남성산업을 인수하였다.

– 1976년 6월 22일 경향신문

○ 7월

제목 : 江洋産業(강양산업) 無繼目鋼管(무계목강관)시설 倍加(배가)

분류 : 민간투자/회사명

기타 : 합자/강양산업

내용 :

강양산업(대표 : 김진옥)은 지난 74년 일본의 주우금속과 합작으로 4억여 원을 투입하여 인천시 북구 갈산동에 국내 최초로 무계목강관 생산공장을 건설, 75년 6월부터 본격가동에 들어갔는데 올해 추가 시설에 약 1억 원을 투입하여 2배 확장할 예정이다.

– 1976년 7월 14일 매일경제

제목 : 三信産業工場(삼신산업공장) 가동 合板(합판) 하루 만 장 생산

분류 : 회사명

기타 : 삼신산업

내용 :

인천에 공장을 건립한 목가공업체인 삼신산업(대표 : 오정익)은 7월 19
일부터 가동에 들어갔다.

　　　　　　　　　　　　　　　　　　　　－ 1976년 7월 21일 매일경제

제목 : 屠鷄屠犬場(도계도견장) 준공 永信食品産業(영신식품산업)서

분류 : 민간투자/회사명

기타 : 설비투자/영신식품산업

내용 :

영신식품산업(대표 : 김재규)은 7월 29일 최신 위생시설을 갖춘 도견,
도계장을 인천시 북구 간석동 617에 대지 5백 평, 건평 150평으로 준
공하였다. 총예산 5천만 원이 투입되었으며 4개월 만에 준공된 공장
은 1일 평균 닭 9천 6백 마리와 개 8백 마리를 처리할 수 있다.

　　　　　　　　　　　　　　　　　　　　－ 1976년 7월 30일 매일경제

○ 8월

제목 : 서울周邊(주변) 공장부지 需要急增(수요급증)

분류 : 인천산업현황

기타 : 도시구조

내용 :

수출경기의 호조로 서울 주변 공장부지의 값이 오르고 있다. 인천의
경우 임해지역으로 비교적 싼 값인 평당 1만 4천~5천 원짜리 땅이
상당히 많으나 지난해보다 평당 5, 6천 원이 올랐으며 부평 또한 상

급 2만 5천 원, 중급 1만 8천 원, 하급 1만 4천 원을 호가하고 있다.

- 1976년 8월 6일 매일경제

제목 : 経濟短信(경제단신)

분류 : 정책/회사명

기타 : 수출산업단지/삼화통상개발

내용 :

삼화통상개발(대표 : 김은주)은 인천공단 공장을 인천의 제5수출공단 안에 준공하였으며 원모피가공제품의 수출에 나설 계획이다.

- 1976년 8월 7일 동아일보

제목 : 12개業體(업체) 곧 입주 錦湖實業(금호실업)
　　　朱安工團(주안공단) 조성1차 완공

분류 : 정책/회사명

기타 : 수출산업단지/대아통상, 대양물산

내용 :

금호실업에서 인천시 간석동 주안에 조성 중인 수출산업단지의 A단지 1차 공사가 완료되어 대아통상, 대양물산 등 12개 업체가 입주할 예정이다. 단지는 중소기업을 위해 국내 최초로 조성되는 민간수출산업단지로서 77년까지 2만 5천 평의 대지에 15억 원을 투입, 1만 6백 평의 공장을 설립할 계획이다.

- 1976년 8월 30일 매일경제

○ 9월

제목 : 経濟短信(경제단신)

분류 : 회사명

기타 : 한불화학

내용 :

한불화학(사장 : 이회림)의 화이트카본 공장이 9월 17일 준공될 예정이
며 인천시 남구 학익동 587-37 공장에서 준공식을 거행할 계획이다.

　　　　　　　　　　　　　　　　　　　- 1976년 9월 15일 동아일보

제목 : 6개社地下水(사 지하수) 용역 中央開發(중앙개발)서 착수

분류 : 민간투자/회사명

기타 : 설비투자/선일포도당 인천공장

내용 :

중앙개발은 지하수개발에 착수하여 선일포도당 인천공장에 3백 톤
등 총 6개 회사 각 공장에 1일 1,850톤 개발 작업에 착수하여 오는
10월 초까지 모두 끝낼 예정이다.

　　　　　　　　　　　　　　　　　　　- 1976년 9월 28일 매일경제

○ 10월

제목 : 客室(객실) 증축

분류 : 민간투자/회사명

기타 : 설비투자/올림포스관광산업

내용 :

인천시 중구 항동 1가 3의 2에 소재한 올림포스관광산업(대표 : 유한
열)이 공사비 1억 5천만 원을 들려 증축 중인 40개 객실이 10월 초
준공될 예정이다. 공사가 끝나면 객실은 현 153개실에서 193개실로
증가할 예정이다.

- 1976년 10월 1일 매일경제

제목 : 仁川(인천)에 室內靴工場(실내화공장)

韓肥産業(한비산업) 신축키로

분류 : 민간투자/회사명

기타 : 설비투자/한비산업주식회사

내용 :

인천시 남구 도화동 제2공구 블록 31-40에 소재한 한비산업주식회
사는 인천시 남구 도화동 제2공구 블록 17-2에 대지 1만 3,755㎡에
건평 1,980㎡ 규모로 수출용 실내화 제화공장을 신축할 예정이다.

- 1976년 10월 27일 매일경제

○ 11월

제목 : 仁川芍藥島(인천 작약도) 매각 1억 1천만 원에

분류 : 민간투자

기타 : -

내용 :

인천 앞바다의 작약도가 1억 1,342만 원에 서울한보상사 대표 정태우

씨에게 팔렸다. 지금까지는 서울동립산업이 관리해왔다.

- 1976년 11월 2일 매일경제

제목 : 仁川工場(인천공장) 증축 安國産業(안국산업)

분류 : 민간투자/회사명

기타 : 설비투자/안국산업주식회사

내용 :

안국산업주식회사는 인천시 남구 주안동 산12-15에 있는 기존공장을 확장 증축할 예정이다. 기존 대시 6,020㎡에 건평 1,519㎡의 공장에 건평 2,016㎡이 확장 예정이다.

- 1976년 11월 9일 매일경제

○ 12월

제목 : 経濟短信(경제단신)

분류 : 회사명

기타 : 삼신산업, 인천특수베니어공업

내용 :

상공부는 수출금융연체 및 수출불이행으로 수입업자격이 정지되었던 삼신산업(구 인천특수베니어공업)에 대해 기간만료에 따라 수입업자격정지를 해제하였다.

- 1976년 12월 21일 동아일보

제목 : 富平(부평)·裡里工團(이리공단)에
        外換銀支店(외환은지점) 신축
분류 : 기타
기타 : -
내용 :
외환은행 부평지점이 북구 효성동 316-76의 대지 1,996㎡, 건평 3,125
㎡ 3층 건물로 77년 초에 세워질 예정이다.

                                    - 1976년 12월 22일 매일경제

◢ 1977년
○ 1월
제목 : 鮮昌産業(선창산업) 서울공장 仁川工場(인천공장)으로 통합
분류 : 회사명
기타 : 선창산업
내용 :
가구메이커 선창산업(대표 : 박승순)의 서울공장이 오는 1월 15일부터
2월 15일까지 한 달 동안 인천시 북성동에 소재한 인천공장으로 통합
된다. 서울공장은 창고로 활용될 예정이다.

                                    - 1977년 1월 8일 매일경제

제목 : 開店(개점) 3개월 만에 車輛(차량) 2백 40臺(대) 판매
분류 : 회사명
기타 : 기아산업 인천지점

내용 :

기아산업 인천지점은 개점 3개월 만에 차량 240대를 판매하였다. 올
해에는 1천 2백 대를 판매할 계획이다.

- 1977년 1월 15일 매일경제

제목 : 排水(배수)·暗渠(암거) 3건 工事(공사)

仁川東區廳(인천동구청)서 계획

분류 : 인프라

기타 : 도로

내용 :

인천시 동구청은 올해 8,210만 원을 들여 배수암거, 표층포장 등 3개
소 6개 종의 도로공사를 할 예정이다.

- 1977년 1월 29일 매일경제

○ 2월

제목 : 低利(저리)의 國民住宅債券(국민주택채권)

분류 : 정책

기타 : 도시정책

내용 :

26평 이상의 주택을 지으려면 건축허가를 받을 때 국민주택채권을
의무적으로 매입하지 않으면 건축허가가 나오지 않는다. 최근 대도
시 집중을 막기 위해 현행 과세대상금액의 2~6%인 채권매입급액을
3~10% 올리고 서울, 부산, 대구, 인천 등지의 인상률을 올렸다.

- 1977년 2월 5일 동아일보

제목 : 産業界短信(산업계단신)

분류 : 연구

기타 : 현황조사

내용 :

노동청 인천중부사무소는 2월 15일부터 4월 5일까지 50일 동안 관내 16이상 고용업체 353개 사업장과 30톤 미만 소형어선에 종사하는 근로자들을 대상으로 임금실태조사를 실시할 예정이다.

– 1977년 2월 10일 매일경제

제목 : 業界短信(업계단신)

분류 : 회사명

기타 : 주식회사 코닥 인천공장

내용 :

중앙개발은 한국반도체 부천공장과 주식회사 코닥 인천공장 등 2개사에 공업용 지하수 1일 4백 톤을 개발하였다.

– 1977년 2월 10일 매일경제

제목 : 半月工團(반월공단) 3월 末(말)께 着工(착공)

분류 : 정책

기타 : 산업정책

내용 :

상의간담회에서 신형식 건설부 장관은 반월공단의 3월 착공과 수원, 안양, 오산, 인천 일대에 광역상수도 건설을 추진하겠다고 밝혔다.

– 1977년 2월 17일 매일경제

제목 : 5월부터 本格(본격) 생산 고니精密株式會社(정밀주식회사)

분류 : 정책/회사명

기타 : 수출산업단지/고니정밀주식회사, 한독산업

내용 :

한국수출공단 제4단지에 입주한 고니정밀주식회사(대표 : 신대균)는 3월

중에 기계설치를 끝내고 5월부터 생산을 시작할 예정이다. 한독산업

내 450평의 임대입주를 끝내고 현재 기계설치와 종업원 모집 중이다.

— 1977년 2월 28일 매일경제

○ 3월

제목 : 首都圈(수도권) 범위 擴大(확대) 조정 7개 市(시)·8개 郡(군)·

　　　35개 邑面(읍면) 포함

분류 : 정책

기타 : 도시정책

내용 :

정부의 수도권인구 재배치 기본계획에 따라 3월 7일 확정된 수도권

의 범위에는 인천시, 성남시, 수원시와 양주군, 광주군, 양평군 등 7

개시, 8개 군, 35개 읍. 면을 포함하였다.

— 1977년 3월 8일 경향신문

제목 : 올 目標(목표) 11.5% 輸出公団(수출공단) 3개 단지

분류 : 정책

기타 : 수출산업단지

내용 :

한국수출산업공단 인천사무소 관내단지 내 입주기업체는 2월 말 현
재 4,192만 달러를 수출해 금년 목표인 3억 6,400만 달러의 11.5%를
달성하였다.

- 1977년 3월 11일 매일경제

제목 : 朱安(주안)에 工場(공장)건립
분류 : 정책/회사명
기타 : 수출산업단지/판코산업주식회사
내용 :

판코산업주식회사(대표 : 김용홍)는 인천시 남구 주안동 주안공단 내
에 3,909㎡의 대지에 2,124㎡규모로 수출용 봉제공장을 설립할 예정
이다.

- 1977년 3월 12일 매일경제

제목 : 14개 工團(공단) 면적 全面(전면) 재조정 大邱(대구)등
　　　 20% 확장 해당지역 都市(도시)계획도 고쳐
분류 : 정책
기타 : 도시정책
내용 :

정부는 산업의 지방배치계획에 따라 인천, 성남 등에 소재한 2개 단
지는 현재의 면적을 축소, 조정하고 축소된 면적은 도시의 녹지로 보
존하기로 하였다.

- 1977년 3월 12일 매일경제

제목 : 経濟短信(경제단신)
분류 : 정책
기타 : 산업정책
내용 :
공진청은 인천시 북구 가좌동 541-5에 한국전기기기 시험검사소 인
천출장소를 개설하였다.

                                    - 1977년 3월 16일 동아일보

제목 : 세 곳에 病院(병원) 건립 延世大(연세대)
분류 : 민간투자
기타 : 설비투자
내용 :
연세대학교는 영동지역에만 건립키로 했던 세브란스 병원 계획을 일
부 수정하여 영동 외에도 성남시, 인천 주안단지 등에도 병원을 설립
하기로 계획을 변경하였다.

                                    - 1977년 3월 28일 매일경제

제목 : 最初(최초)로 試圖(시도)된 『뉴우타운』…田園的(전원적)인
      環境(환경)을 造成(조성)
분류 : 인프라
기타 : 철도
내용 :
3월 30일 반월신도시 건설공사가 시작되면서 수원~인천 간 협궤철

도 53.2km구간 또한 기존의 협궤에서 광궤로 변경할 계획이다.

- 1977년 3월 30일 동아일보

○ 4월

제목 : 首都圈(수도권) 내 九老(구로) 등 旣存工團(기존공단) 내
　　　 工場新(공장신)·增築(증축) 전면 허용

분류 : 정책

기타 : 산업정책

내용 :

정부는 수도권 내 구로동, 인천, 부평, 성남의 기존 공단에 대해서만
은 수도권 인구 재배치계획에 의한 제한을 철폐하여 공장의 신증축을
허가해주고 도시계획 구역 내 공업지역의 공장 신증축은 개별심사를
하여 허용해 주기로 하였다.

- 1977년 4월 5일 매일경제

제목 : 経濟短信(경제단신)

분류 : 정책

기타 : 산업정책

내용 :

수협중앙회는 4월 중순부터 금년 말까지 인천, 목포, 여수, 충무, 속
초 등에 어선통신기 수리센터와 선박기관장비 판매센터를 설치하여
선박부품을 보다 싼 가격에 공급할 예정이다.

- 1977년 4월 14일 동아일보

제목 : 히마라야產業(산업), 品質管理促進大會(품질관리촉진대회) 개최
분류 : 회사명
기타 : 히마라야산업
내용 :

히마라야산업(대표 : 김창훈)은 4월 26일 오후 2시 인천공장에서 공진
청장이 참석한 가운데 품질관리촉진대회를 가졌다. 지난해 서독, 미
국, 일본 등 20여 개국에 80만 달러 상당의 보온병을 수출하였으며
연간 보온병 120만 개와 유리제품 80만 개를 생산하고 있다.

- 1977년 4월 26일 매일경제

○ 5월

제목 : 医療保險組合(의료보험조합) 설립 輸出(수출) 공단
      入住(입주)업체
분류 : 정책
기타 : 수출산업단지/복지
내용 :

한국수출공단 인천사무소에 의하면 4, 5, 6단지 입주기업체 실무자
150여 명은 실무자회의 결과 전입주기업체를 총괄하는 가칭 한국수
출산업공단 인천의료보험조합을 설치하기로 결의하고 오는 5월 31일
까지 의료보험조합설립인가를 신청하기로 하였다.

- 1977년 5월 3일 매일경제

제목 : 코리아스파이서 起亞(기아)서 인수추진

분류 : 회사명

기타 : 기아산업, 코리아스파이서 공업

내용 :

기아산업은 액셀, 프로펠러, 샤프트 등 주요부품메이커인 코리아스
파이서 공업(대표 : 이기현)의 인수를 추진 중이다. 신원개발의 방계
사인 코리아스파이서는 현재 인천시 북구 삼선동 62에 소재하고 있
으며 미국 데이나사와 49:51로 합작하여 72년에 설립된 자동차부품
생산업체이다.

— 1977년 5월 4일 매일경제

제목 : 仁川南區(인천남구) 도화동 電鐵高架橋(전철고가교) 개통

분류 : 인프라

기타 : 도로

내용 :

인천시 남구 도화동 경인전철 고가교가 5월 10일 준공 개통되었다.
이 고가교는 인천시가 지난해 8월 총 공사비 2억 7,100만 원을 들여
8개월 만에 완성하였으며 길이 351m, 노폭 20m로 수출공단과 경인
로를 연결한다.

— 1977년 5월 12일 매일경제

제목 : 産業界短信(산업계단신)

분류 : 회사명

기타 : 대성실업

내용 :

인천항 청소업체인 대성실업(대표 : 김구범, 서상범)이 인천시 중구 해안동 3가 2로 5월 16일 이전하였다.

— 1977년 5월 19일 매일경제

제목 : 産業界短信(산업계단신)

분류 : 회사명

기타 : 동서해운주식회사 인천사무소

내용 :

동서해운주식회사 인천사무소가 인천시 중구 사동 인천상의회관으로 이전하였다.

— 1977년 5월 20일 매일경제

○ 6월

제목 : 産業界短信(산업계단신)

분류 : 회사명

기타 : 구인산업

내용 :

봉재가공수출 용역업체인 구인산업(대표 : 허동신)이 인천시 중구 신생동 18에서 개업하였다.

— 1977년 6월 1일 매일경제

제목 : 産業界短信(산업계단신)

분류 : 회사명

기타 : 연합해운주식회사 인천사무소

내용 :

연합해운주식회사 인천사무소가 인천시 중구 사동 9-1 인천상의회
관 7층으로 이전하였다.

— 1977년 6월 3일 매일경제

제목 : 韓國建業(한국건업) 公害防止(공해방지)기계 생산위해 공장
건설·요원확보착수

분류 : 민간투자/회사명

기타 : 설비투자/한국건업 주식회사

내용 :

한국건업 주식회사(대표 : 강민구)는 공해방지 산업에 본격적으로 진
출할 계획이다. 이를 위해 공해방지 관련 전문 인원을 확보하고 인천
에 320평 규모의 공해 관련 기계공장 건설을 계획하였다.

— 1977년 6월 13일 매일경제

○ 7월

제목 : 목표 42%달성 進榮産業(진영산업) 수출실적

분류 : 회사명

기타 : 진영산업

내용 :

인천에 소재한 진영산업(대표 : 박성철)은 상반기 중 510만 달러를 수출
하여 올해 수출목표액 1,200만 달러의 42.5%를 달성하였다.

- 1977년 7월 7일 매일경제

제목 : 토막소식

분류 : 인천산업현황

기타 : 환경

내용 :

인천상의는 지난 76년 한 해 동안 인천지역 산업체에서 발생한 산업
폐기물은 모두 10만 9,071톤으로 집계하였다.

- 1977년 7월 16일 매일경제

○ 8월

제목 : 業界短信(업계단신)

분류 : 회사명

기타 : 신도실업

내용 :

신도실업은 국제양모사무국 한국지부에 울마크 사용신청을 냈다. 품
목은 신사복이며 시설은 인천시 북구 효성동에 위치하여 있으며 연간
생산능력은 43만 벌의 규모를 확보하고 있다.

- 1977년 8월 5일 매일경제

○ 9월

제목 : 平均(평균)가동률 80.1% 仁川市內(인천시내)
　　　 生産業体(생산업체)

분류 : 인천산업환경

기타 : -

내용 :

인천시 상공회의소 조사분에 따르면 인천시 관내기업체의 금년도
2/4분기 산업생산 동향은 평균가동률이 80.1%로 전기에 비해 2.4%,
작년 동기 2% 상승하였다. 업종별로는 화학제조가 87.2%로 가장 높
으며 음식료제조업은 12.6%가 증가하였다. 가장 낮은 업종은 제재나
무제품제조업으로 54.4%이며 전기에 비해 22.0% 하락하였다.

　　　　　　　　　　　　　　　　　　 - 1977년 9월 7일 매일경제

제목 : 소링겐틀코리아社(사) 仁川(인천)공장 完工(완공)으로
　　　 工具類(공구류) 量産(양산)체제 갖춰

분류 : 민간투자/회사명

기타 : 합자/소링겐틀코리아

내용 :

소링겐틀코리아(대표 : 조동하)는 한국 측이 61%, 미국 측이 39%를 출
자하여 인천공장을 완공하고 생산을 시작하였다. 공장은 스트레이트
생크 트위스트드릴을 비롯한 8종의 공구를 양산하며 연간 3백만 개
의 드릴생산능력을 갖추고 있다.

　　　　　　　　　　　　　　　　　　 - 1977년 9월 21일 매일경제

제목 : 極東建設(극동건설) 仁川(인천)에 月産(월산) 4만 평 규모
　　　 內裝(내장)타일 工場(공장) 11월 稼動(가동)

분류 : 민간투자/회사명

기타 : 설비투자/대왕산업

내용 :

극동건설(대표 : 김명근)은 인천에 월 4만 평을 생산할 수 있는 대규모
의 내장타일 공장을 건설 중에 있다. 극동건설은 이를 위해 대왕산업
을 설립하였으며 11월 중에 가동 예정이다.

　　　　　　　　　　　　　　　 - 1977년 9월 29일 매일경제

○ 10월

제목 : 仁川(인천)공장 11월 가동 信和(신화), 압출성형기 등
　　　 生産(생산)

분류 : 민간투자/회사명

기타 : 설비투자/신화공업사 인천공장

내용 :

신화공업사(대표 : 김창섭)에서 10억 원의 자금을 투입한 인천공장이
11월 20일에 완료예정이다. 현재 공장은 70%의 진척률을 보이고 있
으며 연간 50억 원 상당의 압출성형기와 자동포장기, 인쇄기, 금형생
산능력을 갖추고 있다.

　　　　　　　　　　　　　　　 - 1977년 10월 13일 매일경제

제목 : 業界短信(업계단신)

분류 : 회사명

기타 : 샤프전자산업주식회사 경기영업소

내용 :

샤프전자산업주식회사는 인천시 중구 신생동 23에서 경기영업소를 개소하였다.

- 1977년 10월 22일 매일경제

○ 11월

제목 : 金城産業(금성산업)

분류 : 정책/회사명

기타 : 수출산업단지/금성산업

내용 :

금성산업(사장 : 김종문)은 인천 제5공단에 대지 8,500평, 건평 1,928평의 전분 공장을 신축하고 AID차관 기계 25만 1천 달러, 산은의 기계국산화자금 1억 5천만 원 등 모두 12억 원의 자금을 투입하여 12월 초에 준공할 예정이다.

- 1977년 11월 5일 매일경제

제목 : 16개 産業道路(산업도로)확장 내년에 15억 원 投入(투입)

분류 : 인프라

기타 : 도로

내용 :

인천시는 78년에 15억 원을 들려 16개 산업도로 확장 및 포장을 하고 도화보도육교와 주안역보도육교 가설공사와 부평로터리를 비롯한 4개소에 신호등 및 가로등을 설치할 계획이다.

　　　　　　　　　　　　　　　− 1977년 11월 10일 매일경제

■ 1978년

○ 1월

제목 : 仁川(인천) 機械工場(기계공장) 매각

분류 : 회사명

기타 : 배창방직, 원풍산업, 인천주물공장

내용 :

73년 배창방직을 인수하여 기계공업에 참여해 온 원풍산업(대표 : 이상순)이 4년 만에 경영부실로 인천주물공장을 대한중기에 매각처분할 예정이다.

　　　　　　　　　　　　　　　− 1978년 1월 7일 매일경제

제목 : 仁川(인천)·水原(수원)·安養(안양)·富川(부천)·議政府市

　　　　(의정부시) 공업지 2百(백) 40萬(만) 평 綠地(녹지) 지정

분류 : 정책

기타 : 도시정책

내용 :

건설부는 수도권의 인구 및 산업시설분산을 촉진하기 위해 인천, 수

원, 안양, 부천, 의정부 등 5개 수도권 주변도시의 공업지역 중 240만
평을 1월 12일 녹지지역으로 변경고시 하였다. 인천의 경우 원창동
매립지가 녹지로 전환되는 등 220만 평의 공업지역이 녹지로 묶였다.

            - 1978년 1월 24일 동아일보

제목 : 仁川(인천)에 訓練所(훈련소) 建設技能工(건설기능공)
    萬(만) 명 養成(양성)
분류 : 정책
기타 : 직업훈련
내용 :
건설협회는 인천시 만수동 1만 6천 평의 대지에 기능공훈련소를 신설
하여 연간 3천 명의 기능공을 훈련배출하기로 하였다.

            - 1978년 1월 30일 동아일보

○ 2월
제목 : 仁川工業地域(인천공업지역) 확대
    4천 2백 만m²(m²) 編入(편입)
분류 : 정책
기타 : 산업정책
내용 :
인천관내 준공업지역에 묶여 공장이전이 불가피했던 인천시 남구 학
인동 동양화학 등 인근공장을 비롯, 북구 가좌동 수출산업공단 5, 6
단지 제재단지와 기계공단 내의 중공업공장들이 공업지역으로 재조

정되어 이전하지 않아도 된다.

- 1978년 2월 4일 매일경제

○ 3월
제목 : 新興木材(신흥목재) 家具工場(가구공장) 건설추진
분류 : 민간투자/회사명
기타 : 설비투자/신흥목재
내용 :
신흥목재(사장 : 이흥돈)는 업종 다양화를 꾀하기 위해 가구공장의 건설을 추진 중이다. 공장은 3월 안으로 2천여 평 규모이며 건설 시 소요될 130만 달러어치의 기자재는 일본, 미국, 이탈리아 등지에서 도입하기로 하였다.

- 1978년 3월 2일 매일경제

제목 : 斗山(두산) 合板業(합판업)에 進出(진출)
분류 : 회사명
기타 : 이건산업
내용 :
두산그룹(대표 : 정수창)은 두산산업의 수출확대를 위해 광명과 50:50의 비율로 합판제조업체인 이건산업을 인수하였다. 이건산업은 인천에 5천 평 규모의 공장을 갖추고 있으며 연간 1천만 달러의 합판을 생산 중이다.

- 1978년 3월 18일 동아일보

제목 : 金城(금성)산업, 사료공장추가건설

분류 : 민간투자/회사명

기타 : 설비투자/금성산업

내용 :

금성산업(대표 : 김종문)은 이미 완공된 인천공장 내에 대규모 사료공
장을 추가로 건설할 예정이다.

- 1978년 3월 23일 경향신문

제목 : 한비産業(산업) 生産施設(생산시설) 확장

　　　1억 6천만 원 投入(투입)

분류 : 민간투자/회사명

기타 : 설비투자/한비산업

내용 :

인천 실내화 제조수출업체인 한비산업(사장 : 이용구)은 지난해 8월
총공사비 1억 6천만 원을 투입하여 1천 4백 평 규모로 증축중인 공장
을 4월 초 가동예정이다. 동사는 작년 구미지역 14개국에 849만 달러
를 수출하였다.

- 1978년 3월 31일 매일경제

○ 4월

제목 : 仁川地方(인천지방)기업 私債(사채)이용 高額化(고액화)

　　　추세 中小企業資金難(중소기업자금난) 심화

분류 : 인천산업현황

기타 : 금융

내용 :

4월 26일 인천상의 조사에 의하면 지난해 하반기 중 인천지역 제조업

체의 사금융 이용실태 분석결과 50만 원~백만 원은 지난해 상반기에

비해 6.8%, 백만 원~5백만 원은 3.7%, 천만 원 이상은 4.2% 감소하

였으나 5백만 원~1천만 원은 18.2%가 증가하였다.

- 1978년 4월 26일 매일경제

○ 5월

제목 : 仁川製鐵(인천제철) 現代重工業(현대중공업)서 인수

분류 : 중요회사명

기타 : 인천제철/현대중공업

내용 :

5월 10일 산업은행에서 실시된 인천제철 공매는 현대중공업(대표 : 정

주영)에 138억 6,900만 원에 낙찰되었다.

- 1978년 5월 10일 매일경제

제목 : 仁川製鐵(인천제철) 생산시설 대폭擴張(확장),

　　　 製品(제품)도 다양화

분류 : 중요회사명

기타 : 인천제철/현대중공업

내용 :

인천제철을 인수한 현대중공업은 생산시설을 대폭 확장하여 연간 62

만 톤의 생산량을 120톤으로 증가시키고 조선용과 건축용 철재도 생
산하기로 하였다.

- 1978년 5월 16일 경향신문

제목 : 永宗産業(영종산업) 永宗島(영종도) 관광지로 개발
분류 : 민간투자/회사명
기타 : 설비투자/영종산업
내용 :
영종산업(회장 : 이강흔)은 인천 앞바다에 위치한 영종도의 영종면 운서
리 해안 일대 20여만 평을 매입하여 이를 관광지로 개발할 예정이다.

- 1978년 5월 22일 매일경제

○ 7월
제목 : 松島(송도)에 社員(사원) 휴양소 35개
　　　企業体(기업체)서 設置(설치)
분류 : 민간투자/회사명
기타 : 복지/신흥목재공업, 대성목재공업, 선창산업, 제일제당
내용 :
인천지방의 기업체들은 종업원들의 피서를 지원하기 위해 인천송도
유원지 내에 하계휴양소를 설치하였다. 신흥목재공업, 대성목재공
업, 선창산업, 제일제당 등 35개 기업체들은 휴양소를 직원뿐만 아니
라 가족에게도 활용하게 할 예정이다.

- 1978년 7월 22일 매일경제

제목 : 仁川機械工団(인천기계공단) 6백 56만 弗(불) 輸出(수출)

분류 : 인천산업현황

기타 : 수출

내용 :

인천기계공단에 의하면 6월 말 기준으로 656만 3천 달러를 수출하였
으며 이는 올해 수출목표 54.6% 달성이고 지난해 같은 기간보다 51만
달러가 더 많은 액수이다.

- 1978년 7월 29일 매일경제

○ 12월

제목 : 港內汚染(항내오염) 35社(사) 적발

　　　15社(사)엔 施設(시설) 개선령

분류 : 정책/회사명

기타 : 환경/금성산업, 세원산업

내용 :

인천지방해운항만청은 해상오염일제단속에서 항내에 폐유를 유출시
킨 업소를 적발하여 금성산업(대표 : 김응호, 인천시 북구 십정동 536)등
8개 업소를 고발조치하고 폐수유출업체 세원산업(대표 : 조한극) 등 15
개 업소에 대해서는 시설개선명령을 내렸다.

- 1978년 12월 25일 매일경제

◾ 1979년

○ 1월

제목 : 利建産業(이건산업) 年(연) 1만 톤 생산규모

분류 : 민간투자/회사명

기타 : 설비투자/이건산업, 인천합판공장

내용 :

이건산업(대표 : 박영주)은 합판생산에 소요되는 포르말린을 자급하기 위해 연간 1만 톤 규모의 포르말린 공장을 현 인천합판공장 내에 지난 12월 초부터 착공을 시작하였다. 공사는 5천만 원이 투자될 예정이다.

– 1979년 1월 8일 매일경제

제목 : 勞動廳(노동청)서 종업원歸鄕(귀향) 편의 제공도 촉구
　　　"滯賃(체임) 舊正(구정)전에 일소를"

분류 : 경제범죄/회사명

기타 : 임금체불/인천동창운수

내용 :

노동청은 1978년 작년 한 해 동안 고의 또는 상습적으로 임금을 체불한 업체 40개소를 적발하여 이중 인천 동창운수(대표 : 정종규) 등 7개소는 검찰에 구속 송치하고 나머지 부천 신진섬유(대표 : 이유동) 등 33개 업소는 불구속입건했다.

– 1979년 1월 16일 동아일보

제목 : 太原物産(태원물산) 仁川工場(인천공장) 3월 가동 部品(부품)
　　　 본격생산 추진
분류 : 민간투자/회사명
기타 : 설비투자/태원물산
내용 :
태원물산은 인천 자동차 부품공장을 오는 3월 초에 완공하고 시운전
에 들어갈 계획이다. 산업수출 6공단에 위치한 공장은 대지 2천 평에
건평 330평 규모이며 주 생산품은 자동차용 워터펌프이고 연 20만
대 생산이다.

- 1979년 1월 19일 매일경제

제목 : 仁川(인천)지역 小型(소형)트럭 需要(수요) 급증
분류 : 인천산업현황
기타 : 운송
내용 :
인천에서는 각 기업체의 대소화물수송 필수장비인 2.5톤 트럭의 수
요가 급증하고 있으나 공급이 수요를 따르지 못하고 있다. 기아산업
인천지점에 따르면 지난해 2.5톤 타이탄 트럭 550대를 판매하였으나
아직 61대가 미출고 상태이다.

- 1979년 1월 26일 매일경제

○ 2월

제목 : 仁川(인천)지역 小型(소형)트럭 需要(수요)급증

분류 : 정책

기타 : 산업정책

내용 :

상공부에서는 공산품의 안정공급을 위해 인천, 군산, 목포에 시멘트 분공장을 신설하여 유통을 원활히 할 계획이다.

– 1979년 2월 2일 경향신문

제목 : 仁川(인천)지역 小型(소형)트럭 需要(수요) 급증

분류 : 회사명

기타 : 경동조선

내용 :

최근 요트제조업이 큰 인기를 끌고 있다. 우리나라에서 요트제조업에 처음으로 눈을 돌려 독자적으로 몰드까지 만들어 낸 선구자적 역할을 한 사람은 70년대 초 인천 경동조선의 이종비 사장이나 1년 전 정부가 각종 지원책을 마련하였을 때는 이미 도산한 상태였다.

– 1979년 2월 3일 경향신문

제목 : 勤勞監督官制(근로감독관제)…뭔지 모르겠다 53%

분류 : 인천산업현황

기타 : 노동

내용 :

한양대 전임강사 이기옥 씨가 서울, 부평, 인천의 정액근로소득자 1,275명을 대상으로 조사한 도시산업근로자 복지정책연구에 따르면 노사분쟁에 정부가 개입할 경우 40.7%가 정부가 기업 편에 선다라고 대답하였으며 정부가 근로현황을 조사하는 근로감독제에 대해서는 53.6%가 전혀 모른다고 응답하였다.

- 1979년 2월 23일 동아일보

○ 3월

제목 : 新興木材(신흥목재) 45억 들어 日産(일산) 3만 매 규모
　　　 合板工場(합판공장) 신설추진

분류 : 민간투자/회사명

기타 : 설비투자/신흥목재공업

내용 :

신흥목재공업(대표 : 이훈돈)은 제품의 수출과 매출고를 늘리기 위해 총 25억 원을 들여 생산설비 및 수송장비, 원목하치장을 마련한데 이어 올해 45억 원을 들여 인천에 인간 3만 장의 생산시설을 갖춘 합판공장을 신설하기로 하였다.

- 1979년 3월 3일 매일경제

제목 : 韓獨産業(한독산업) 印度洋(인도양)에 진출계획
　　　 쏠라時計(시계)도 생산

분류 : 회사명

기타 : 한독산업

내용 :

주식회사 한독산업(대표 : 최영춘)은 지난해 7월 당기 98억 5천만 원의 매출고를 시현한데 이어 올해 생산성 제고를 위해 수출시장을 미주에서 유럽으로 확대하였다. 회사는 인천시 북구 작전동 449-3에 있으며 주요 생산품은 전자시계와 손목시계이다.

- 1979년 3월 12일 매일경제

제목 : 서울市(시), 19개 都市(도시) 비교調査(조사) 稅金(세금)
　　　 蔚山(울산)시민이 가장 많이 낸다

분류 : 인천산업현황

기타 : 세금

내용 :

서울시가 수집한 77년 국내 도시 간 비교분석에 따르면 세금을 많이 낸 도시 순위에 울산이 40만 3,929원으로 1위이며 인천이 11만 4,544원으로 5위이다. 또한, 수출실적은 부산이 21억 7,200만 달러로 1위이며 인천은 9억 1,200만 달러로 4위를 차지하고 있다.

- 1979년 3월 20일 경향신문

○ 4월

제목 : 대규모 古鐵(고철) 해체 團地(단지) 釜山(부산)·仁川(인천)에
　　　 조성키로

분류 : 정책

기타 : 산업정책

내용 :

정부는 늘어나는 고철 수요에 대처하기 위해 부산과 인천에 각각 10
만 평, 12만 평의 고선 해체단지를 조성할 계획이다. 고철의 올 수요
량은 382만 톤으로 이중 수입 의존량은 250만 톤이며 65%를 차지하
고 있다.

- 1979년 4월 10일 경향신문

○ 5월

제목 : 2億(억) 8千萬(천만) 달러 外資導入(외자도입)인가

분류 : 정책/중요회사명

기타 : 외자도입/인천제철

내용 :

외자도입심의위원회는 5월 11일 총 17건 2억 8,581만 8천 달러의 외
자도입을 인가했다. 차관 가운데는 인천제철이 대형형강공장건설을
위해 일본 마루베니 사에서 도입하는 2,915만 달러가 포함되어 있다.

- 1979년 5월 11일 동아일보

제목 : 三養食品(삼양식품) 仁川(인천)공장 17일 起工(기공)

분류 : 민간투자/회사명

기타 : 설비투자/삼양유지사료 인천대두박처리공장

내용 :

삼양식품(대표 : 전중윤)의 계열사인 삼양유지사료는 지난 5월 17일 인

천대두박처리공장 기공식을 신축택지 현지에서 갖고 공장건설을 시
작하였다. 공장은 사료생산에 따른 원료의 원활한 공급을 위해 60억
원의 자금을 투입하여 인천시 항동에 하루 3백 톤 규모의 시설을 갖
추게 된다.

- 1979년 5월 19일 매일경제

제목 : 大宇重工業(대우중공업) 小型(소형) 디젤엔진工場(공장) 준공
　　　연간 3만 대 生産(생산)규모
분류 : 민간투자/회사명
기타 : 설비투자/대우중공업 인천공장
내용 :

대우중공업(대표 : 서영철)은 연간 3만 대 규모의 소형디젤엔진 제작
공장을 완공하여 5월 19일 인천공장에서 준공식을 가졌다. 지난 77년
10월 착공하여 내외자 15억 원을 들여 완성된 공장은 50마력에서 150
마력의 소형엔진 3만 대가 생산 가능하다.

- 1979년 5월 21일 매일경제

제목 : 路線(노선) 검토 제2京仁高速道(경인고속도) 건설
분류 : 인프라
기타 : 경인고속도로
내용 :

5월 29일 관계 당국에 따르면 현재 경인고속도로의 차량수용능력이
한계에 이르러 차량을 분산시키고 수인산업도로와 반월공단과도 연

결 가능한 제2고속도로의 노선확정사업이 진행 중이라 밝혔다.

                       - 1979년 5월 29일 경향신문

○ 7월

제목 : 進道産業(진도산업), 9월부터 컨테이너 生産(생산)

분류 : 민간투자/회사명

기타 : 합자/진도산업

내용 :

컨테이너 전문메이커인 진도산업(대표 : 김영원)은 지난 4월 영국 트레일러 사와 기술제휴로 오는 9월부터 시제품 생산을 시작할 계획이다. 인천에 거점을 둔 이 회사는 올해 5백 대를 생산하여 트레일러 부문에서 3억 5천만 원 매출을 올릴 계획이다.

                       - 1979년 7월 14일 매일경제

○ 8월

제목 : 4千餘(천여) t 소실 仁川化工藥品(인천화공약품)창고 폭발

분류 : 회사명

기타 : 대동창고 주식회사, 선명 보세창고

내용 :

8월 13일 밤 11시 55분경 각종 수입화공약품이 들어있던 인천시 남구 용현 2동 632 대동창고 주식회사(대표 : 이동수)의 안전창고 내 방열황산 보관실에서 화공약품이 폭발하여 약 1백 m 떨어진 선명 보세창고(대표 : 심명구)에 번져 이 창고도 불태우고 9시간이 지난 오전 9시경

에 진화되었다.

- 1979년 8월 14일 동아일보

제목 : 20여 업체 浸透(침투) 분규선동 72년 이후 -
　　　韓國輸出(한국수출)산업 工團(공단)의 實例(실례)를 알아보면
분류 : 노동
기타 : 쟁의
내용 :
57년 미국인 성공회 주교의 영등포 도시산업연합회를 시발로 '도산'
이 설립되었고 63년 감리교 및 예수장로회의 목사 등이 참여하여 전
국적으로 확대되었다. 도산연합회는 지난 72년 이후 공업단지 내 업
체에 들어와 각종 노사분규를 지도하였다. 인천도시산업선교회는 73년
12월 인천시 북구 산곡동 소재 천주교회에서 모임을 갖고 근로자 450
명을 규합하여 단결, 투쟁을 강조하였으며 노사분규를 발생시켰다.

- 1979년 8월 18일 경향신문

제목 : 仁川市(인천시) 間石(간석)동~제5공단 산업도로 포장공사
분류 : 인프라
기타 : 도로
내용 :
인천시는 남구 간석동에서 제5공단에 이르는 3,020m의 산업도로의
포장공사를 연내 마무리 짓기 위해 1차 사업으로 길이 720m를 포장
한다.

- 1979년 8월 24일 매일경제

○ 10월

제목 : 종이상자 工場(공장)에 불

분류 : 회사명

기타 : 우신산업

내용 :

10월 20일 저녁 8시 반 인천시 남구 주안5동 종이상자 제조공장인 우신산업(대표 : 정동기)에서 원인모를 불이 나 124평 건물과 118평 기숙사 및 펄프, 기계류 등을 태우고 두 시간 만에 진화되었다.

　　　　　　　　　　　　　　　　　　　- 1979년 10월 22일 동아일보

○ 11월

제목 : 仁川(인천)지방 수출업계 실적 4억 4천만 弗(불)

분류 : 정책/인천산업현황

기타 : 수출산업단지/수출

내용 :

한국수출산업공단 인천사업소 관내 업체들은 지난 10월 말 기준 4억 4,158만 2천 달러의 수출실적을 올려 목표보다 11.4% 초과 달성하였다.

　　　　　　　　　　　　　　　　　　　- 1979년 11월 10일 매일경제

제목 : 新興産業(신흥산업) 조각통문짝 美(미)에 輸出(수출)

분류 : 회사명

기타 : 신흥산업

내용 :

우아미가구 생산업체인 신흥목재공업 계열사 신흥산업(대표 : 김명복)
은 미국으로 솔리드 도어 32만 달러 상당을 수출하였다.

- 1979년 11월 24일 매일경제

○ 12월

제목 : 仁川市(인천시) 京仁國道(경인국도) 확장공사

분류 : 인프라

기타 : 도로

내용 :

인천시는 남구 간석동 동암국교에서 부천시계까지의 경인국도의 확
장계획을 수립하여 오는 80년–81년 연차사업으로 추진할 계획이다.
계획에 따르면 총연장 5,350m로 기준 13m의 폭을 35m로 확장하는
것이다.

- 1979년 12월 3일 매일경제

제목 : 三益住宅(삼익주택) 仁川(인천)에 家具工場(가구공장)

분류 : 회사명

기타 : 삼익가구

내용 :

삼익주택 계열사인 삼익가구가 인천에 국내 최대의 가구공장을 완공
하였다. 대지 2만 평에 60억 원의 자금을 투입한 공장은 기존 삼익주
택에만 제품을 공급해오던 방식을 바꿔 일반을 상대로 양산방식을 펼

II. 신문 기사에 나타난 1946년부터 1980년까지의 인천 산업사 295

치기로 하였다.

- 1979년 12월 12일 동아일보

제목 : 水仁(수인)~九山(구산)천 道路(도로) 2천 8백 60m 포장

분류 : 인프라

기타 : 도로

내용 :

인천시는 올해 관내 도로확장계획에 따라 남구 장수동 수인산업도로

에서 구산천까지 2,860m를 폭 5m로 포장하였다.

- 1979년 12월 25일 매일경제

■ 1980년

○ 1월

제목 : 「이웃公害(공해)」移轉(이전) 엉거주춤 –지방 大都市(대도시)

　　　주택가 工場(공장) 실태

분류 : 인천산업현황

기타 : 환경

내용 :

79년 말 경기도와 인천시가 인천시 관내 1천 7백 개소의 각종 제조업

소를 대상으로 실시한 공해도조사결과 분진 매연가스 등 각종 공해를

내뿜는 업소가 전체의 66%인 1,116개소로 밝혀졌다.

- 1980년 1월 28일 동아일보

○ 2월

제목 : 韓獨(한독), 초박형 전자손목시계 開發(개발)

분류 : 회사명

기타 : 한독산업

내용 :

한독산업(대표 : 최영춘)은 최근 두께 2㎜의 초박형 전자손목시계를 개
발하였다. 1백 분의 1초까지 측정이 가능한 이 시계는 외국에서도 관
심을 끌고 있으며 회사는 올해 수출목표를 작년 3,685만 달러에서 약
두 배 늘어난 7천만 달러로 책정하였다.

- 1980년 2월 13일 매일경제

○ 4월

제목 : 商工部(상공부) 에너지 多水消費(다수소비)산업
       脫石油化(탈석유화) 추진

분류 : 주요회사명

기타 : 인천제철

내용 :

국제원유가 상승으로 인해 인천제철은 전력 58만kW/h를 절약하고 유
류 15%를 절감시키기 위해 피크전력탐지, 전력투입자동화, 적정변압
기를 선택하는 등의 설비를 개선하기로 하였다.

- 1980년 4월 12일 매일경제

제목 : 金銀柱(김은주) 前三岡社長(전삼강사장)
　　　 低溫(저온) 창고업에 진출
분류 : 민간투자/회사명
기타 : 합자/신흥제분 인천공장
내용 :
전 삼강산업 김은주 사장이 최근 신흥제분 인천공장을 인수하여 일본
회사와 기술제휴를 통해 대단위 저온창고를 인천에 설립하기로 하였다.
　　　　　　　　　　　　　　 － 1980년 4월 18일 동아일보

제목 : 6大都市(대도시)에 대형 倉庫(창고) 건설
분류 : 정책
기타 : 산업정책
내용 :
4월 26일 교통부에 따르면 최근 정부의 유통산업근대화 계획에 따라
오는 81년까지 총 220억 원을 투입하여 서울, 부산, 대구, 마산, 인
천, 광주 등 전국 6대 도시에 유통단지를 건설할 방침아래 우선 금년
도에 1백억 원을 투입하여 1차 공사를 진행할 예정이다.
　　　　　　　　　　　　　　 － 1980년 4월 26일 매일경제

○ 5월
제목 : 韓國鋼管(한국강관) 仁川(인천) 제2공장 정상가동
분류 : 민간투자/회사명
기타 : 설비투자/한국강관 인천 제2공장

내용 :

한국강관은 올해 해외수출시장을 다변화하여 수출을 적극 추진할 계
획이다. 지난해 22억 원을 투입하여 착공한 인천 제2공장 증설공사가
마무리되어 정상가동, 강관생산능력은 연 30만 톤에서 40만 톤으로
증가하였다.

- 1980년 5월 26일 매일경제

○ 6월

제목 : 數値制禦(수치제어) 학교개설

분류 : 정책

기타 : 산업정책

내용 :

한국과학기술연구소는 NC(수치제어)기술을 널리 보급하기 위해 16일
부터 인천시 북구 가좌동에 있는 동 연구소 정밀기계 기술센터에서
국내 최초로 NC학교를 개설할 예정이다.

- 1980년 6월 13일 동아일보

○ 7월

제목 : 國保委(국보위) 仁川(인천)에 새 中小企業工團
　　　 (중소기업공단)조성

분류 : 정책/염전

기타 : 산업정책/매립

내용 :

국가보위비상대책위원회 상임위는 7월 14일 서울지역의 이전대상 중 소기업 공장 3,151개를 인천시 남동 폐염 전 지역 약 2백만 평을 공업 단지로 조성하여 이전할 수 있도록 조치하였다.

- 1980년 7월 14일 매일경제

제목 : 韓國(한국)유리 板(판)유리在庫(재고) 급증

분류 : 인천산업현황/중요회사명

기타 : -/한국유리

내용 :

7월 26일 발표에 따르면 인천과 부산에 연간 440만 상자의 대규모 판유리 공장을 갖추고 독점 공급하고 있는 한국유리(대표 : 최태섭)는 현재 163만 상자를 내수 공급하였는데 이는 지난해 같은 기간의 210 만 상자에 비해 47만 상자가 감소하였으며 이는 내수부진이 가장 큰 원인이다.

- 1980년 7월 26일 매일경제

○ 8월

제목 : 産災保險(산재보험) 부담 커 仁川商議(인천상의),

　　　　1백 43개 業体(업체) 대상조사

분류 : 인천산업현황

기타 : 복지

내용 :

인천상의가 8월 8일 지역 143개 생산업체를 대상으로 조사한 내용에 따르면 조사대상 업체의 97.2%인 139개 업체가 산재보험에 가입하고 있으며 이중 보험료가 회사능력에 비해 많은 편이라는 응답이 전체 58.7%인 84개 업체이다.

― 1980년 8월 8일 매일경제

○ 10월

제목 : 仁川海港廳(인천해항청) 排出(배출)실태 조사키로

港灣汚水(항만오수) 유출방지

분류 : 정책

기타 : 환경

내용 :

인천지방해항청은 해수 오염을 예방하기 위해 해양경찰, 인천청 등과 합동으로 조사반을 편성하여 하수구조사에 나설 계획이다. 인천항으로 유입되고 있는 하수구 현황을 보면 선거 내에 23개, 북항지역에 20개, 연안부두에 10개, 월미도 지역에 6개 등 모두 59개 소이며 이 중 배수로가 22개이고 주택폐수가 17개, 기타 5개로 분류되어 있다.

― 1980년 10월 22일 매일경제

○ 11월

제목 : 南方開發(남방개발) 木材加工(목재가공)분야 진출

분류 : 회사명

기타 : 한국남방개발, 동일목재상사

내용 :

한국남방개발(대표 : 최계월)은 지난 6월 인천 북구의 동일목재상사를 인수, 11억 원을 들어 공장을 개수하였으며 월 1만 2천㎡의 원목을 가공할 수 있다.

– 1980년 11월 26일 매일경제

○ 12월

제목 : 試錐(시추)용 비트공장 준공

분류 : 민간투자/회사명

기타 : 설비투자/영풍광업

내용 :

영풍광업은 광산용기계제작을 위해 총 4억 원을 투입하여 주안 5공단에 공장을 준공하였다. 이 공장은 시추용비트, 시추기부속, 착암기, 착암기비트, 산업기계 등을 생산하여 관련업체에 공급할 예정이다.

– 1980년 12월 19일 매일경제

3) 신문 기사에 나타난 1971~1980년 시기의 인천 산업 분석

〈그림 2-22〉 1971~1980년 시기 중앙지 기준 인천 산업으로 찾은
기사 내용 분류별 빈도분석 결과

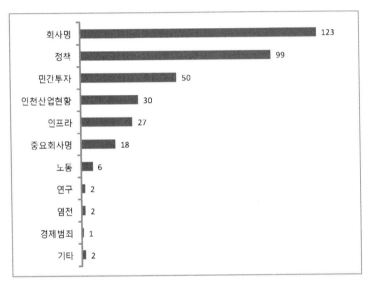

○ 기사 내용 분류별 빈도분석

회사명을 제외하고 가장 많은 비중을 차지하고 있는 정책은 99회,
27.5%를 차지하고 있다. 이는 아직도 인천의 산업경제의 대부분 국
가주도의 경제계획에 따라 이루어지고 있다는 것을 의미한다. 그러
나 지난 60년대에 겨우 2번 밖에 보이지 않았던 민간투자가 70년대
에는 크게 신장하여 50회, 13.9%를 차지함으로서 일방적인 국가주도
의 경제성장에 비해 민간주도 시장의 영역도 넓어지고 있음을 알 수
있다. 경인고속도로가 완성되고 인천항 또한 70년대 초반에 완공됨
에 따라 인프라는 지방도로 등과 같이 지역 내 소규모 인프라 정비가

주를 이루고 있으며 인천중공업, 인천제철 등 거대 기업들의 비중이 크게 줄어듦으로서 인천산업구조의 특징인 중소규모 업체들의 경쟁시대로 돌입하고 있는 특징이 나타나고 있다. 노동 부문은 그 당시 저임금과 열악한 노동환경에 대해 많은 쟁의가 일어났으나 독재권력의 언론통제 및 검열로 인해 상당히 낮게 나타났다.

〈그림 2-23〉 인천직업훈련원(1978)

자료 : 행정안전부 국가기록원 자료 CET0023984

○ 정책 – 수출산업단지의 부상

정책에서 다수를 차지하는 것은 41회, 정책 중 약 40%를 차지할 정도로 많이 언급된 수출산업단지이다. 이렇게 1970년대 인천산업의 가장 큰 이슈는 역시 부평국가산업단지와 주안단지를 비롯한 공업단지의 건립이다. 1965년 6월에 시작되어 1969년 10월에 완공되어 기업들이 입주한 현 부평국가산업단지는 과거 부평수출산업단지로 불

렸으며 정부보조 1억 3천만 원과 산업은행융자 8천 3백만 원, 자체자금 2천 4백만 원, 양곡 720만 원 도합 2억 4천 4백만 원을 들여 완공하였다. 1971년 구로공단 등과 함께 한국수출산업공단으로 통합되어 주안단지와 함께 4, 5 단지 등으로 불리다가 현재는 부평국가산업단지로 약 820개 사가 입주한 대규모 국가산업단지로 공산품 등을 생산하고 있다.

이 외에도 22회 언급되어 정책 중 두 번째로 많이 언급된 산업정책으로는 수도권공업단지 조성 및 생산할당을 의무화 하는 등의 조치가 포함되어 있다.

〈그림 2-24〉 인천수출산업공단 조성 기공식(1966)

자료 : "사진으로 보는 인천 시사" 인천광역시사편찬위원회 2013.

〈그림 2-25〉 한국수출산업공단 제 5단지(주안공단) 고속버스 정류소설치(1971)

자료 : "사진으로 보는 인천 시사" 인천광역시사편찬위원회 2013.

○ 민간투자 – 민간투자와 합자회사의 증가

민간투자는 크게 29회 언급된 설비투자와 18회 언급된 외국과의 합자가 대부분을 차지하고 있다. 1960년대를 거쳐 신장된 인천의 자본주의는 외국의 차관을 받아 자본을 사용하는 대신에 기업의 자체적인 수익과 주식회사 등록을 통한 주식매각을 통해 설비를 늘릴 수 있는 충분한 자금을 보유할 수 있게 되었다. 물론 합자회사가 증가하였으나 이는 상당수가 국내 자금이 더 많은 형태였으며 자금보다는 기술력과 수출을 위해 합자회사 형태로 창업하는 것이 기본적인 형태였다. 일부 기업은 합자기업형태 및 수출산업단지로 본사를 옮기는 등 인천 산업이 다른 시도의 산업과 비교하여 가장 발달하였던 시기이다.

○ 인프라 – 철도와 통신

60년대 말 경인고속도로가 완공되고 1974년 5월 10일 인천항 선거
가 완공된 이후 인천의 인프라는 겉으로는 크게 줄어들었다. 그러나
이러한 현상은 이미 인천 내 대형 공사를 필요로 하는 인프라는 많이
줄어들었음을 의미하며 그 밖에 지역 내 도로포장 및 1971년 기공된
경인선 철도 공사 등이 존재한다.

〈그림 2-26〉 인천항 제 1도크 진수식(1972년)

자료 : "사진으로 보는 인천 시사" 인천광역시사편찬위원회 2013.

〈그림 2-27〉 인천항선적사진(1977)

자료 : 행정안전부 국가기록원 자료 CET0041699

〈그림 2-28〉 경인선 전철 착공식(1971년)

자료 : "사진으로 보는 인천 시사" 인천광역시사편찬위원회 2013.

Ⅲ. 결론

결론

항구도시인 인천은 1883년 개항 이후 수도권 관문도시의 역할을 담당하였다. 이러한 관문으로서의 중심지인 인천항을 중심으로 경인철도, 수인선, 경인고속도로, 인천공항으로 발전하는 교통체계를 따라 인천의 산업은 다양하게 발전해왔다.

따라서 인천은 바다, 육지, 하늘을 모두 잇는 교통 요충지로서 역할과 서울의 변방 역할로 산업이 성장하여 왔다는 것을 확인할 수 있다.

최근의 인천은 300만 인구에 이르는 거대도시로의 성장과 3개의 경제자유구역개발로 동북아의 중심도시라는 슬로건을 내걸고 있다. 그러나 그 실상을 살펴보면 건설업자와 초국적 자본의 자본축적 도시로 변화하고 있는 것을 알 수 있다.

필자는 본문에서 1946~1980년 신문 기사를 통해 인천의 경제와 산업의 흐름을 살펴보았다. 단편적인 신문 기사의 기술이지만 당시 자본축적의 과정은 현재의 인천경제자유구역에서 자본축적이 반복되는 과정과 비슷한 현상을 확인할 수 있었다. 이러한 현상은 과거와 현재가 근본적으로 동일한 형태의 역사적 경로의존성을 보여주고 있다. 또한 이러한 과정과 함께 인천의 기반 산업의 변화를 살펴볼 수 있었다. 그리고 어떠한 압력을 통해 인천의 산업이 변화되어 왔는지에 대해 확인할 수 있었다. 이를 기초로 결론을 다시 정리하면 다음과 같다.

1930년대 일본은 한반도를 만주 침략의 병참기지로 삼았으며, 이에 배후 병참기지를 만들 목적으로 경인공업지구를 구상하였다. 이러한 과정을 통해 인천에는 다수의 대규모 공장이 들어서게 되었다. 1930~1940년대에 건설된 주요공장들 가운데 동양방적·조선목재·일본제분 등 세개 공장을 제외한 나머지 공장들은 대부분 군수산업에 속하는 공장들이었다. 그리고 상기한 세개의 공장 또한 간접적으로 군수산업과 연계되어 있었다. 해방 이후 1940년대 중·후반의 인천은 화약제조의 실험과 노동조합운동이 활발했고, 북에서 전기가 송전되는 산업구조임을 확인할 수 있었다. 결국 1940년대까지 살펴보면 화학제조, 비료공장, 송전 기사 등을 통해 당시 인천지역의 공장가동 상황과 당시 남한의 발전소 송전용량을 파악할 수 있다.

해방 이후 한국자본가들은 일본인 자본가들이 소유한 기업체를 불하받거나, 미군정에 의해 미국의 물자를 원조 받아 이를 사유화 하는 과정에서 탄생하였다. 즉 이들은 불하와 원조를 통한 유통 및 생산을 통해 자본을 축적하는 형태를 보였다. 이러한 축적형태는 6.25 전쟁 이후 다소 변화하였다. 기본적인 축적과정은 동일하나 형태적으로는 미국의 구호물자 등을 사유화하여 이를 기반으로 자본을 축적하는 산업자본이 탄생하게 된다.

1950년대 인천은 산업진흥을 위해 인천기계제작소, 제분공장, 면사를 생산하는 방직공장, 중공업 등의 공장을 재건 복구하였다. 인천 판유리공장은 당시 충주비료공장, 문경시멘트공장과 함께 3대 기간 산업 공장 중 하나였을 정도로 유명했다. 인천판유리공장은 당시 기준으로 국내 최초로 한국 원료와 기술로 만든 판유리를 생산하였다.[1] 판유리공장은 국가의 자금지원을 받아 성장하게 되며 자유당 정권의 각종 비리에 연루된 의혹이 있는 등 정치적 목적으로 이용되기도 하였다. 그리고 이때는 정부가 지정한 기업에 금융을 지원하는 산업은행, 한국은행 등이 인천에 지점을 내는 시기이기도 하다.

1949년 인천의 인구는 26만 명에서 1955년 31만 명, 1960년에는 40만 명으로 증가하고 1961년 경제가 마이너스 성장률을 보이면서 인천의 인구가 잠시 감소했다가 다시 안정적인 인구증가를 보였다. 따라서 1960년대부터 인구 증가율을 통해 정부가 인천을 비롯한 도시 집중화 현상을 막기 위해 각종 계획과 조치를 취했다는 기사가 나온다. 이를 통해 1960년대 당시 농촌을 떠나 도시로 인구이동이 가속화되었음을 파악할 수 있었다. 특히 1962년은 경제개발 5개년계획으로 국가경제가 연평균 7%이상 성장하였으며, 인천의 산업경제도 이에 비례해 동반 성장하게 된다. 또한 국토건설종합계획과 공업분산정책에 따라 인천은 단지공업과 임해공업지로 결정되었다. 그러면서 인천항을 둔 인천은 항만 임해공업도시로서의 입지적 특성을 살려서 수출주도형 경제개발에 정합적인 역할을 하게 되었다. 인천 내부에서는 이와 같은 과정을 거쳐 인천항의 발전과 공업단지 조성을 이루

---

[1] 인천경제, 2017.

게 된다. 당시 인천은 국가산업단지로 부평산업단지와 주안산업단지를 조성하게 되고 일반산업단지로는 인천기계산업단지를 조성하게 된다. 이렇게 시작한 산업단지는 국가산업단지 3개와 일반산업단지 10개 등 현재 총 13개로 늘어났다.

1960~70년대 신문 기사를 분석한 결과를 보면, 경제정책의 빈도가 높게 나타났다. 이는 국가주도형 성장체제를 의미한다고 있다고 볼 수 있는 분석이라 정의할 수 있다. 인천은 항만임해공업의 입지적 특성으로 수출지향공업화 전진기지로서 수출공업단지가 조성되는 시기였다. 이 시기에 부평지구의 부평공단, 주안지구의 기계산업공단이 조성되었다. 그리고 1965년 인천수출산업공단이 설립되면서 나타났던 극동유리회사의 설립을 방해한 인천판유리공장의 기사 등을 통해 한국의 공단조성과 2차 산업의 확대를 확인할 수 있었다.

1960년대는 정부가 국영기업체 민영화 및 관리합리화 방안에 따라 인천중공업은 완전민영화 되었고, 이러한 과정을 거쳐 국가주도형 자본축적을 기반으로 하는 산업자본가들이 나타나게 된다. 인천제철, 동양화학 등 중화학공업 등의 기업들을 국가로부터 주식을 매입하여 운영하는 형태의 자본가들이 그 대표적인 예라고 할 수 있다.

1960년대는 정부가 수출주도형 성장방식을 택한 시기였다. 그러면서 수출하기 위한 환경여건을 갖추기 위해 주변 인프라를 지속적으로 구축한 시기였기에 도시로의 인구집중현상은 더 이상 막을 수 없었다. 여기에 인천은 서울에서 가장 가까운 항구라는 지리적 특수성으로 인해, 매우 중요한 위치를 차지하고 있던 상황이었다. 수출과 원자재의 용이한 이동을 위한 인천항준설사업과 도로공사로 인해 도로

포장률이 증가하였다. 또한 서울-인천항을 이어주는 경인고속도로의 개통으로 인해 명실공히 인천은 수출주도형 성장방식의 최전선의 전초기지로서 자리매김하게 된다. 그 외에도 전력, 철도, 등 기반 사업과 함께 AID 차관[2]을 들여오게 되면서 인천의 1960년대 말 상수도 보급률은 100%에 근접하였다.

산업구조를 살펴볼 때 인천은 5대 광역시 중 제조업의 비중이 가장 높은 도시이다. 69년 기준으로 인천의 농가인구비율은 전국 평균에 비해 7.2% 낮았다. 서울, 대구, 전주, 마산 등 여타 대도시의 농가인구비율이 13.6%인 것과 비교해도 절반을 조금 넘는 수치임을 알 수 있다. 이를 통해 인천은 다른 도시에 비해 공업화가 매우 빠르게 진행되고 있었다는 사실을 확인할 수 있다. 이렇듯 다른 도시에 비해 빠른 공업화가 이루어지면서 인천은 공업도시로서의 면모를 갖췄다. 그러나 이후 에는 서울과 경기도를 비롯한 수도권 배후도시로서의 역할에 그치게 된다.

1960년대가 전쟁 이후 황폐화되었던 산업을 재건하고, 진흥하기 위해 각종 산업인프라를 구축하는 시기였다면, 1970년대는 산업 기반을 확대하고 본격적인 수출주도형 성장체제가 시작되던 시기였다. 인천은 해방과 전쟁 이후 1967년 수출산업공단이 부평과 주안에 4개의 단지가 들어서면서 본격적인 산업도시로의 모습으로 자리 잡게 되었다. 그러면서 인천의 산업구조는 항만을 중심으로 하는 상업서비

---

2 미국의 AID(Agency for International Development : 국제개발처)가 제공하는 차관으로 미국물자의 도입을 조건으로 하므로 tied loan에 속한다.

스업 중심의 3차 산업에서 2차 산업중심의 제조업 중심도시로 변모
하였다.[3]

총부가가치를 기준으로 살펴본 1965년 인천 산업구조는 3차 산업
이 62.5%, 2차 산업이 30.6%, 1차 산업이 6.9%를 차지하고 있어 3차
산업 위주의 산업구조를 보여주고 있다. 그러나 1967년 수출산업단
지가 조성되고, 1973년과 1974년 수출산업공업단지 5, 6단지가 조성
되었으며, 지방산업단지인 인천기계산업단지, 인천지방산업단지가
조성된 이후 1975년에는 2차 산업비중이 59.1%를 차지하였다. 5년
뒤인 1980년에는 2차 산업의 비중이 62.3%까지 차지하게 된다.

1971~1980년의 신문 기사를 살펴보면 회사명의 빈도가 높게 나타
나고 있다. 이는 인천에서 다양한 기업들이 생겨났음을 증명하는 것
이라 할 수 있다. 인천에 공단이 들어서면서 대기업들의 비중은 줄고
중소규모의 업체들이 많이 생겨나게 된다. 그러면서 이 시기부터 인
천 산업은 제조업 중심의 특징이 나타났다. 신문 기사에서 정책의 빈
도도 여전히 높게 나타나는 것은 국가주도의 경제계획이 계속해서 진
행되었음을 알 수 있다. 그리고 이 시기에는 수출산업단지가 부상하
면서 수출주도형 산업구조를 보이고 있는 것이 특징이다.

노동부분을 보면 1940년대 후반의 인천은 열악한 노동현실 때문에
'제2의 모스크바'라 불릴 정도로 격렬한 투쟁이 일어났다.[4] 저임금과
열악한 노동환경으로 인해 많은 노동쟁의가 일어났으나, 독재 권력

---

3 인천광역시 역사자료관(2006). 인천역사 – 인천경제의 재조명 3호, 「인천역사문화총
   서 30」.
4 위의 책, p.236.

의 언론 통폐합과 검열로 인해 신문 기사에는 상당히 낮은 빈도로 나타났다. 1960년대 인천은 외국의 차관과 정부의 지원을 받아 성장하던 기업의 구조였으며, 1970년대는 기업의 자체수입과 주식회사를 통해 기업이 창업과 성장을 하던 시기로 인천의 산업이 다른 시도와 비교하여 가장 발달했던 때로 보인다.

1972년부터 시작된 제3차 경제개발 5개년계획(1972~1976년)과 제4차 경제개발 5개년계획(1977~1981년)의 추진으로 나라경제는 선진국으로 도약할 수 있는 기반이 구축되었다. 1970년대의 고도성장은 중화학공업 부문에 대한 집중투자와 이에 대한 중화학공업의 발전에 의해 선도되었다.[5] 경제개발 5개년계획 기간의 인천지역 산업은 사회간접자본의 확충 및 기간산업의 건설에 치중되었으며, 생산재의 비중이 증가하고 생산 활동이 활발해져 총생산액이 비약적으로 증가한 기간이다. 실례로 1970년 580개에 불과하던 제조업체가 1981년에는 1,824개로 3배 이상 증가한 것을 예로 들 수 있다.[6] 1980년대 이후 인천은 중화학공업 중심의 산업구조를 갖게 되었다.

금융은 1950년대 보다 매우 확대되고 활발해 졌다. 1969년 12월에는 지역은행인 인천은행[7]이 개업하였다. 이외에도 1968년 주안의 기계공업단지, 1969년 부평에 국가산업단지와 더불어 1974년에는 인천항의 전면 독크(dock)화 공사가 완공되면서 우리나라 최초의 컨테이

---

5 인천상공회의소 125년사, 2005년, p.308.

6 위의 책, p.326.

7 1968년 인천은행은 설립하여 1972년 경기은행으로 상호를 변경하였으며 1998년 한미은행이 인수하였다.

너 부두인 내항 4부두를 개장하였다. 그리고 1968년 경인고속도로 개통, 1974년에는 경인철도 전철화 완공 등 산업기반이 조성되면서 인천의 발전, 산업경제 발전을 이끌게 된다.

1973년 당시 기준으로 인천에는 10여 개의 외국기업들이 인천기업들과 합작 및 기술 제휴를 맺고 있었다. 1979년 기준으로 국내도시 간 비교분석을 통한 세금을 많이 낸 도시 순위에서 4위, 수출 실적도 4위를 차지함으로서 공업도시로서의 입지를 확실하게 다지게 되었다.

이후 1985년과 1990년 전국(GDP)과 인천 지역내 총생산(GRDP)의 추이를 살펴보면, 1985년 기준으로 전국 200조 3,870억 원 중 인천은 9조 2,940억 원으로 4.6%의 비중을 차지하고 있었다. 1990년에는 전국 537조 2,740억 원 중 인천은 16조 3,660억 원으로 4.9%의 비중을 차지하고 있었다. 6대 광역시와 비교하면 1985년 당시 지역 내 총생산의 전국비중은 부산이 7.2%이고 대구는 4.4%로 4.6%의 인천은 이미 대구보다 비중이 높아 대구를 앞지른 3대 도시였음을 확인할 수 있다.

인천의 산업과 경제동향을 다양한 방법을 통하여 접근할 수 있지만 본문에서는 언론에 비친 기사를 통해 접근하는 새로운 방법을 시도해 보았다. 연구방법은 지난 신문을 필요에 따라 찾아보고 분류하는 등의 작업도 존재하였으나 주로 날짜별로 기사를 찾아 이를 요약하고 작성하였다. 그리고 내용은 회사명, 중요회사명, 정책, 경제범죄, 노동, 인프라, 염전, 기타 등으로 분류하여 자료를 찾아 검토하는 작업을 추가하였다.

최근 디지털아카이브 작업이 다양한 분야에서 이루어지고 있지만 인천과 관련한 자료를 모두 모아둔 어떤 공간도 없는 실정이다. 그래서 부족하지만 다양한 연구가 여러 방면에서 이루어지고, 이런 작은 연구들이 결합 할 수 있는 토대를 구축하는 작업으로 신문 기사 중 산업과 경제 분야를 다루어 보았다.

지역의 정보를 보존하고 정리하여 시민들에게 제공하는 연구는 절대적으로 필요하다. 이에 지역의 다양한 자료를 분류하고 이용하기 편하게 구축하기 위하여 향후 기록물의 선별과 분류기준 등 활용방안이 마련되어야 한다. 이상의 연구도 분류작업의 한 방법일 뿐이다. 이에 산업과 경제 분야의 다양한 분류 방법 논의는 추후 과제로 남겨 둔다.

부록

〈부록〉

년도	날짜	신문명	분류	기타	기사명
1946년	12월 3일	동아일보	노동	-	勞資協調(노자협조)로 産業(산업)을 復興(부흥)
1947년	5월 17일	경향신문	회사명	인천조선유지	火藥工業(화약공업)에 凱歌(개가)
1948년	2월 24일	동아일보	노동	-	海員勞組選擧(해원노조선거)
	5월 15일	경향신문	인프라	전력단선	緊急(긴급)한 電力對策(전력대책) (一(일))
	10월 31일	경향신문	회사명	인천조선화학 비료공장	韓國(한국)의 緊急(긴급)한 肥料政策(비요정책) (上(상))
	11월 19일	경향신문	회사명	화상동순동 만취동	드디어 萬聚東(만취동) 法網(법망)에 걸리다
1949년	4월 21일	동아일보	회사명	진연공장	商工部案(상공부안) 機械工業(기계공업)을 振興(진흥)
	5월 10일	경향신문	경제범죄	밀수	稅關(세관)의 監視(감시)를 完全回避(완전회피)
	12월 12일	경향신문	정책	-	國政監査班同行記(국정감사반동행기)
	12월 16일	동아일보	경제범죄	밀수	腐敗(부패)! 萎縮(위축)! 國內産業(국내산업)에 危機(위기) 不正貿易界(부정무역계)에 秋霜(추상)의 메스
1950년	4월 22일	동아일보	정책	-	十五原則(십오원칙)에 依據(의거)한 産業緊急策成案(산업긴급책성안)
			회사명	삼화제철, 인천종연공장	
1951년	7월 24일	국가기록원	회사명	대한제분 인천공장	-
	9월	국가기록원	정책	공작창 설치	-
1953년	1월 9일	동아일보	회사명	인천동양방직	破壞産業復興(파괴산업부흥)에 曙光(서광) 仁川東洋紡織復舊完成(인천동양방직복구완성)
	4월 16일	경향신문	회사명	광뢰산업 주식회사	日人(일인)들 아직 仁川(인천)서 活步(활보)!
	7월 13일	경향신문	노동	-	仁川地區勞聯發足(인천지구로연발족)
	8월 18일	경향신문	정책	자금지원	二億弗(이억불)의 使用計劃完成(사용계획완성)
			회사명	인천기계제작소	

	12월 31일	동아일보	중요회사명	인천판유리공장	癸巳經濟(계사경제) (下(하)) 無視當(무시당)한 自由經濟原則(자유경제원칙)
1954년	4월 16일	동아일보	회사명	인천조선 리연고무 주식회사	前殖銀(전식은) 幹部(간부)에도 波及(파급)
	4월 21일	동아일보	회사명	인천조선 리연고무 주식회사	拘留期間更新(구류기간갱신) 理研(이연)고무社金社長(사금사장)
	12월 2일	동아일보	정책	자금지원	主要基幹産業(주요기간산업) 遲遲(지지)한 建設狀況(건설상황)
			중요회사명	인천판유리공장	
1955년	1월 14일	동아일보	정책	자금지원	水利資金(수리자금) 곧 放出(방출) 金韓銀總裁談(금한은총재담)
			회사명	인천화약	
	5월 27일	경향신문	정책	자금지원	八億六千餘萬圜放出(팔억륙천여만원방출) 肥料工場等基幹産業爲(비료공장 등 기간산업위)해
			중요회사명	인천판유리공장	
	7월 6일	경향신문	회사명	소맥분공장	剩餘農産物(잉여농산물)의 導入問題(도입문제) (下(하))
	9월 4일	경향신문	회사명	한미창고	세멘트四千袋橫領(사천대횡령) 保管代表二名拘束(보관대표이명구속)
	12월 17일	경향신문	회사명	남일운수	海運(해운)의 當面課題(당면과제) 座談會(좌담회) (1)
1956년	2월 15일	동아일보	중요회사명	인천판유리공장	仁川板(인천판)유리 工場起工式(공장기공식)
	2월 25일	경향신문	정책	자금지원	51億餘萬圜(억여만환) 策定(책정) 基幹産業(기간산업) 復興資金(부흥자금)
	3월 19일	경향신문	경제범죄	밀수	안풀리는 背後(배후)의 黑幕(흑막)
			회사명	상호운수, 대성창고	
	4월 30일	경향신문	정책	토지매각	겨우 140萬圜(만환)에 賣却(매각)
	11월 7일	동아일보	중요회사명	인천판유리공장	基幹産業(기간산업) 現地報告(현지보고) (7) 仁川板(인천판)유리篇(편)
	11월 7일	동아일보	회사명	한국화약	基幹産業(기간산업) 現地報告(현지보고) (7) 仁川板(인천판)유리篇(편)
1957년	1월 15일	동아일보	중요회사명	인천판유리공장	引受(인수)에 假契約(가계약) 仁川(인천) 유리實需要者(실수요자)

	2월 3일	동아일보	중요회사명	대한중공업	六億四百萬圜(육억사백만환) 大韓重工業(대한중공업)에 融資(융자)
	7월 14일	동아일보	회사명	동양방직	地方財政(지방재정) 金融經濟(금융경제)의 實態(실태) 完(완) 京畿道篇(경기도편) ④
	9월 29일	동아일보	정책	자금지원	大田皮革等承認(대전피혁등승인) 有關事業融資案(유관사업융자안)
	10월 1일	경향신문	중요회사명	인천판유리공장	어제 竣工式板(준공식판)「유리」仁川工場(인천공장) 李大統領參席裡盛大(이대통령참석이성대)
	10월 8일	경향신문	정책	자금연체	總延滯額(총연체액) 69億圜(억환)
			회사명	인천제제	
	10월 23일	경향신문	중요회사명	대한중공업	重工業(중공업) 運休繼續(운휴계속) 産業建設(산업건설)에 警鍾(경종)
	12월 1일	경향신문	중요회사명	대한중공업	運休中重工業仁川平爐(운휴중중공업인천평로)
1958년	4월 12일	경향신문	중요회사명	대한중공업	三和製鐵等(삼화제철등)은 操業不能(조업불능)
	4월 26일	경향신문	회사명	인하산업공사	天主教救濟品五萬袋(천주교구제품오만대)를 燒失(소실)
	5월 22일	경향신문	회사명	인천비누	비누軍納(군납) 業者二名拘束(업자이명구속)
	6월 17일	경향신문	회사명	인천조선공업	ICA民需施設(민수시설) 監査報告內容(감사보고내용) (中(중)) 無計劃(무계획)한 資金配定許多(자금배정허다)
	8월 9일	경향신문	기타	전력수입	火力建設(화력건설)로 電力難緩和(전력난완화)
1959년	1월 14일	동아일보	중요회사명	대한중공업	經濟自立(경제자립) 摸索(모색)하는 新春經濟座談會(신춘경제좌담회) (6)
1960년	3월 13일	동아일보	회사명	인천조선공장	造船工業(조선공업)의 現況(현황)
	4월 7일	동아일보	회사명	동방산업주식회사, 대륙정미소	政府(정부) 糧穀(양곡) 八千(팔천)가마를橫領(횡령)
	5월 27일	동아일보	회사명	인천중앙산업	國民經濟(국민경제) 좀먹은 ICA中小企業(중소기업) 農林部門(농림부문)
	5월 28일	동아일보	회사명	인천곡물저장탑	國民經濟(국민경제) 좀먹는 ICA中小企業(중소기업) (2) 農林部門(농림부문)
	5월 28일	동아일보	회사명	한국농약공장	國民經濟(국민경제) 좀먹는 ICA中小企業(중소기업) (2) 農林部門(농림부문)

	5월 29일	동아일보	회사명	인천조선공업/ 한국석화양식	國民經濟(국민경제) 좀먹는 ICA中小企業(중소기업) (3) 水産造船部門(수산조선부문)
	5월 31일	동아일보	회사명	부평자동차 부속품공장	國民經濟(국민경제) 좀먹는 ICA中小企業(중소기업) (4) 機械工業部門(기계공업부문)
	6월 1일	동아일보	회사명	한국화약, 한국농약	國民經濟(국민경제) 좀먹는 ICA中小企業(중소기업) (5) 化學工業部門(화학공업부문)
	6월 1일	동아일보	회사명	인천제일화약	國民經濟(국민경제) 좀먹는 ICA中小企業(중소기업) (5) 化學工業部門(화학공업부문)
	6월 9일	동아일보	경제범죄	세금포탈	審計院集計(심계원집계)한 政府各機關 (정부각기관)의 『非違(비위)』
			회사명	동양방직	
	7월 21일	경향신문	중요회사명	인천판유리공장	獨占企業(독점기업)의 行悖再演(행패재연)?
	7월 29일	동아일보	경제범죄	외환유출	海外逃避嫌疑(해외도피혐의) 있는 것만 도 一億八千餘萬(일억팔천여만)딸라
			중요회사명	대한중공업	
			회사명	인천기계창	
	9월 15일	동아일보	경제범죄	부정대출	無慮千二百億(무려천이백억)
	10월 14일	경향신문	정책	투자	政府(정부), 對美經濟覺書 (대미경제각서)를 傳達(전달)
			인프라	상수도시설	
	11월 14일	동아일보	염전	–	『鹽田(염전)』 行政(행정)의 盲點(맹점)
	12월 6일	동아일보	정책	해외원조	西獨援助(서독원조)도 濫用(남용)될것인가?
			회사명	대한중공업	
1961년	2월 23일	경향신문	인프라	인천항	時代(시대)의 逆流(역류) (3) 租界地帶(조계지대)
	3월 7일	경향신문	회사명	동양방적회사, 유양산업	어젯밤 仁川(인천)에 불! 東洋紡績倉庫 (동양방적창고) 全燒(전소)
	3월 26일	경향신문	정책	국토종합 개발계획	地域別開發計劃(지역별개발계획)의 輪廓判明(윤곽판명)
	4월 19일	경향신문	회사명	조선기계제작소	國營企業体(국영기업체) 運營白書(운영 백서) (19) 朝鮮機械(조선기계)
	10월 21일	경향신문	인프라	직업학교	綜合職業校(종합직업교)기공

1962년	1월 27일	동아일보	정책	도시정책	國土建設事業(국토건설사업) 業績(업적)·計劃發表(계획발표)
			인프라	인천항	
	3월 25일	동아일보	회사명	제일목재	遺族會幹部三名(유족회간부삼명)을 拘束(구속)
	5월 24일	동아일보	회사명	동입산업	韓(한)·美政府(미정부)의 協助要望(협조요망) 美實業人團離韓聲明(미실업인단이한성명)
	7월 20일	경향신문	인프라	직업학교	6萬孤兒(만고아) 배움집 國立少年職業(국립소년직업)훈련소 落成式(낙성식)성대
	11월 12일	경향신문	중요회사명	인천중공업	仁川重工業(인천중공업) 설립식
1963년	1월 7일	경향신문	인프라	관광산업진흥	우리고장 새해設計(설계)도 京畿(경기)(4)
	1월 30일	동아일보	정책	자금지원	漁業資金(어업자금)등 供給(공급)
			중요회사명	인천중공업	
			회사명	조선기계제작소, 대한해운공사	
	2월 15일	경향신문	정책	경제개발계획	經濟開發(경제개발)5個年計劃(개년계획) 第(제)2次年度計劃槪要(차년도계획개요) (5) 製造業(제조업)
			중요회사명	인천중공업	
	6월 4일	경향신문	기타	무허가 화약공장	住宅街(주택가)의 癌(암) 「不適格工場(부적격공장)」
	6월 24일	동아일보	인프라	수출산업지역	서울近郊(근교)에 輸出産業地域(수출산업지역)을 設定(설정)
	7월 11일	경향신문	인프라	수출산업지역	京仁地區(경인지구)를 輸出産業地帶(수출산업지대)로
	10월 18일	경향신문	노동	쟁의	신정産業(산업) 作業權(작업권)포기기세
	11월	국가 기록원	인프라	철도	-
	12월 24일	경향신문	노동	쟁의	罷業(파업)에 突入(돌입)
1964년	1월 6일	경향신문	정책	도시정책	仁川(인천)·大田(대전)·光州(광주)등 「中核都市(중핵도시)」로 선정
	2월 1일	경향신문	회사명	새나라자동차	韓一銀(한일은)에 落札(낙찰)
	2월 18일	동아일보	인프라	도로, 선박	「國土建設綜合計劃 (국토건설종합계획)」 성안

	2월 25일	경향신문	중요회사명	인천중공업	外貨(외화)확보 등에 難點(난점) 코스트面(면)에서 不利(불리)
	3월 2일	경향신문	노동	쟁의	소문만 컸던 勞動爭議(노동쟁의)「生活給(생활급)」確保(확보) 못한 2個月(개월)의 決算(결산)
	3월 20일	경향신문	인프라	철도	對韓輸出增加(대한수출증가) 노려
	6월 26일	경향신문	중요회사명	인천중공업	62年(연)보다 11億餘萬(억여만)원 減少(감소)
	7월 21일	경향신문	정책	외자도입	中規模製鐵建設國會(중규모제철건설국회), 對政府建議案(대정부건의안)을 採擇(채택)
			중요회사명	인천중공업	
	7월 21일	동아일보	노동	쟁의	〈勞組改正案(노조개정안)〉勞總(노총)서 反對(반대)
	8월 22일	동아일보	정책	민영화	不正(부정)과 特惠(특혜)의 經濟政策(경제정책)
			회사명	동입산업	
	8월 24일	경향신문	정책	민영화	5個市銀(개시은) 등 民營化(민영화)
			중요회사명	인천중공업	
	9월 18일	경향신문	인천산업현황	-	國監(국감), 大韓航空社(대한항공공사)의 혹迫窮(추궁) 貿易政策(무역정책)에 盰點(맹점)
	11월 20일	동아일보	정책	외자도입	經濟施策上(경제시책상)의 失政(실정) 財經委(재경위)
			중요회사명	인천중공업	
	12월 21일	경향신문	인천산업현황	-	立稻豊年(입도풍년)에 마당凶年(흉년) 올해 벼農事(농사)의 白書(백서)
1965년	1월 27일	경향신문	정책	복지	韓銀(한은) 등 5企業体加入(기업체가입)
			중요회사명	인천중공업	
	2월 3일	경향신문	정책	외자도입	內資調達(내자조달)못하면 借款許可(차관허가)중지
			중요회사명	인천중공업	
			중요회사명	인천제철	
	4월 6일	경향신문	기타	언론산업	新聞(신문)·通信(통신)·放送(방송) 우리나라 現況(현황)
	4월 24일	경향신문	정책	외자도입	透視(투시)해 본 國土建設事業(국토건설사업) 부푼 꿈 - 얼마나 實現(실현)되려나

		인프라	상수도시설	
5월 8일	경향신문	정책	자금지원	波紋(파문) 던진 「支保案(지보안)」
		중요회사명	인천중공업	
		중요회사명	인천제철	
5월 14일	동아일보	정책	민영화	仁川重工業(인천중공업) 등 民營化(민영화)하기로
		중요회사명	인천중공업	
6월 3일	경향신문	정책	민영화	11個政府管理會社(개정부관리회사) 設立法(설입법)을 廢止(폐지)
		중요회사명	인천중공업	
6월 10일	동아일보	정책	외자도입	借款支拂保證案(차관지불보증안) 同意(동의)
		중요회사명	인천제철	
7월 10일	동아일보	연구	실태조사	文化行事(문화행사)
9월 18일	동아일보	인프라	철도	鐵馬年歲(철마연세)…「예순여섯」
10월 14일	경향신문	인천산업현황	물가	主要工産品(주요공산품) 暴利(폭리) 현상은
		중요회사명	인천중공업	
10월 27일	경향신문	정책	도시정책	都市(도시) 31·地方(지방) 69%로
			산업정책	
11월 22일	경향신문	정책	외자도입	岐路(기로)에 선 外資導入政策(외자도입정책)
		중요회사명	인천제철	
12월 15일	동아일보	정책	도시정책	國土建設綜合計劃(국토건설종합계획) 16日審議會(일심의회)를 開催(개최)
1966년				
	1월 26일	경향신문	정책	산업정책	工業分散策(공업분산책) 마련
	2월 14일	경향신문	경제범죄	세금포탈	關稅(관세) 5千萬(천만) 원 漏落(누락)
			회사명	신한제분	
	3월 10일	경향신문	정책	도시정책	單一都市(단일도시) 계획 止揚(지양) 經濟圈域別(경제권역별) 새 案(안) 마련

3월 15일	경향신문	정책	도시정책	都心地(도심지) 軍用(군용) 시설 郊外(교외)로 옮겨
4월 6일	경향신문	정책	도시정책	「農家所得(농가소득) 增大(증대)」로 「豊饒(풍요)한 農村設計(농촌설계)」 農業主産地造成(농업주산지조성)
4월 12일	동아일보	정책	외자도입	確定(확정)된 財政借款(재정차관) 및 商業借款內譯(상업차관내역)
		중요회사명	인천제철	
4월 13일	매일경제	인프라	인천항	〈第(제)2次投資候補事業(차투자후보사업) 5個年經濟開發計劃(개년경제개발계획)〉總規模(총규모) 1千(천) 8百(백) 82億(억)
4월 25일	동아일보	중요회사명	인천판유리공장	판유리工場建設(공장건설) 仁川偏重(인천편중)은 不當(부당)
5월 24일	매일경제	인프라	도로	道路(도로) 建設(건설)
5월 25일	매일경제	인프라	인천항	仁川內港浚渫事業(인천내항준설사업)
5월 30일	매일경제	정책	자금지원	工業團地(공업단지)에 5,000萬(만)원씩 融資(융자)
6월 9일	매일경제	정책	도시정책	新市街地造成(신시가지조성) 계획
6월 16일	매일경제	회사명	연합산업진흥주식회사	縫製品工場(봉제품공장)기공
7월 7일	동아일보	인프라	도로	第(제)2次經濟開發(차경제개발) 5個年計劃(개년계획) 〈內容(내용)〉
		인프라	인천항	
7월 21일	매일경제	정책	자금지원	技術振興(기술진흥) 등은 黙殺(묵살)
		인프라	수출산업단지	
8월 10일	매일경제	인천산업현황	수출	輸出實績不振(수출실적부진)
8월 13일	매일경제	경제범죄	세금포탈	油類搬出關稅(유류반출관세) 포탈
		회사명	범양산업	
8월 30일	매일경제	정책	자금지원	新年度豫算案修正通過 (신년도예산안수정통과)
		인프라	수출산업단지	
9월 1일	매일경제	중요회사명	인천중공업	政府株公賣(정부주공매) 2次(차)로 2萬餘株(만여주)
9월 1일	매일경제	인프라	금융	道內預金高(도내예금고) 36億(억)원 前月比(전월비) 1億(억) 원 增加(증가)
9월 3일	매일경제	인프라	도로	仁川松峴橋(인천송현교) 준공

	9월 9일	매일경제	인프라	수산업	水産(수산)센터 起工(기공)
	11월 24일	경향신문	인프라	경인고속도로	서울~仁川(인천) 高速道路(고속도로)신설
1967년	1월 10일	경향신문	회사명	인천 동양화학연산	契約總額(계약총액) 7億(억) 2千萬 弗(천만불) 借款事業(차관사업), 올해 40件完工(건완공)
	1월 17일	매일경제	중요회사명	인천중공업	鐵筋(철근), 民需用時價(민수용시가)로 供給(공급) 現職員(현직원) 4百名(백명)가량 減員(감원)
			중요회사명	인천제철	
	1월 31일	경향신문	정책	자금지원	6千万(천만) 원 資金(자금) 지원
			정책	산업정책	
	2월 8일	매일경제	연구	실태조사	安東(안동) 등 11個地域調査(개지역조사)
	2월 15일	경향신문	정책	외자도입	AID借款(차관)으로 京仁高速道路(경인고속도로)추진
			인프라	경인고속도로	
	3월 9일	경향신문	연구	실태조사	石油化學(석유화학)의 立地(입지) 庇仁(비인)·麗水(여수)가 有利(유리)
	3월 16일	매일경제	정책	자금지원	家內工業(가내공업)센터 起工(기공)
			정책	산업정책	
	3월 18일	경향신문	인프라	경인고속도로	「三安産業(삼안산업)」에 落札(낙찰) 京仁高速道路工事(경인고속도로공사)
	3월 20일	경향신문	인프라	운하	佛(불), 技術陣(기술진)서 檢討(검토)
	3월 25일	매일경제	정책	산업정책	韓國(한국)의 水産業(수산업) 國際舞臺(국제무대)에로 데뷔
	4월 6일	경향신문	중요회사명	인천제철	施設費(시설비) 등 用役團(용역단)시켜 檢討(검토) 本契約(본계약)은 4個月內(개월내)에 체결
	4월 12일	경향신문	인프라	인천항	與野遊說(여야유설)
			인프라	철도	
	4월 13일	동아일보	중요회사명	인천중공업	最近日刊紙廣告數(최근일간지광고수)
	5월 25일	동아일보	정책	산업정책	"京仁(경인)은 輕工業(경공업)"
			정책	외자도입	
	5월 26일	경향신문	인프라	상수도시설	3百万弗(백만불)승인
	6월 14일	경향신문	정책	자금지원	「工業立國(공업입국)」의 靑寫眞(청사진)

		중요회사명	인천판유리공장	
7월 3일	매일경제	인프라	전력	電力飢饉(전력기근)
7월 4일	매일경제	정책	직업훈련	32個社(개사) 지정 江原(강원)산업 등 68연도 직업훈련실시에
		중요회사명	인천중공업	
7월 12일	매일경제	정책	복지	漁船建造(어선건조)·장비費(비) 등 1억 4천만 원 支出(지출)
7월 26일	매일경제	정책	수출산업단지	富平工業團地(부평공업단지)건설 8月(월)까지 65%
8월 2일	경향신문	회사명	부림산업	扶林(부림)산업 代表(대표) 수배
8월 10일	매일경제	정책	수출산업단지	한남섬유 등 指定(지정)
		회사명	한남섬유, 신신전자, 한국 마이크로, 대월브레키공업	
8월 30일	매일경제	정책	산업정책	모두 12억 원 投入(투입)
9월 29일	동아일보	정책	산업정책	石油化學政策(석유화학정책)의 醜態(추태)
11월 25일	매일경제	정책	산업정책	重工業京仁(중공업경인) 지구에 誘致(유치)
12월 11일	동아일보	정책	도시정책	行政區域(행정구역) 改編(개편)구상
1968년				
1월 10일	동아일보	경제범죄	세금포탈	仁川稅關員(인천세관원) 등에 四千萬(사천만)원 贈賄(증회)
2월 10일	매일경제	정책	자금지원	實効(실효)못거둔「借款業體强硬策(차관업체강경책)」代拂額(대불액)는 業體(업체)도 産銀(산은)
		회사명	흥한방직, 인천관광시설	
2월 24일	매일경제	정책	수출산업단지	陽德産業(양덕산업)을 指定(지정) 수출品生産業体(생산업체)
		회사명	양덕산업주식회사	
2월 24일	동아일보	인천산업현황	금융	七百億臺(칠백억대)에 육박 부쩍 는 私債(사채)
3월 5일	동아일보	인프라	경인고속도로	京仁道路公團(경인도로공단) 설립
3월 7일	매일경제	인천산업현황	도시구조	한 해 建築(건축)허가 -백53만 9천 坪(평) 서울이 64%로 首位(수위)

날짜	신문	분류	항목	내용
3월 11일	매일경제	정책	수출산업단지	11個業體(개업체) 入住(입주)지정
		회사명	동아전자, 세정실업, 명성산업, 한송, 삼송산업	
3월 16일	매일경제	정책	수출산업단지	부평 工團地入住(공단지입주) 한남섬유 등 3社(사)
		회사명	한남섬유	
3월 16일	경향신문	정책	외자도입	AID의 靑寫眞(청사진) 69年對韓(연대한) 원조 計劃書(계획서)
		인프라	인천항	
3월 27일	매일경제	중요회사명	인천제철	仁川製鐵(인천제철)건설 中斷(중단)위기
3월 29일	동아일보	인프라	통신	每日配達制(매일배달제)와 手動卽時電話(수동즉시전화)
3월 29일	매일경제	정책	수출산업단지	東撨産業(동초산업) 富平工團入住指定(부평공단입주지정)
		회사명	동초산업	
4월 9일	매일경제	정책	수출산업단지	수출산업工團(공단)에 相榮産業(상영산업) 등 指定(지정)
		회사명	동양전자 공업주식회사	
4월 24일	매일경제	정책	산업정책	항만시설 擴充(확충) 등 優先(우선) 투자
		인프라	인천항	
4월 30일	매일경제	회사명	인천도시관광	課稅資料(과세자료)로 활용
5월 2일	매일경제	인프라	금융	「外銀(외은)」 仁川(인천)에 支店(지점) 3日(일)부터 業務(업무) 개시
5월 10일	매일경제	정책	수출산업단지	仁川工團(인천공단)입주지정 韓松産業社(한송산업사)
		회사명	한송산업 주식회사	
5월 14일	매일경제	정책	외자도입	各種重機(각종중기) 등 4件資本財(건자본재)도입승인 總(총)2천 3백7 2만 弗(불)
		인프라	경인고속도로	
		회사명	인천저유소	

5월 14일	매일경제	정책	자금지원	朴大統領(박대통령)지시 한국機械(기계)에 五億(오억)원 融資(융자)
		회사명	한국기계	
5월 22일	매일경제	정책	수출산업단지	신우산업 入住(입주) 지정 仁川(인천) 수출 工業団地(공업단지)
		회사명	신우산업 주식회사	
6월 8일	경향신문	정책	산업정책	農漁村開發(농어촌개발) 年內(연내) 세워질 工場(공장)과 団地(단지)
6월 28일	매일경제	정책	복지	5個産災所(개산재소) 등 신설
7월 11일	매일경제	정책	자금지원	총 158억 규모
7월 27일	매일경제	정책	도시정책	「꿈」의 20年(연) 국토건설 青寫眞(청사진)을 살펴본다
		정책	산업정책	
7월 30일	동아일보	연구	실태조사	海底(해저)의 노다지 大陸棚(대륙붕) 開發(개발)
7월 31일	경향신문	정책	복지	産災(산재)보상 사무소
8월 16일	매일경제	정책	외자도입	世銀(세은)·IDA長期(장기)차관 추진 고속도로 등 총 8件(건)
		인프라	전력	
8월 17일	경향신문	중요회사명	인천중공업	韓國(한국)에 上陸(상륙)한 外國財閥(외국재벌) 그 市場戰略(시장전략)과 實態(실태)를 본다 (完(완)) 아이젠버그
8월 31일	매일경제	정책	수출산업단지	九老(구로)·仁川工団(인천공단)에 10個(개) 업체 入住(입주) 지정
		회사명	한국가구공업, 뉴코리아 전자공업, 대양화성, 대영섬유, 광성공업	
9월 7일	매일경제	정책	자금지원	새 投融資額(투융자액) 8백 37억
10월 12일	경향신문	노동	-	개탄할 一部勞動組合(일부노동조합)의 생태
10월 19일	매일경제	인천산업현황	금융	늘기만 하는 5개 市銀共同融資 (시은공동융자) 59억 2천 7백만 원
		회사명	인천조선	

	11월 1일	매일경제	정책	도시정책	仁川(인천) 등 3개市(시)에 6개 邑(읍)·郡(군) 포함 총 면적 83.67平方(평방)킬로
	11월 8일	매일경제	정책	외자도입	소다灰(회)공장 完工(완공) 東洋化學(동양화학)
			회사명	동양화학	
	11월 25일	매일경제	정책	수출산업단지	10個(개) 업체 추가지정 수출 團地入住(단지입주)
			회사명	제일화학공업사, 고미산업 주식회사, 미성가발양행, 대흥제재소, 부평산업 주식회사, 세경산업, 동양밸브, 염대주물공업, 경기농산가공 주식회사, 천마공예사	
	12월 16일	매일경제	정책	외자도입	亞細亞(아세아) 개발은행 特別基金出資(특별기금출자) 첫 打者(타자)로 등장
			인프라	경인고속도로	
	12월 21일	동아일보	인프라	경인고속도로	"近代産業(근대산업)의 革命(혁명)"
	12월 27일	매일경제	중요회사명	인천제철	1月(월)부터 銑鐵生産(선철생산)
1969년	2월 1일	매일경제	정책	외자도입	永陽産業(영양산업) 펄프 工場借款(공장차관) 등 1천 731만 弗(불) 도입 의결
	2월 25일	매일경제	인천산업현황	도시구조	총 672만 平方(평방)m 허가
	3월 12일	경향신문	정책	직업훈련	職業(직업)훈련원 開所(개소)
	3월 18일	매일경제	중요회사명	인천중공업	仁川重工業(인천중공업)과 仁川製鐵國內(인천제철국내) 처음 企業合併(기업합병)
			중요회사명	인천제철	
	3월 24일	경향신문	정책	전력	電力(전력)·수송 등 集中(집중)투자
	3월 24일	경향신문	정책	재원마련	地方債(지방채) 49억 발행
	4월 11일	경향신문	인프라	통신	빠르고 바른 체신의 해

4월 19일	매일경제	정책	수출산업단지	三元纖維(삼원섬유) 지정 仁川公団入住(인천공단입주) 업체
		회사명	삼원섬유 주식회사, 한국유리, 범양합성 주식회사, 한남섬유 주식회사, 동양냉동	
4월 22일	매일경제	정책	복지	人力開發(인력개발) 등 중점 추진
5월 3일	경향신문	경제범죄	뇌물	돈 먹고 도장 찍어준 『더러운 손들』 工事(공사) 疑獄(의옥) 파헤쳐 본 검은 裏面(이면)
		회사명		문화기업, 신흥산업, 덕산산업, 일신산업, 청해산업
5월 6일	매일경제	정책	수출산업단지	제2團地(단지) 조성 추진
		염전	매립	
5월 9일	매일경제	인천산업현황	물가	石材(석재)·시멘트類(유) 상승
5월 17일	매일경제	정책	산업정책	총 3천 320톤 책정
6월 16일	매일경제	중요회사명	인천중공업	仁川製鐵(인천제철), 重工業(중공업) 합병
		중요회사명	인천제철	
6월 20일	매일경제	정책	재원마련	42억 受益(수익)증권 발행 黃(황)재무 重工業(중공업) 등 재원조성
6월 27일	매일경제	인프라	도로	10년內(내)에 國道(국도) 완전포장
7월 10일	매일경제	중요회사명	인천중공업	仁川重工業(인천중공업)
7월 22일	매일경제	인프라	경인고속도로	京仁高速(경인고속) 연장개통
7월 24일	매일경제	회사명	중앙토목	3社(사)와 都給契約(도급계약) 龍山(용산) 등 도로포장
7월 29일	매일경제	인프라	인천항	散漫(산만)하고 无計劃(무계획)
7월 30일	경향신문	정책	에너지	民族中興(민족중흥)의 알찬成果(성과)
8월 6일	매일경제	회사명	조선피혁, 월미도 합판공장	起死回生(기사회생)의 妙藥(묘약)을 (8) 皮革(피혁)
8월 7일	매일경제	회사명	만화주물	無煙炭(무연탄) 코크스 鑄物(주물)공업

					등에 큰 도움
	9월 2일	매일경제	정책	–	仁川(인천)세무서 신축 三益(삼익)에 낙찰
	10월 8일	매일경제	민간투자	합자	年産(연산) 2천 800톤 규모
	10월 29일	매일경제	정책	수출산업단지	5개 業体(업체) 追加公告(공고) 輸出品生産指定社(수출품생산지정사)
			회사명	동성타월공업 주식회사	
	11월 8일	매일경제	인프라	인천항	25億(억) 원 計上(계상)
	11월 15일	매일경제	민간투자	설비투자	달라질「販賣樣相(판매양상)」
	12월 12일	매일경제	중요회사명	인천중공업	仁川製鐵(인천제철)·仁川重工業(인천중공업)- 産銀(산은)서 管理(관리)
			중요회사명	인천제철	
1970년	1월 5일	매일경제	정책	수출산업단지	共信洋行(공신양행) 등 두 業体(업체) 수출산업지정취소
			회사명	주식회사 공신양행	
	1월 14일	동아일보	정책	산업정책	「20年國土開發(연국토개발)」1차 計劃(계획) 마련
			인프라	인천항	
	1월 14일	경향신문	회사명	한국기계, 신진자동차	産學協同(산학협동) 위한 姉妹(자매) 결연현황 (工高(공고) 및 工專(공전) 69년 현재)
	1월 14일	경향신문	경제범죄	횡령	회사 돈 17億(억) 원 빼돌려
			회사명	동양화학	
	1월 23일	경향신문	정책	도시정책	工業圈域(공업권역) 전국에 擴(확)
			정책	산업정책	
	2월 17일	매일경제	인천산업현황	임금	小型船舶(소형선박) 선원들 給料(급료) 실태
	2월 23일	동아일보	경제범죄	부실대출	아진産業(산업)수사 七億(칠억) 원 不正貸出(부정대출)
	3월 4일	경향신문	연구	현황조사	각 부문에 不均衡(불균형) 현 全經聯(전경련)이 발표한 69년民間(민간)경제 白書(백서)
	3월 11일	매일경제	정책	수출산업단지	九老(구로)·富平工團(부평공단)에 12개 업체 입주 지정
			회사명	대도흥산, 평화금속,	

			중원염직, 신성전기, 삼익물산, 우보산업, 대월부레키	
4월 4일	매일경제	인천산업현황	금융	地方銀行(지방은행) 制約(제약)딛고 알찬 成長(성장) 江原銀(강원은) 개점 계기 살펴본 實態(실태)
4월 8일	경향신문	정책	외자도입	投資效果(투자효과) 보여 새 經協(경협) 방향제시
		인프라	경인고속도로	
4월 11일	동아일보	정책	외자도입	外資導入(외자도입) 審委(심위) 九百萬(구백만) 달라 承認(승인)
		중요회사명	인천제철	
4월 14일	매일경제	정책	수출산업단지	敷地造成(부지조성) 등에 8억 仁川輸出公団(인천수출공단)사업
4월 27일	매일경제	정책	도시정책	不動産投資(부동산투자) 억제 방안
5월 12일	매일경제	인프라	인천항	量産(양산) 못 따르는 鐵道輸送(철도수송)
5월 23일	매일경제	정책	산업정책	東南海岸(동남해안)에 重化學(중화학) 공업벨트 造成(조성)
5월 30일	매일경제	인프라	전력	"電力(전력)개발 적극추진"
6월 1일	경향신문	정책	외자도입	6천 9백 만弗(불) 승인 外審委(외심위), 외자도입
		회사명	경인에너지	
6월 4일	동아일보	인천산업현황	주거	바닥난 住銀(주은)·特監資料(특감자료) 에 비친 現實(현실) 惡化一路(악화일로) 「집없는 설움」
6월 30일	매일경제	정책	수출산업단지	商工部(상공부) 輸出工團(수출공단)에 3억
7월 3일	경향신문	민간투자	합자	富平(부평)에 착공 겉도는 儉素(검소)· 節約(절약)구호 外資(외자)들여 커피工場(공장)
7월 9일	경향신문	회사명	한국기계공업 주식회사	새 面貌(면모) 갖추는 韓國機械(한국기계)
		염전	매립	
8월 11일	매일경제	회사명	전진산업	農藥對日(농약대일) 수출
8월 26일	동아일보	정책	자금지원	新規事業(신규사업) 억제 방침

			인프라	인천항	
			중요회사명	인천제철	
	9월 17일	경향신문	정책	외자도입	外審委(외심위), 外人(외인)투자 千(천) 8백 만弗 (불)도 借款(차관) 千(천) 7백 만弗 (불)을 승인
			중요회사명	인천제철	
	9월 30일	매일경제	정책	산업정책	特定(특정)지역 綜合開發(종합개발) 재조정
	10월 14일	매일경제	중요회사명	인천제철	産銀增資(산은증자) 10억 불 입
	10월 29일	동아일보	중요회사명	인천제철	仁川製鐵(인천제철) 용광爐(노) 밑바닥 녹아 職工(직공) 10명 死亡(사망)
	11월 20일	동아일보	인프라	경인고속도로	李建設(이건설) "올해災害(재해) 81% 復舊(복구) 湖南高速路(호남고속로)는 年內(연내)에 完工(완공)"
	12월 21일	동아일보	회사명	반도상사	가발工場(공장) 기숙사에 불 被害千萬(피해천만) 원
1971년	1월 12일	매일경제	정책	산업정책	4大江流域(대강유역) 개발 本格化(본격화)
	1월 21일	매일경제	정책	복지	全國(전국) 10곳에 醫務室(의무실)
	2월 1일	매일경제	회사명	뉴코리아 전자공업 Co.	業界(업계)살롱
	2월 6일	매일경제	정책	수출산업단지	大京物産(대경물산) 등 取消(취소) 輸出公団入住(수출공단입주)
			회사명	태평특수섬유	
	2월 6일	매일경제	정책	수출산업단지	生産量(생산량)을 감축 三元纖維計劃 (삼원섬유계획) 승인
			회사명	삼원섬유	
	2월 20일	매일경제	정책	자금지원	年利(연리) 8% 財政(재정)자금 百(백) 53億貸下(억대하)
			인프라	상수도시설	
	2월 25일	매일경제	중요회사명	인천제철	仁川製鐵(인천제철) 年産(연산) 40萬(만) 톤 目標(목표)
	3월 18일	매일경제	회사명	인성산업Co.	保税倉庫設営(보세창고설영) 두 번째로 승인
	3월 25일	동아일보	정책	수출산업단지	게시판
	4월 8일	매일경제	정책	직업훈련	중앙職業訓鍊院(직업훈련원) 개원

4월 8일	매일경제	인프라	철도	朴大統領(박대통령) 참석 京仁電鐵(경인전철) 기공식
4월 21일	매일경제	인천산업현황	수출	輸出(수출) 전환 業体(업체) 올 目標(목표) 17%달성
5월 8일	경향신문	정책	외자도입	綜合製鐵分(종합제철분)만 7千(천) 9百萬弗(백만불) 外資(외자) 8千(천) 8百萬弗(백만불) 도입 認可(인가)
		인프라	전력	
5월 19일	매일경제	정책	산업정책	裁縫機(재봉기)전문 第一製針(제일제침) 등 25공장
		회사명	인천정밀	
6월 19일	동아일보	노동	쟁의	勞組(노조) 조직적 鬪爭(투쟁) 기세
7월 17일	매일경제	정책	산업정책	貿公鐵鋼業育成策(무공철강업육성책) 京仁(경인)·慶南(경남)으로 系列化(계열화)시켜야
		중요회사명	인천제철	
7월 28일	매일경제	정책	수출산업단지	「綜合展示館(종합전시관)」개관
8월 11일	동아일보	정책	외자도입	鐵道廳(철도청) 世銀(세은), 借款(차관) 공급 中斷(중단)
		인프라	철도	
8월 19일	매일경제	인천산업현황	수출	2억 2천만 弗(불) 달성
8월 24일	경향신문	정책	자금지원	내년 投融資(투융자) 2천 45억 원
		인프라	인천항	
9월 11일	동아일보	회사명	홍한비스코	經濟人(경제인) 不正(부정) 신랄追窮(추궁)
9월 16일	동아일보	회사명	대림산업	重裝備(중장비) 76대 不法導入(불법도입)
9월 28일	경향신문	인천산업현황	부도율	秋夕(추석) 바람 들뜬 발길
10월 19일	경향신문	노동	–	大統領(대통령)께 한 말씀 지방民意(민의) 紙上(지상)중계
11월 2일	매일경제	정책	수출산업단지	中小企業(중소기업) 76年(연)에 14억弗輸出(불수출)
11월 6일	매일경제	정책	수출산업단지	輸出工団效率(수출공단효율)조정 貿易協會(무역협회)에서 촉구
11월 10일	매일경제	중요회사명	인천제철	國監(국감) 不實(부실) 기업 整理對策(정리대책) 등 요구 産銀(산은)
11월 18일	경향신문	회사명	경인개발	本社(본사) 政治部(정치부)기자 座談(좌담) 무엇을 얼마나 파헤쳤나

	11월 22일	매일경제	정책	수출산업단지	말썽 빚은 公團合倂(공단합병)
	11월 24일	동아일보	인천산업현황	조세	國稅廳(국세청) 조사 不況(불황)으로 稅收(세수) 큰 차질
	11월 26일	경향신문	정책	수출산업단지	韓國輸出産業公團(한국수출산업공단) 理事長(이사장) 崔明憲(최명헌) 씨
	11월 27일	경향신문	중요회사명	인천제철	合理化委(합리화위)서 대책, 三護(삼호) 등 年內拂下(연내불하) 은행관리(관리) 33개 企業(기업)도 整備(정비)
	11월 29일	동아일보	정책	산업정책	重工業(중공업) 四大核工場(사대핵공장) 74年(연) 완공
	12월 3일	동아일보	인천산업현황	환경	公害(공해) 現場(현장)을 가다 (3) 都市公害(도시공해)
1972년	1월 17일	동아일보	인천산업현황	환경	바다와 오염
	1월 20일	경향신문	인프라	인천항	各部處(각부처)의 主要(주요)시책
	1월 20일	매일경제	인프라	전력	革命的(혁명적)인 産業改編(산업개편)이 시급하다 새 經濟基盤확立(경제기반각립)을 위한 特別(특별)「캠페인」〈16〉電力(전력)
	2월 1일	경향신문	정책	도시정책	朴(박)대통령 새마을 運動(운동) 生産(생산)·所得(소득) 잇게
	2월 16일	동아일보	중요회사명	인천중공업	인천製鐵(제철) 등 六(육)개 管理業體(관리업체)
			중요회사명	인천제철	
	2월 29일	경향신문	민간투자	–	中共進出(중공진출)징검다리로 整地(정지) 서둘러
	3월 7일	매일경제	인프라	통신	"總和(총화)로 前進(전진)하는 遞信(체신)의 해"
	3월 9일	경향신문	정책	자금지원	財界(재계) 패트롤
			민간투자	설비투자	
	3월 29일	매일경제	민간투자	설비투자	綿紡(면방)업계 系列化(계열화) 작업 진척
			회사명	동일방	
	4월 26일	동아일보	정책	환경	大邱(대구)·仁川(인천)·光州(광주)·大田(대전)에도 그린벨트 設定(설정) 검토
	5월 2일	동아일보	정책	자금지원	不實(부실) 인천製鐵(제철)에 百億投資(백억투자)
			중요회사명	인천제철	

6월 17일	경향신문	정책	산업정책	京畿湾(경기만)일대·群山(군산)·長項(장항)지역 대규모 臨海工團(임해공단) 조성
6월 19일	매일경제	인천산업현황	노동	5월 勞動力(노동력) 동향
6월 27일	동아일보	정책	직업훈련	學系別定員(학계별정원)·副專攻制(부전공제)로 文教部(문교부), 大學(대학) 교육 改革方案(개혁방안) 발표
7월 27일	매일경제	정책	산업정책	仁川商議(인천상의) 關稅率(관세율)조정 건의 古鐵(고철)의 종류 區分(구분)
7월 27일	매일경제	민간투자	합자	아시아 研磨工(연마공) 준공 內外資(내외자) 20만 弗投入(불투입)
		회사명	아시아 연마공업 Co.	
7월 31일	경향신문	정책	자금지원	업체별 最終方案(최종방안) 확정 不實(부실) 23업체 整理(정리)
		중요회사명	인천제철	
9월 22일	매일경제	인프라	전력	年內(연내) 追加(추가) 흡수키로
		회사명	동양화학	
10월 13일	매일경제	민간투자	합자	和信(화신), 縫製業(봉제업)에 진출
		회사명	화신산업	
10월 26일	매일경제	인프라	인천항	國際化(국제화)하는 仁川港(인천항)
11월 6일	매일경제	회사명	동양화학	年內(연내) 10개 工場(공장) 추가
11월 23일	매일경제	민간투자	설비투자	輸出戰線(수출전선) 点檢(점검) (27) 東一紡織(동일방직)
		회사명	동일방직	
1월 5일	매일경제	인천산업현황	–	好況(호황) 누릴 業界(업계) 〈上(상)〉
1월 12일	경향신문	인천산업현황	환경	油類(유류)·공장廢水(폐수)·都市下水(도시하수) 등으로 沿岸海水汚濁(연안해수오탁) 극심
1월 15일	매일경제	인프라	도로	朴大統領(박대통령) GNP 9.5% 成長(성장)목표
1월 19일	동아일보	인프라	통신	朴大統領(박대통령), 交通(교통)·遞信部(체신부) 순시 차량 事故豫防(사고예방) 制度化(제도화)토록
1월 31일	매일경제	회사명	대성목재	不實(부실) 벗을 새 出帆(출범)
3월 1일	동아일보	정책	도시정책	城南(성남)·安養(안양)·富川(부천) 성남 團地(단지) 안양邑(읍) 소사邑(읍) 3市(시) 신설

3월 3일	매일경제	정책	재원마련	달라진 地方稅法(지방세법)… 얼마나 물어야하나 가구당 基本稅 (기본세) 300원~2,000원
3월 14일	매일경제	정책	외자도입	韓國機械(한국기계) 年(연) 2만 4천 臺(대) 生産(생산)
		회사명	한국기계공업 주식회사	
3월 16일	매일경제	정책	산업정책	商工部(상공부) 鐵筋(철근)생산 義務化(의무화)
3월 23일	매일경제	민간투자	합자	電氣製品(전기제품) 등 輸出(수출) 밝아 10餘企業(여기업)과 合作(합작)으로
		회사명	협화화학공업 인천공장, 한국기계	
3월 30일	매일경제	정책	수출산업단지	7개 業體(업체) 入住(입주)지정 大都化纖(대도화섬) 등
		회사명	대도화섬, 풍우실업, 유성양행, 진흥화학, 신성사, 황금기업, 지룡산업	
4월 14일	매일경제	정책	환경	7都市(도시)에 추가 그린벨트
5월 1일	매일경제	인프라	인천항	탈바꿈하는 仁川港(인천항)
5월 5일	매일경제	민간투자	설비투자	洋酒生産(양주생산) 계획 富平工團(부평공단) 내 靑洋(청양)산업
5월 8일	매일경제	회사명	한국플라스틱Co.	〈市況(시황)〉 重厚鋼板(중후강판)값 강보합세 함석도 在庫(재고) 달려 騰勢(등세)
5월 12일	매일경제	정책	수출산업단지	輸出公團(수출공단)서 仁川非鐵團地(인천비철단지) 흡수
		염전	매립	
5월 18일	매일경제	정책	수출산업단지	輸出(수출)단지 滿員(만원) 상태
5월 30일	매일경제	정책	자금지원	韓銀(한은), 資金(자금)도 15억으로 增額(증액) 66개로 대폭 확대
6월 5일	동아일보	정책	복지	大邱(대구)·大田(대전)·仁川(인천)· 光州(광주) 등 八大都市(팔대도시) 내달 새 生活(생활)센터 開設(개설)

6월 14일	매일경제	정책	수출산업단지	輸出産業公團(수출산업공단) 仁川(인천) 제6團地(단지) 확장
6월 19일	매일경제	민간투자	합자	「工業立國(공업입국)」에 박차 – 韓國(한국) 텔렉스 GM 重機(중기)공장 출범 意義(의의)
		회사명	한국텔렉스 GM중기 공업주식회사	
7월 3일	매일경제	회사명	동양나일론	財界短信(재계단신)
7월 28일	매일경제	회사명	남영전업, 대영전업, 신포전기, 창전사	不良電氣用品(불량전기용품) 세조업체
7월 31일	경향신문	민간투자	합자	日合作(일합작)으로 鑄物業界(주물업계) 긴장 土産品(토산품), 직접輸出品目(수출품목)으로 각광
		회사명	원풍, 만화주물	
8월 15일	동아일보	회사명	미원상사 인천공장	工場(공장)서 날아온 황산개스 등에 밭일 婦女(부녀) 10명 卒倒(졸도) 미원상사仁川(인천)공장
8월 31일	매일경제	정책	수출산업단지	財界短信(재계단신)
		회사명	대흥공업	
9월 13일	매일경제	민간투자	설비투자	財界短信(재계단신)
		회사명	반도산업사	
10월 8일	매일경제	정책	수출산업단지	輸出産業公団(수출산업공단) 仁川機械工團地(인천기계공단지) 흡수로 제7團地造成(단지조성) 계획
10월 25일	매일경제	민간투자	합자	縫製(봉제)공장 설립 확정 和信(화신)산업, 日社(일사)와 51對(대) 49 합작
		회사명	화신산업	
10월 31일	매일경제	정책	자금지원	商工部(상공부) 內裝(내장)타일 工場(공장) 신설
		회사명	극동건설 타일공장	
11월 7일	매일경제	노동	–	財界短信(재계단신)
11월 29일	매일경제	민간투자	합자	財界短信(재계단신)
		회사명	세창 TK제도	
12월 4일	매일경제	인천산업현황	–	일부 업체들 操短(조단) 富平(부평) 수출工団(공단) 유류난으로

	날짜	언론	분류	세부	내용
	12월 22일	매일경제	중요회사명	인천제철	새로운 「跳躍(도약)기틀」 仁川製鐵 (인천제철)의 電氣爐(전기로) 준공
1974년	1월 1일	매일경제	정책	산업정책	오늘부터 달라졌다 -우리 生活(생활)에 미치는 갖가지 일들 -
	1월 19일	매일경제	정책	산업정책	仁川(인천) 등 8곳 선정
	2월 2일	매일경제	정책	수출산업단지	第(제)6団地分讓(단지분양) 손쉬울 듯 輸出公団(수출공단) 롯데電子(전자)는 入住(입주) 끝내
			회사명	롯데전자공업	
	2월 13일	매일경제	민간투자	합자	仁川(인천)에 製靴(제화)공장
			회사명	금강제화 합자투자공장	
	2월 28일	경향신문	정책	환경	保社部(보사부), 重金屬(중금속)배출 公害(공해)막게 水銀(수은)·카드뮴 등 規制條項(규제조항) 서둘러
	3월 4일	매일경제	정책	수출산업단지	仁川(인천) 輸出工團(수출공단)에 公害防止機(공해방지기) 공장
			회사명	롯데전자공업	
	3월 9일	동아일보	정책	산업정책	「슈퍼체인」月末(월말)까지 接受(접수)
	3월 23일	동아일보	인천산업현황	금융	貸出(대출)…서울偏重(편중)
	3월 23일	경향신문	정책	복지	工團管理廳(공단관리청) "厚生(후생)시설 大幅(대폭) 보강토록"
	4월 1일	매일경제	인천산업현황	노동	勤勞者就業率(근로자취업률) 향상
	4월 6일	경향신문	정책	산업정책	이달 내 會社型(회사형) 수퍼체인 開店(개점)
			회사명	인천개발	
	4월 20일	동아일보	회사명	유남산업 주식회사	仁川市內(인천시내)의 高級垈地(고급대지) 염가分讓(분양)
	4월 20일	매일경제	민간투자	설비투자	아이스크림업계, 販路開拓(판로개척) 경쟁치열
			회사명	해태의 집(인천)	
	5월 3일	동아일보	인천산업현황	-	合板(합판) 輸出(수출)·內需(내수)부진 으로 操短(조단)도 原木(원목) 개펄에까 지滯貨(체화)
	5월 4일	매일경제	정책	수출산업단지	仁川敷地(인천부지)서 곧 着工(착공) 大農紡績工場(대농방적공장) 허가
			회사명	대농방적공장	
	5월 10일	경향신문	인프라	인천항	歷史的(역사적)인 仁川(인천) 大船渠(대

				선거)의 竣工(준공)
5월 22일	매일경제	회사명	우전실업 주식회사	동암電鐵(전철)부근 宅地(택지) 友田實業 (우전실업)서 곧 分讓(분양)
5월 31일	매일경제	민간투자	합자	平昌産業(평창산업) 日(일)「리즘」과 합작 仁川(인천)에 時計(시계)공장
		회사명	평창산업 주식회사	
6월 12일	매일경제	정책	수출산업단지	光一産業(광일산업)서 건설 朱安(주안)에 石材工場(석재공장)
		회사명	광일산업 주식회사	
6월 24일	동아일보	인천산업현황	–	對日輸出(대일수출) 믿다 발등 찍힌 섬유業界(업계)
		회사명	웅주산업, 협진양행, 선린상사, 동영사	
7월 12일	동아일보	정책	수출산업단지	仁川輸出六(인천수출육)단지 垈地(대지)분양 진행
7월 16일	동아일보	정책	수출산업단지	仁川工團(인천공단)에 카세트테이프 工場(공장) 건설
		회사명	마그네틱 미디어코리아	
7월 24일	매일경제	정책	수출산업단지	신축店舖(점포)로 이전 換銀朱安出張所 (환은주안출장소)
7월 27일	매일경제	정책	수출산업단지	平和産業(평화산업), 星港(성항)에 1만 2천臺 (대) 스태플러 첫 輸出(수출)
		회사명	평화산업	
8월 6일	매일경제	민간투자	합자	財界短信(재계단신)
		중요회사명	인천제철	
8월 27일	매일경제	민간투자	설비투자	財界短信(재계단신)
		인프라	인천항	
8월 29일	매일경제	회사명	신광기업	財界短信(재계단신)
9월 18일	매일경제	정책	수출산업단지	開發短信(개발단신)
		회사명	희성공업 주식회사	

	날짜	신문	분류	회사/항목	내용
	10월 15일	매일경제	정책	수출산업단지	又養産業(우양산업), 낚시용 릴 工場(공장) 건설
			회사명	우양산업	
	11월 7일	동아일보	회사명	원풍물산	被服工協組(피복공협조)에 3개 社(사)가입
	11월 16일	동아일보	정책	수출산업단지	地方工團(지방공단) 유휴지 農耕地(농경지)이용 指示(지시)
	11월 27일	매일경제	중요회사명	인천제철	仁川製鐵(인천제철) 내년 초 착공 77년 완공계획 高炭素鋼(고탄소강)공장 건설
	12월 12일	매일경제	민간투자	설비투자	韓國機械(한국기계), 「베치터미널」 곧 설치
			회사명	한국기계	
	12월 25일	경향신문	노동	–	勤勞者(근로자) 옹호 說敎(설교) 牧師(목사)를 解職(해직)
			회사명	대성목재 주식회사	
1975년	1월 7일	매일경제	기타	–	財界短信(재계단신)
	1월 11일	매일경제	연구	–	勞動科學研(노동과학연) 설립 産災(산재) 등 전문研究(연구)
	1월 17일	매일경제	인프라	교통	開發短信(개발단신)
			인프라	인천항	
	1월 23일	경향신문	인천산업현황	–	農漁民(농어민) 소득에 큰 차질
	2월 3일	매일경제	인프라	인천항	太白線(태백선) 등 産業鐵道(산업철도) 複線化(복선화)추진
	2월 14일	매일경제	인천산업현황	도시구조	올해 住宅不足(주택부족) 133만 7천 戶(호)
	2월 25일	매일경제	정책	직업훈련	韓國機械(한국기계) 職訓所(직훈소) 技能士(기능사) 80명 배출
			회사명	한국기계공업	
	3월 3일	매일경제	회사명	일신산업	新製品(신제품) 적극개발
	3월 10일	매일경제	정책	수출산업단지	開發短信(개발단신)
			회사명	동흥물산 주식회사	
	3월 12일	동아일보	노동	–	"民權(민권)은 스스로 찾아야" 仁川(인천) 基督敎(기독교) 都市産業(도시산업)선교회주최 講演會(강연회)
	3월 27일	매일경제	정책	산업정책	酸化(산화)티타늄 禁輸(금수)요망

	3월 31일	경향신문	정책	외자도입	1억 弗(불) ADB차관 마닐라총회서 매듭
	4월 12일	매일경제	정책	수출산업단지	제록스복사기 製造工場(제조공장) 착공
			민간투자	합자	
			회사명	코리아제록스 주식회사	
	5월 20일	매일경제	민간투자	합자	디젤엔진工場(공장) 준공
			회사명	한국기계 디젤엔진공장	
	6월 16일	매일경제	정책	수출산업단지	「샤프데이타」 移轉(이전) 輸出公団(수출공단) 4団地(단지)로
			민간투자	합자	
			회사명	샤프데이타 주식회사	
	7월 11일	경향신문	인천산업현황	−	上半期(상반기) 沈滯(침체)서 벗어나기 시작한 전국 經濟氣流(경제기류) 地方(지방)의 實態(실태)
	7월 16일	매일경제	회사명	동아제분Co., 동아 종합산업Co.	東亞製粉(동아제분)·釜山水産冷凍(부산수산냉동) 합병 東亞綜合産業(동아종합산업)으로 발족
	7월 26일	매일경제	정책	수출산업단지	輸出公団(수출공단)사무소 5個月(개월) 만에 竣工(준공)
	8월 8일	매일경제	회사명	대농계열	大農(대농)·造公(조공)등 主要企業群(주요기업군) 增資(증자)·合併(합병) 강력추진 財務部(재무부)
	8월 22일	매일경제	정책	수출산업단지	開發短信(개발단신)
			회사명	안국물산 주식회사	
	9월 13일	매일경제	정책	수출산업단지	開發短信(개발단신)
			회사명	조원산업 주식회사	
	9월 25일	매일경제	인프라	교통	綜合(종합)터미널 준공
	11월 8일	매일경제	회사명	한흥증권 인천지점	証券短信(증권단신)
	12월 16일	매일경제	정책	수출산업단지	「모나미」공장 곧 着工(착공)
			회사명	주식회사 모나미	
1976년	1월 1일	매일경제	정책	복지	새해부터 달라진다
	1월 8일	매일경제	회사명	대우그룹,	大宇(대우), 韓國機械(한국기계)인수 확정

			한국기계	
1월 29일	매일경제	민간투자	합자	小型車輛(소형차량)공장 건설 起亞産業(기아산업), 日(일)과 합작 年內(연내) 완공
		회사명	기아 기형공업Co.	
2월 10일	동아일보	인천산업현황	도시구조	35개 都市(도시) 住宅不足率(주택부족률) 46%
2월 11일	매일경제	회사명	일신제강 인천제강공장	日新製鋼(일신제강) 製鋼工場(제강공장) 곧 가동
3월 12일	매일경제	회사명	경일화성 주식회사	경일 化成(화성)서 仁川朱安洞(인천주안동)에 合成皮革(합성피혁)공장 新築(신축)
3월 20일	경향신문	정책	도시정책	建設部(건설부) 住公(주공) 주택「大都市(대도시)중심」 탈피
5월 18일	매일경제	정책	수출산업단지	大農(대농) 섬유공장 新築(신축)
		회사명	대농섬유공장	
5월 19일	매일경제	정책	도시정책	總(총) 41억 원 규모 土地金庫(토지금고)
6월 17일	매일경제	민간투자	설비투자	自轉車(자전차)용 部品(부품)생산 大西産業(대서산업) 공장 가동
		회사명	대서산업 주식회사	
6월 18일	동아일보	정책	전력	部門別(부문별) 主要事業計劃(주요사업계획)
6월 22일	경향신문	회사명	한독봉제공업사, 한독무이 주식회사, 남성산업	韓(한)·獨縫製(독봉제) 상호변경
7월 14일	매일경제	민간투자	합자	江洋産業(강양산업) 無繼目鋼管(무계목강관)시설 倍加(배가)
		회사명	강양산업	
7월 21일	매일경제	회사명	삼신산업	三信産業工場(삼신산업공장) 가동 合板(합판) 하루 만 장 생산
7월 30일	매일경제	민간투자	설비투자	屠鷄屠犬場(도계도견장) 준공 永信食品産業(영신식품산업)서
		회사명	영신식품산업	
8월 6일	매일경제	인천산업현황	도시구조	서울周邊(주변)공장부지 需要急增(수요급증)

	8월 7일	동아일보	정책	수출산업단지	経濟短信(경제단신)
			회사명	삼화통상개발	
	8월 30일	매일경제	정책	수출산업단지	12개 業體(업체) 곧 입주 錦湖實業(금호실업) 朱安工團(주안공단) 조성1차 완공
			회사명	대아통상, 대양물산	
	9월 15일	동아일보	회사명	한불화학	経濟短信(경제단신)
	9월 28일	매일경제	민간투자	설비투자	6개社地下水(사지하수)용역 中央開發(중앙개발)서 착수
			회사명	선일포도당 인천공장	
	10월 1일	매일경제	민간투자	설비투자	客室(객실) 증축
			회사명	올림포스 관광산업	
	10월 27일	매일경제	민간투자	설비투자	仁川(인천)에 室內靴工場(실내화공장) 韓肥産業(한비산업) 신축키로
			회사명	한비산업 주식회사	
	11월 2일	매일경제	민간투자	–	仁川芍藥島(인천작약도)매각 1억 1천 만 원에
	11월 9일	매일경제	민간투자	설비투자	仁川工場(인천공장)증축 安國産業(안국산업)
			회사명	안국산업 주식회사	
	12월 21일	동아일보	회사명	삼신산업, 인천 특수베니어공업	経濟短信(경제단신)
	12월 22일	매일경제	기타	–	富平(부평)·裡里工團(이리공단)에 外換銀支店(외환은지점) 신축
1977년	1월 8일	매일경제	회사명	선창산업	鮮昌産業(선창산업) 서울공장 仁川工場(인천공장)으로 통합
	1월 15일	매일경제	회사명	기아산업 인천지점	開店(개점) 3개월 만에 車輛(차량) 2백 40臺(대) 판매
	1월 29일	매일경제	인프라	도로	排水(배수)·暗渠(암거) 3건 工事(공사) 仁川東區廳(인천동구청)서 계획
	2월 5일	동아일보	정책	도시정책	低利(저리)의 國民住宅債券(국민주택채권)
	2월 10일	매일경제	연구	현황조사	産業界短信(산업계단신)

2월 10일	매일경제	회사명	주식회사 코닥 인천공장	業界短信(업계단신)
2월 17일	매일경제	정책	산업정책	半月工團(반월공단) 3월 末(말)께 着工(착공)
2월 28일	매일경제	정책	수출산업단지	5월부터 本格(본격)생산 고니精密株式會社(정밀주식회사)
		회사명	고니정밀 주식회사, 한독산업	
3월 8일	경향신문	정책	도시정책	首都圈(수도권) 범위 擴大(확대)조정 7개 市(시)·8개 郡(군)·35개 邑面(읍면) 포함
3월 11일	매일경제	정책	수출산업단지	올 目標(목표) 11.5% 輸出公團 (수출공단) 3개 단지
3월 12일	매일경제	정책	수출산업단지	朱安(주안)에 工場(공장)건립
		회사명	판코산업 주식회사	
3월 12일	매일경제	정책	도시정책	14개 工團(공단) 면적 全面(전면) 재조정 大邱(대구) 등 20% 확장 해당지역 都市(도시) 계획도 고쳐
3월 16일	동아일보	정책	산업정책	經濟短信(경제단신)
3월 28일	매일경제	민간투자	설비투자	세곳에 病院(병원) 건립 延世大(연세대)
3월 30일	동아일보	인프라	철도	最初(최초)로 試圖(시도)된 『뉴우타운』…田園的(전원적)인 環境(환경)을 造成(조성)
4월 5일	매일경제	정책	산업정책	首都圈(수도권) 내 九老(구로) 등 旣存工團(기존공단) 내 工場新(공장신)· 增築(증축) 전면허용
4월 14일	동아일보	정책	산업정책	經濟短信(경제단신)
4월 26일	매일경제	회사명	히마라야산업	히마라야産業(산업), 品質管理促進大會 (품질관리촉진대회) 개최
5월 3일	매일경제	정책	수출산업단지	醫療保險組合(의료보험조합)설립 輸出(수출)공단 入住(입주)업체
		정책	복지	
5월 4일	매일경제	회사명	기아산업, 코리아 스파이서 공업	코리아스파이서 起亞(기아)서 인수추진
5월 12일	매일경제	인프라	도로	仁川南區(인천남구) 도화동 電鐵高架橋(전철고가교)개통

	5월 19일	매일경제	회사명	대성실업	産業界短信(산업계단신)
	5월 20일	매일경제	회사명	동서해운 주식회사 인천사무소	産業界短信(산업계단신)
	6월 1일	매일경제	회사명	구인산업	産業界短信(산업계단신)
	6월 3일	매일경제	회사명	연합해운 주식회사 인천사무소	産業界短信(산업계단신)
	6월 13일	매일경제	민간투자	설비투자	韓國建業(한국건업) 公害防止(공해방지)기계 생산위해 공장건설·요원확보착수
			회사명	한국건업 주식회사	
	7월 7일	매일경제	회사명	진영산업	목표 42%달성 進榮産業(진영산업) 수출실적
	7월 16일	매일경제	인천산업현황	환경	토막소식
	8월 5일	매일경제	회사명	신도실업	業界短信(업계단신)
	9월 7일	매일경제	인천산업현황	–	平均(평균)가동률 80.1% 仁川市內(인천시내) 生産業体(생산업체)
	9월 21일	매일경제	민간투자	합자	소링겐틀코리아社(사) 仁川(인천)공장 完工(완공)으로 工具類(공구류) 量産(양산)체제 갖춰
			회사명	소링겐틀코리아	
	9월 29일	매일경제	민간투자	설비투자	極東建設(극동건설) 仁川(인천)에 月産(월산) 4만 평규모 內裝(내장)타일 工場(공장) 11월 稼動(가동)
			회사명	대왕산업	
	10월 13일	매일경제	민간투자	설비투자	仁川(인천)공장 11월 가동 信和(신화), 압출성형기 등 生産(생산)
			회사명	신화공업사 인천공장	
	10월 22일	매일경제	회사명	샤프전자산업주식회사 경기영업소	業界短信(업계단신)
			정책	수출산업단지	
	11월 5일	매일경제	회사명	금성산업	金城産業(금성산업)
	11월 10일	매일경제	인프라	도로	16개 産業道路(산업도로) 확장 내년에 15억 원 投入(투입)
1978년	1월 7일	매일경제	회사명	배창방직,	仁川(인천) 機械工場(기계공장) 매각

			원풍산업, 인천주물공장	
1월 24일	동아일보	정책	도시정책	仁川(인천)·水原(수원)·安養(안양)· 富川(부천)·議政府市(의정부시) 공업지 2百(백) 40萬(만) 평 綠地(녹지) 지정
1월 30일	동아일보	정책	직업훈련	仁川(인천)에 訓練所(훈련소) 建設技能 工(건설기능공) 萬(만) 명 養成(양성)
2월 4일	매일경제	정책	산업정책	仁川工業地域(인천공업지역) 확대 4천 2백 만㎡(㎥) 編入(편입)
3월 2일	매일경제	민간투자	설비투자	新興木材(신흥목재) 家具工場(가구공장)건설 추진
		회사명	신흥목재	
3월 18일	동아일보	회사명	이건산업	斗山(두산) 合板業(합판업)에 進出(진출)
3월 23일	경향신문	민간투자	설비투자	金城(금성)산업, 사료공장추가건설
		회사명	금성산업	
3월 31일	매일경제	민간투자	설비투자	한비産業(산업) 生産施設(생산시설) 확장 1억 6천만 원 投入(투입)
		회사명	한비산업	
4월 26일	매일경제	인천산업현황	금융	仁川地方(인천지방)기업 私債(사채) 이용 高額化(고액화) 추세 中小企業資金難(중소기업자금난) 심화
5월 10일	매일경제	중요회사명	인천제철	仁川製鐵(인천제철) 現代重工業(현대중공업)서 인수
		중요회사명	현대중공업	
5월 16일	경향신문	중요회사명	인천제철	仁川製鐵(인천제철) 생산시설 대폭擴張(확장), 製品(제품)도 다양화
		중요회사명	현대중공업	
5월 22일	매일경제	민간투자	설비투자	永宗産業(영종산업) 永宗島(영종도) 관광지로 개발
		회사명	영종산업	
7월 22일	매일경제	민간투자	복지	松島(송도)에 社員(사원)휴양소 35개 企業体(기업체)서 設置(설치)
		회사명	신흥목재공업, 대성목재공업, 선창산업, 제일제당	
7월 29일	매일경제	인천산업현황	수출	仁川機械工團(인천기계공단) 6백 56만 弗(불) 輸出(수출)

	날짜	신문	분류	세부분류	내용
	12월 25일	매일경제	정책	환경	港內汚染(항내오염) 35社(사)적발 15社(사)엔 施設(시설) 개선령
			회사명	금성산업, 세원산업	
1979년	1월 8일	매일경제	민간투자	설비투자	利建産業(이건산업) 年(연) 1만 톤 생산규모
			회사명	이건산업, 인천합판공장	
	1월 16일	동아일보	경제범죄	임금체불	勞動廳(노동청)서 종업원 歸鄕(귀향)편의 제공도 촉구 "滯貨(체임) 舊正(구정)전 에 일소를"
			회사명	인천동창운수	
	1월 19일	매일경제	민간투자	설비투자	太原物産(태원물산) 仁川工場(인천공장) 3월 가동 部品(부품) 본격생산 추진
			회사명	태원물산	
	1월 26일	매일경제	인천산업현황	운송	仁川(인천)지역 小型(소형)트럭 需要(수요) 급증
	2월 2일	경향신문	정책	산업정책	農水産物(농수산물)유통 一大革新(일대혁신)
	2월 3일	경향신문	회사명	경동조선	大企業(대기업)『요트競走(경주)』한창
	2월 23일	동아일보	인천산업현황	노동	勤勞監督官制(근로감독관제)… 뭔지 모르겠다 53%
	3월 3일	매일경제	민간투자	설비투자	新興木材(신흥목재) 45억 들여 日産(일산) 3만 매 규모 合板工場 (합판공장) 신설추진
			회사명	신흥목재공업	
	3월 12일	매일경제	회사명	한독산업	韓獨産業(한독산업) 印度洋(인도양)에 진출계획 쏠라時計(시계)도 생산
	3월 20일	경향신문	인천산업현황	세금	서울市(시), 19개 都市(도시) 비교 調査(조사) 稅金(세금) 蔚山(울산)시민이 가장 많이 낸다
	4월 10일	경향신문	정책	산업정책	대규모 古鐵(고철) 해체 團地(단지) 釜山(부산)·仁川(인천)에 조성키로
	5월 11일	동아일보	정책	외자도입	2億(억) 8千萬(천만) 달러 外資導入(외자도입)인가
			중요회사명	인천제철	
	5월 19일	매일경제	민간투자	설비투자	三養食品(삼양식품) 仁川(인천)공장 17일 起工(기공)
			회사명	삼양유지사료	

				인천대두박 처리공장	
5월 21일	매일경제	민간투자	설비투자		大宇重工業(대우중공업) 小型(소형) 디젤엔진工場(공장) 준공 연간 3만 대生産(생산) 규모
		회사명	대우중공업 인천공장		
5월 29일	경향신문	인프라	경인고속도로		路線(노선)검토 제2京仁高速道(경인고속도) 건설
7월 14일	매일경제	민간투자	합자		進道産業(진도산업), 9월부터 컨테이너 生産(생산)
		회사명	진도산업		
8월 14일	동아일보	회사명	대동창고 주식회사, 선명 보세창고		4千餘(천여) t 소실 仁川化工藥品(인천화공약품)창고 폭발
8월 18일	경향신문	노동	쟁의		20여 업체 浸透(침투) 분규선동 72년 이후 −韓國輸出(한국수출) 산업 工團(공단)의 實例(실례)를 알아보면
8월 24일	매일경제	인프라	도로		仁川市(인천시) 間石(간석)동~제5공단 산업도로 포장공사
10월 22일	동아일보	회사명	우신산업		종이상자 工場(공장)에 불
11월 10일	매일경제	정책	수출산업단지		仁川(인천)지방 수출업계 실적 4억 4천만 弗(불)
		인천산업현황	수출		
11월 24일	매일경제	회사명	신흥산업		新興産業(신흥산업) 조각통문짝 美(미)에 輸出(수출)
12월 3일	매일경제	인프라	도로		仁川市(인천시) 京仁國道(경인국도) 확장공사
12월 12일	동아일보	회사명	삼익가구		三益住宅(삼익주택) 仁川(인천)에 家具工場(가구공장)
12월 25일	매일경제	인프라	도로		水仁(수인)~九山(구산)천 道路(도로) 2천 8백 60m 포장
1980년	1월 28일	동아일보	인천산업현황	환경	「이웃公害(공해)」 移轉(이전) 엉거주춤 −지방 大都市(대도시) 주택가 工場(공장)실태
	2월 13일	매일경제	회사명	한독산업	韓獨(한독), 초박형 전자손목시계 開發(개발)
	4월 12일	매일경제	중요회사명	인천제철	商工部(상공부) 에너지 多水消費(다수소비)산업 脫石油化(탈석유화) 추진

4월 18일	동아일보	민간투자	합자	金銀柱(김은주) 前三岡社長 (전삼강사장) 低溫(저온)창고업에 진출
		회사명	신흥제분 인천공장	
4월 26일	매일경제	정책	산업정책	6大都市(대도시)에 대형倉庫(창고)건설
5월 26일	매일경제	민간투자	설비투자	韓國鋼管(한국강관) 仁川(인천) 제2공장 정상가동
		회사명	한국강관 인천 제2공장	
6월 13일	동아일보	정책	산업정책	數値制禦(수치제어) 학교개설
7월 14일	매일경제	정책	산업정책	國保委(국보위) 仁川(인천)에 새 中小企業工團(중소기업공단) 조성
		염전	매립	
7월 26일	매일경제	인천산업현황	-	韓國(한국)유리 板(판)유리 在庫(재고) 급증
		중요회사명	한국유리	
8월 8일	매일경제	인천산업현황	복지	産災保險(산재보험) 부담 커 仁川商議(인천상의), 1백 43개 業体(업체) 대상조사
10월 22일	매일경제	정책	환경	仁川海港廳(인천해항청) 排出(배출) 실태 조사키로 港湾汚水(항만오수) 유출방지
11월 26일	매일경제	회사명	한국남방개발, 동일목재상사	南方開發(남방개발) 木材加工(목재가공)분야 진출
12월 19일	매일경제	민간투자	설비투자	試錐(시추)용 비트공장 준공
		회사명	영풍광업	

_ 참고문헌

김경아, 「창조산업 기업혁신의 영향요인에 관한 연구 -문화산업 정부지원을 중심으로-」, 『한국거버넌스학회보』, 제16권 제3호, 2009.

김동완·김민호, 「울산공업단지의 서막, 정유공장 건설의 정치지리」, 『대한지리학회지』, 제49권 제2호, 2014.

김영수·변창욱, "저성장 추세의 지역경제 영향 분석과 지역산업정책 방향 모색", 지역정책 제2권 제1호, 2015.

박배균·최영진, 「마산수출자유지역의 형성을 둘러싼 국가 -지방 관계에 대한 연구」, 『대한지리학회지』, 제49권 제2호, 2014.

박인옥·양준호, 『다중스케일 관점에서 본 인천의 공업단지-1960~1970년대 조성과정을 사례로-』, 보고사, 2017.

박재곤, 「지역산업정책의 주요 이슈 검토와 추진방향」, 『KIET 산업경제』, 2015.

_____, 「한국지역산업정책에 스마트 전문화 도입의 논점과 방향」, 『지역정책』, 제2권 제1호, 2015.

이정로·이미재, 「판유리 산업동향 및 전망」, 『세라미스트』, 제19권 제2호, 2016.

이정협, 「스마트 전문화의 개념 및 분석틀 정립」, 『정책연구』, 2011.

이철우·박경숙, 「지역산업정책의 패러다임에 대한 재검토와 대안적 정책방안 모색 : 대구광역시 지역산업정책을 사례로」, 『한국경제지리학회지』, 제17권 제2호, 2014.

정준호·장재홍, 「저성장시대의 지역정책의 논리와 추진 방향」, 『지역정책』, 제2권 제1호, 2015.

최영출·서순복, 「'지속가한 지역발전' 개념의 정책적 핵심요소 분석」, 『한국도시행정학회 도시행정학보』, 제25집 제2호, 2012.6.

한정희, 「기업가적 대학과 스마트전문화에기반한 대학의 창업환경 조성 연구」, 『벤처창업연구』, 제8권 제3호, 2013.

황진태·박배균, 「구미공단 형성의 다중스케일적 과정에 대한 연구: 1969-73년 구미공단 제1단지 조성과정을 사례로」, 『한국경제지리학회지』, 제17권 제1호, 2014.

W. Santagata, 「Cultural Districts, Property Rights and Sustainable Economic Growth」, 『International Journal of Urban and Regional Research』, 26(1), 2002.

미야모토 켄이치(宮本憲一)·심재희 역, 『지역경제학』, 전남대학교 출판부, 2004.
오카다 토모히로(岡田知弘)·양준호·김우영 역, 『지역 만들기의 정치경제학: 주민이 직접 만드는 순환형 지역경제』, 한울아카데미, 2016.

한국은행 대구경북본부, 산학경영기술연구원, 『국가균형발전을 위한 지역혁신 시스템의 구축』, 2003년도 대국경북지역 발전 심포지엄, 2003.

_ 저자소개

남승균(南昇均)

울진종합고등학교 졸업, 인천대학교 공학사·경영학 석사·경제학 박사
현 인천대학교 인천학연구원 상임연구위원, 인천대학교 사회적경제연구센
터 센터장, 인천대학교 강사
주요 연구분야는 지역경제, 내발적발전, 사회적경제, 지역화폐 등이다.

김태훈(金兌勳)

부천고등학교 졸업, 인천대학교 경제학 학·석사 및
동 대학원 박사과정 수료
전 한국청소년정책연구원 전문연구원 / 현 인천대학교 후기산업사회연구소
전문연구원
주요 연구분야는 지역산업, 지역경제, 후기산업사회 등이다.

강철구(姜哲求)

제물포고등학교 졸업, 인천대학교 경제학 학·석사 및
동 대학원 박사과정 수료
현 인천대학교 후기산업사회연구소 전문연구원
주요 연구분야는 지역금융, 지역산업, 도시연구 등이다.

송기보(宋基寶)

서라벌고등학교 졸업, 명지대학교 학사, 성균관대학교 석사,
인천대학교 경제학 박사
전 삼성전자 근무 / 현 인천대학교 사회적경제연구센터 책임연구원,
현 인천대학교 강사
주요 연구분야는 자본주의 다양성, 지대조세제, 협동조합경제론 등이다.

인천학연구총서 40

언론에 비친 인천 산업사 연구
－1946년부터 1980년까지－

2018년 2월 23일 초판 1쇄

기　회 인천대학교 인천학연구원
지은이 남승균·김태훈·강철구·송기보
발행인 김흥국
발행처 보고사

등록 1990년 12월 13일 제6-0429호
주소 경기도 파주시 회동길 337-15 보고사 2층
전화 031-955-9797(대표)
　　　02-922-5120~1(편집), 02-922-2246(영업)
팩스 02-922-6990
메일 kanapub3@naver.com / bogosabooks@naver.com
http://www.bogosabooks.co.kr

ISBN 979-11-5516-764-9 94300
　　　979-11-5516-336-8　(세트)
ⓒ 남승균·김태훈·강철구·송기보, 2018

정가 25,000원